讀出歷史的內心戲 2

溫伯陵 著

世界有江河湖海，
人間有冷暖炎涼，
交織在一起，便是光怪陸離的歷史畫卷。

自序

我不是歷史科班專業出身，充其量只能算是一個業餘愛好者，讀歷史也只是從自己的角度出發，探尋深藏在故紙堆裡的往事。

以前翻開歷史書，關注的往往是最淺顯的人物故事。比如此人做了什麼事情，某年去了哪裡等等，從沒想過人物和故事的背後隱藏的究竟是什麼。直到讀了黃仁宇的《萬曆十五年》，我才學會了全局俯視的新視角。從此以後再讀歷史，我便會把自己放在高高的外太空，以一種鳥瞰的姿態，把故紙堆裡的往事聯繫起來，形成一條串聯歷史事件的脈絡。

後來我把這種解讀歷史的方式用到了自己微信公眾號文章的寫作中。故事不再是單一的故事，人物也不再是單一的人物，而是把人物和故事串聯起來，描繪出時代變遷的跌宕起伏。

我原本以為這種寫法不會被讀者接受，萬萬沒想到，公眾號後臺經常收到讀者的留言：「以前從沒想到這幾件事能聯繫到一起，感謝伯陵兄為我打開了新視角。」

其實應該是我謝謝你們。沒有你們的支持，我不可能有堅持寫作的動力，也就不可能有兩本歷史書的出版，更不可能有現在的名氣。你們才是這兩本書的幕後英雄，在此再次表示感謝。

這本書依然是公眾號文章的精選合輯，不過文章視角更為宏大，或從數百年的歷史變遷中說清楚某個時代、某件事為什麼會發生，扒開某個人物或某件事的表象，深入挖掘其內核。

比如魏晉南北朝亂哄哄地鬧了幾百年，始終不能統一。如果用英雄史觀來看的話，肯定會斥責皇后賈南風亂政、司馬氏諸王利慾薰心，但如果站在太空俯視就會發現，魏晉南北朝的亂局在漢武帝時已經埋下了種子。這顆種子用了幾百年的時間來發展壯大，終於結出天下大亂的惡果。

比如李世民的「玄武門之變」，英雄史觀會重點描繪李世民的傳奇經歷、秦王府的能臣幹將、李淵昏庸等等。但我不會用這樣的眼光看歷史，因為李世民的傳奇和玄武門的殺戮其實都是魏晉南北朝的遺風。

再比如太平天國到底是怎麼回事，有人說是一群廣西「神棍」到處流竄，有人說是吃不飽飯的農民鬧起義。但本書換了一個視角，把太平天國運動和世界地理大發現聯繫到了一起。由於世界人口普遍暴漲，導致清朝跌入「馬爾薩斯陷阱」，內陸人口移民廣西，引起土、客之爭。地理大發現以後，基督文明跟隨歐洲船隊傳遍全世界，而兩廣又處於中西交匯處，所以太平天國才有了拜上帝教的思想。這也是本書的核心理念：往事並不如煙，時代自有因果。

我希望用自己的視角和大家一起從不同的角度讀懂歷史，然後用歷史的經驗來看待當下，展望未來。共勉。

二〇二〇年八月二十五日
溫伯陵

目錄

第三章　幽微和世界

歷史大變局，藏著不為人知的祕辛

第四章　帝王的權術

你看到的未必是真相，每個帝王都有兩張臉譜

目錄

第七章　奇聞異事

讀書人和屠狗輩，盡在劫中

第一章　血腥的權力

鮮血滾滾，流淌著榮耀與悲歌

人走茶涼有一定道理。
因為一旦沒有了支持者和平臺，
也就相當於被請下了桌子，
何止茶涼，連茶杯都摸不到了。

鴻門宴的局中局

1

西元前二〇六年十月，咸陽。秦王子嬰穿素服乘白馬車出城，把皇帝玉璽親手交給了劉邦，大秦帝國宣告滅亡。

秦人都成了亡國奴，但大家卻很高興，因為劉邦剛入城就召開會議：「父老們苦於秦朝的苛法已經很久了，我現在和你們約定，新的法律只有三條：殺人者處死，傷人及搶劫予以相應的刑罰。除此以外的秦法全部廢除……你們支持不支持啊？」

能夠生活便利，當然支持啊。於是秦人紛紛帶著家中的牛羊、酒肉去軍隊慰勞戰士。看著他們飽經風霜的臉龐，秦人都露出了老父親般的微笑。

本來是一件值得慶賀的事，卻馬上被劉邦叫停。「我們的糧食多著呢，不用麻煩父老鄉親，這些慰勞品你們都拿回去吧，給老婆孩子解解饞。」

好領袖啊，時時刻刻都牽掛百姓。

剛入咸陽一個月，劉邦就深得民心，秦人生怕他不能做秦王。成績歸成績，態度是態度。

雖然秦人都很支持劉邦，但他還是壓住了心中欲望的小火苗，遠離咸陽，駐軍壩上，揮一揮衣袖，不帶走一片雲彩。

十二月中旬，項羽來了。他帶著整整四十萬大軍，攻破函谷關一口氣來到戲水西岸，聽聞劉邦的所作所為後他很生氣：「我們在鉅鹿大戰秦軍，這個傢伙倒是撿了便宜。」

對於讓劉邦抄近道的楚懷王，項羽也懷恨在心。「這麼好的事，也不先想想我，你不過就是個放羊娃，沒有項家，你能做上楚王嗎？」

項羽寫了一封請柬，派人送給劉邦：「哥倆好久不見，我的心裡藏了好多知心話，想在酒宴上說給你聽。」

地點：鴻門。

2

按照司馬遷在《史記》中的說法：范增希望把劉邦當場斬殺，但項羽太大意，一不小心就讓劉邦給溜了，最終丟掉江山。一腔婦人之仁，豎子不足與謀啊。

字裡行間都能看出，太史公對項羽的失敗有多麼痛心疾首。可項羽真的能殺劉邦嗎？我們不妨看看項羽真正的實力。

起兵之初，項梁和項羽殺了會稽郡守，並召集郡裡的中產階級宣布起義，然後派人到各縣招兵，共得八千人，因此江東八千子弟兵就是項家的基本盤。渡過淮河後又收了英布、蒲將軍等人，兵力達到六、七萬。

值得注意的是：英布、蒲將軍等人並不是項家的嫡系，而是原本就有獨立的軍隊，他們只是看重項家的名聲和地位才帶兵投靠，屬於合夥人。鉅鹿之戰結束後，項羽成為諸侯上將軍。在聚集了其他諸侯的軍隊後，他才有了四十萬大軍。這種關係更遠了，連合夥人都算不上，充其量只能算盟友。

對於項羽來說，劉邦和英布原本是一樣的角色，可在楚懷王的挑撥下，他卻逐漸成長為可以封王的諸侯。所以在鴻門宴上，項羽的底牌只有六、七萬人，其他諸侯都是利益結合體，和劉邦沒有本質上的區別。而劉邦有十萬軍隊。

和項羽不同，劉邦的將軍基本都是豐、沛兩縣的老鄉，士兵也是一路上招來的，沒有一支軍隊具有獨立性。劉邦小而美，項羽大而散。

如此一來事情就明白了：在鴻門宴上，項羽根本不能殺劉邦，殺劉邦只需一刀，可他那十萬軍隊該如何善後呢？

殺人容易善後難。領袖的地位從來不是靠殺人而來，只有恰當地分配利益，讓大家各取所需，才能成為真正的領袖。范增就是沒想明白這一點。

3

當然，項羽可以橫下一條心，在鴻門宴之前號召大家打敗劉邦，然後瓜分關中地盤。這也沒什麼，大家出來混，無非就是想出頭。可後果會很嚴重。

三年前，大家都是大秦帝國的普通人，趁著陳勝起義，才釋放了大量創業機會，讓普通人也能登臺表演。但是慢慢地，形勢變了。陳勝、吳廣等被拍到了沙灘上，取而代之的是六國王室的後代，他們紛紛復辟舊國。此時已和戰國時代不同，戰國時代的六國是幾百年貴族掌握優勢社會資源，其他人只能仰其鼻息。

可如今呢，大家站在同一條起跑線上。在前線衝鋒陷陣的是軍人，在後方渾水摸魚的依然是老爺們，難道祖祖輩輩都替你們打工嗎？陳勝都說了：王侯將相，寧有種乎。那些稱王封侯的人，難道是天生命好嗎？恰好，隨項羽入關的諸侯都是六國大將，他們也想得到封賞，比如封地、封爵等等，這也不枉大家出來幹一場。

而這些人中，功勞最大的就是劉邦。楚懷王封他為武安侯，並且獲得滅秦的大功，麾下又有十萬大軍，論地位、論功勞、論聲望，除了項羽，沒有人能超過劉邦。

項羽雖然出身舊貴族，可在六國王室面前依然是小字輩。在鉅鹿大戰後，他只得到上將軍的名號，卻沒有任何實惠，項羽迫切需要鞏固自己的勝利果實。六國已經全部復國了，哪還有多餘的地盤呢？好辦，重新劃分一下唄。而他需要拉攏的支持者就是諸侯大將們。

項羽、劉邦、入關諸侯其實都是一條繩上的螞蚱，他們有共同的利益、共同的訴求、共同的地位。項羽怎麼對待劉邦，可是被很多人盯著呢。大家都是一個戰壕的兄弟，立了功，你就把人家殺掉，那以後誰敢跟你混？還想當大哥，呸，玩泥巴去吧。

只有劉邦安好，諸侯才有晴天。項羽一旦發兵攻擊劉邦，就等於徹底清空了自己的信譽，出來混，一旦失去了信譽，就是砸了自己的招牌。

想打仗，也得在確立自己的最高地位之後。除了項莊舞劍，劉邦從來沒有性命之憂。

4

鴻門宴其實是和平談判，項羽不想也不能要劉邦的命，他要的只是江湖地位，只要劉邦低頭，依然認他做大哥，其他都好說。

劉邦也很聰明。「我來咸陽只是替你打前站，安排好住宿、伙食，一心在灞上等待大哥臨幸。至於封閉函谷關，也是為防備其他盜賊而已。」一句話：「項大哥，風裡來雨裡去，我跟定你了。」

劉邦一旦表態，其他諸侯也紛紛跟進，項羽終於結成了統一戰線，成為軍隊的唯一代言人。下面就是和六國舊貴族比腕力了。

當然，項羽還是很講禮貌的，他先請示楚懷王：「秦國亡了，接下來該怎麼辦呢？」楚懷王寫信來：「如約。」意思是按照之前的約定，先入關中者為王，呵，劉邦都低頭了，楚懷王還想著用劉邦來制衡項羽呢。於是楚懷王被尊為義帝，都城在湖南。

項羽可能會想：「你屢次為難我，現在就到湖南去摸魚吧，再也別回來。」心機、權術只是手段，實力才是根本。然後項羽對諸侯說：「開始創業時，立六國只是手段，不過是權宜之計，真正立功的是我們。」

你看看，這是不是統一戰線？所謂「十八路諸侯」，其中有十四個是追隨項羽入關的六國將軍，至於趙、韓、燕王等人，都被縮小地盤，實力大不如前。最大的勝利者恰恰是項羽。他從一個沒有地盤的將軍，透過分封把名氣和威望轉化為實力，占據梁、楚九郡，號稱「西楚霸王」。

地盤最大、名分最高，依然是大哥。此時的項羽到達了人生巔峰，然而巔峰過後便是懸崖。

5

項羽其實並沒有滿足所有人的欲望，這就導致分封體系存在潛在威脅，時刻會有人冒出來掀桌子。比如陳餘，他是有實力的，但項羽說他沒有入關，所以就不給王位，只給了三個縣。結果陳餘出兵打敗張耳，被趙歇封為代王。比如田榮，他是資格最老的起義者。因為沒有幫項梁，又不追隨項羽攻擊秦國，所以也沒有封賞，反而是將軍田都當了齊王，結果呢，田榮自立為齊王。

作為領袖，項羽太感情用事了。其實在那個年代，只要立功就有封地才是主流，大家出來混就是希望有封地，只有屬於自己的土地才安心。而項羽有點任人唯親，只有和他親近的人才有好處，關係疏遠的人連湯都喝不上。這樣一來，關係疏遠的人只能自力更生。於是韓信、陳平都走了，田榮、陳餘也反了，一手好牌被他打得稀巴爛。

看看劉邦是怎麼做的吧。韓信滅齊國後，他想做齊王，於是他請求劉邦正式任命。劉邦很生氣：「我可以封，但你不能來要。」但張良踩了一下他的腳，他馬上就明白過來了。人家手上有幾十萬大軍呢，可不能得罪，於是他馬上派人去正式冊封。垓下之戰時韓信按兵不動，劉邦又給他加封了土地。

彭越、英布也是一樣，只要是能給的都給你。這才是領袖作風。不以個人的感情為判斷依據，而是冷靜分析現實，然後做出最準確的決定。

西元前二〇二年，劉邦在定陶稱帝。項羽想做卻沒有做成的事業被劉邦順利收尾，他滿足了大部分人的利益需求，幾百年的亂世也就此終結。

6

想瞭解楚漢戰爭，不可不知鴻門宴。這是一次成功的統一戰線策略，也是一次不成功的利益分配案例，它總結了反秦戰爭的成果，也開啟了江山爭霸的序幕。

飯局開始前，項羽和劉邦是戰友。飯局結束後，項羽和劉邦是敵人。歸根結柢，成功者都有相似之處，那就是把自己人弄得多多的，把敵人搞得少少的。因為有多少人，就有多大的平臺。

勝利者不僅要能力超群，更要有大平臺賦予的光環和助力，只有當能力和平臺相結合，才能爆發出超強的戰鬥力。但是話又說回來，勝利者也不能把平臺的光環當作是自己的能力。兩者分開看更好一點。

生活中我們經常會聽到有人抱怨：「人走茶涼。」這句話有一定道理。因為一旦沒有了支持者和平臺，也就相當於被請下了桌子，何止茶涼，連茶杯都摸不到了。這也變相地證明，喝茶的人已不被需要。

西元前二〇六年，項羽手中的茶杯冒著熱氣，茶水溢出，竟有些燙手，但五年後就徹底涼透。那年，劉邦的茶杯尚溫。

黨錮之禍：所謂民心，只是讀書人的心

1

讀三國不可不知「黨錮之禍」。話說東漢的太監著實厲害，因為東漢的皇帝繼位時都是少年，基本沒有處理政務的能力，所以太后就承擔起了垂簾聽政的義務。而太后的幫手則是外戚，比如父親、兄弟、子侄之類的，因此他們在皇帝年幼時掌握了朝廷大權。

皇帝長大之後驀然發現：「原來我只是一個傀儡啊，吃肉、喝湯的都是外戚及其親信。」於是皇帝想奪回大權，可他從來沒有管理過朝政，而朝中大臣不一定都能信得過，只有太監是皇帝的親信。於是，皇帝就和太監們一起剿滅了外戚。

事成之後，皇帝一般會給太監們封侯、加官，鑑於太監不能生育，皇帝還會賞賜他們的家人。曾經是太后和外戚治天下，後來是皇帝和太監治天下。東漢的歷史，就是一部皇帝和太后的爭權史。不論外戚或是太監，其實都是皇權的延伸，他們都是代表皇權在治國理政。不論哪一方掌權，他們都要和文官、士人組合成鐵三角。比如太后、外戚、士人，或者皇帝、太監、士人。

可兩黨鬥了一百多年，士人不願意了。不管你們怎麼爭鬥，我們都是被統治階級，老虎不發威，你當我是病貓啊？不行，我們也要翻身做主人。

這是東漢末年士人的潛在心理。沒有人會正大光明地說出來，甚至連目標也有點模糊，但他們的鬥爭一旦成功，勢必會形成架空皇權的文官政府。

另一方面，太監也確實不像話。一五九年，漢桓帝聯合五個太監一起剿滅了外戚梁冀，牽連致死的公卿大臣有數十人，導致朝堂為之一空。事後五個太監都被封侯，從此以後，漢朝又變成了太監們的天下。

他們的兄弟、侄子紛紛出任太守、縣令等高官，朝中也有很多大臣追隨，他們還在民間培養了一群劊子手。

歷代皇帝都會把太監放出來，讓他們和士人爭權奪利，然後自己穩坐高位，做一些制衡、調停的事。但是太監黨通常又缺乏基本的素質，在各地做官的太監家屬、親信基本不做好事，他們以斂財為己任，在當地暴虐無常。

比如中常侍侯覽。短短幾年，他就搜刮了幾千萬錢，名下還有萬畝良田，三百多套房，莊園式別墅十六座。這只是其中一個太監，宮中掌權的太監又有多少？他們的親戚、朋友、同鄉、劊子手又有多少？

皇帝的打手一不小心就成了國家的敵人，士人再也看不下去了，他們有治國理政的需求，也有為國除惡的理想，一場士人和太監的戰爭即將打響。而皇帝往往是站在太監那邊的。

2

首先出場的是李膺。讓梨的孔融幼時曾路過李膺家門口，想進去串門，可李膺不認識孔融，於是孔融就對門衛說：「我和李府君是親戚。」他的理由很簡單，孔子曾經拜老子為師，而孔融是孔子的後代，李膺是老子的後代，所以孔融和李膺是親戚。

對於這門親戚，李膺也捏著鼻子認了。不過有一個客人就說：「小時了了，大未必佳。」孔融立即反駁：「您小時候肯定很聰明吧。」

漢桓帝年間，李膺的名氣很大，如果有人能讓他評價一句「不錯喲」，那麼此人就會身價倍增，各種錄取通知和聘書馬上就會飛來，當時的人們稱之為「登龍門」。

曹操的謀士荀彧有八個叔叔，並稱為「荀氏八龍」，其中的慈明就是荀爽，外號「神君」，荀爽曾為李膺駕車，為此忍不住吹噓了很多年。由此可見，李膺絕對是一個當之無愧的大師。

一六五年，李膺出任司隸校尉，有治理地方和緝捕盜賊的權力。太監張讓的弟弟張朔擔任野王令，他聽說李膺來了，馬上棄官跑到洛陽，躲在哥哥張讓家中。

李膺到任之前就聽說野王令是太監黨，經常橫徵暴斂，殘害人民。他帶領捕快衝到張讓家裡，搜出野王令之後並把他送進了監獄，沒過多久就給殺掉了。

李膺不是第一個向太監黨開戰的人。幾個月來，士人像遊戲裡的豌豆射手一樣，接連不斷地把炮彈射向太監黨。

中常侍侯覽的哥哥是益州刺史，太尉楊秉彈劾他不尊法紀，應該回洛陽受審，結果侯覽的哥哥在半路自殺了，留下三百多車財物。

大太監單超的弟弟是山陽太守，犯罪後被押送監獄，不久就被廷尉馮琨拷打致死。中常侍蘇康、管霸貪污受賄多年，積累無數財富和家業，大司農劉佑發布一道命令，把這些不義之財全部沒收。

當時的東漢，向太監宣戰是一種政治正確。李膺的做法只是大潮流中的小水珠，可他的影響力太大了，殺掉張讓弟弟之後，無疑讓天下士人群情激憤。三萬太學生甚至喊出「天下楷模李元禮」的口號。這三萬太學生是什麼人？能在漢朝入讀太學，不是地方豪強的孩子，就是門閥貴族的子弟，再不濟也是出身於各地的書香門第，從某種程度上講，太學生可以代表其家族的傾向。李膺和郭泰、賈彪、陳蕃等士人能得到太學生的支援，如果發展壯大，這股力量足以撼動天下。

漢桓帝再也坐不住了，而士人的炮彈依然不停地射向太監黨。宛城的劊子手富商全家兩百口被殺，大太監徐璜的侄子被殺，小太監趙津被殺，而執行者就是後來玩美人計的王允。

在士人眼中，自己是為國除賊。可在漢桓帝眼中，這是對皇權的挑戰。於是漢桓帝頒布聖旨，要求全國人民逮捕黨人，大家一起拱衛皇帝，保衛大漢江山。

「黨人」的稱號是太監贈送的，說士人「養太學生，結交地方名士，同氣連枝誹謗朝廷」，所以是結黨。李膺被抓後，牽連者有兩百多人。這些人不是聞名天下的學者，就是德才兼備的官員，他們都是獨立的個體，但連在一起就是撼動天下的大網。

黨人可能沒有想要建立士族天下，但他們此時的勇氣和熱血真的很棒。而漢桓帝不可能放棄太監，他明知太監們作惡多端，但依然要重用太監，不然皇權就會成為空中樓閣。

一六七年，第一次黨錮之禍終於結案。李膺很有鬥爭經驗，他在獄中牽連出很多太監子弟，太監們非常恐懼，於是黨人獲釋回鄉，但卻被禁錮終生。一輩子不能做官，只能老老實實在家裡待著。

第一次正式交鋒算是平手，可下一次交手，就要殺得人頭滾滾。

3

漢桓帝的後宮有五千多名宮女，可一個孩子也沒生出來。他比較寵幸的是平民女子田聖，並且想立田聖為皇后，可大臣不允許：「皇后寶座是很珍貴的，田聖根本不配，不如立竇妙為皇后。」

漢桓帝沒辦法，雖然他一點也不喜歡竇妙，但又不能無視大臣的意見，於是最終封了竇妙為皇后，然後又把竇妙的父親竇武封為城門校尉，而自己依然寵幸田聖。

竇氏是東漢的頂級豪門，自從光武帝中興以來，竇氏就是開國功臣，此後又一直往宮裡送女孩，幾百年來出過很多后妃、大臣、將軍。如今輪到竇妙和竇武上場了，和竇妙一樣，竇武也是邊緣人物。在李膺和太監鬥爭時，他只是一名普通的郎中。直到女兒做了皇后，他才進入升官的快車道。

竇武先後做過特進、城門校尉、槐里侯……一六七年，漢桓帝去世後，竇武一躍成為大將軍，和女兒竇太后一起執掌朝政。既然做了外戚，就有權力需求，那麼掌握大權的太監自然就成了竇武的眼中釘，他想把太監占據的資源奪走，然後組建自己的勢力。如此一來，竇武就和士人有了共同的目標。他們打算一舉剷除太監，瓜分太監黨的資源，有的要名，有的要利，有的要理想，總之，各取所需。而竇武想要拉攏的盟友叫陳蕃。

4

此時的陳蕃已經八十歲了，他被太監罵作老不死的。他也榮登語文課本，〈滕王閣序〉中的「人傑地靈，徐孺下陳蕃之榻」[1]，說的就是他。

李膺被捕入獄時陳蕃是太尉，那時他因為反對漢桓帝逮捕黨人而被免職。一六八年，竇太后又讓陳蕃出任太傅，讓他和大將軍竇武、司徒胡廣一起錄尚書事[2]。這個三人小組可以全權處理漢朝的政務。他們迎奉十二歲的劉宏為皇帝，也就是後來的漢靈帝。他們又給黨人平反，把李膺等人全部接回了朝廷。

局勢又回到兩年前的對峙狀態，可利益和需求是沒有變的，竇武和陳蕃都想打敗太監，到時君子臨朝，大漢的太平盛世就來了。

1 編按：出自〈滕王閣序〉，指陳蕃禮遇當時的賢士徐孺子的典故。陳蕃聽說徐孺子學富五車、品性高潔，十分欽佩，於是親自前往拜訪，並懇請徐孺子到郡府為官，對方再三婉辭，陳蕃便經常請他到郡府秉燭長談，並專為其準備了一張臥榻，徐孺子一走，陳蕃就把臥榻懸掛起來，直到徐孺子再來，才又放下。（全書註解未特別標明編按者，為作者原注。）

2 編按：東漢、三國時期最高文官職位，握有大權，相當於宰相。

說幹就幹，竇武對竇太后說：「太監都不是好東西，咱們趕緊把他們殺了吧，利國、利家、利己，大吉。」竇太后說：「不行，太監掌權是漢家制度，不能廢。」竇武又說：「閨女，聽爹的，殺了吧。」竇太后說：「不殺。」

如此三番五次，老爸始終不能說服女兒，不僅事情沒辦成，反倒讓太監們都知道了竇武要殺人。看到竇太后指望不上，竇武和陳蕃面面相覷，只好自己動手了。

他們把司隸校尉、河南尹、洛陽令全部換成了自己人，以此來保證後方的穩固。然後他們開始大肆抓人。陳蕃說：「抓到人就趕緊殺，莫非還留著過年啊？」竇武說：「不急。」

他們不急，可把太監急壞了。那天竇武回家過週末，他留下的一封奏摺被太監偷走，太監看完就破口大罵：「放縱不法的人自然該殺，可我們有什麼罪，竟要被滅族？哼，今天就先讓你滅族吧。」

要說太監真的能辦事。當天晚上十七個太監就歃血為盟，發誓要殺竇武。看看人家的行動力，竇武真的是優柔寡斷。

曹節請漢靈帝坐鎮中樞，身邊帶著玉璽和印信，以保證行動的合法性。黃門令王甫劫持竇太后，並且關閉宮門，以增加政變的可控性，然後再派人去竇武家抓人。

這些事只用了一頓飯的工夫，接下來的事情就更簡單了。陳蕃發現事情不對勁，於是帶著八十多名文職幹部闖入承明門，想和太監們一決高下。秀才遇上兵，哪裡能打得過？當即就被抓進監獄，第二天就被殺掉了。

竇武的侄子是步兵營校尉，他也跑到步兵營，打算利用軍隊和太監對抗。可畢竟沒有合法性。王甫帶著虎賁、羽林等千餘人來到步兵營門，又矯詔讓少府周靖、將軍張奐帶兵討伐竇武，並且還制定了口號：「竇武謀反，先投降有賞。」不一會工夫竇武的軍隊就跑光了，第二天他的腦袋被掛在洛陽城頭，竇氏的親信、賓客等全部被滅族。

真的結束了嗎？真的結束了。士人用盡全力想要剷除太監，前後謀劃了好幾年，卻在一頓飯的工夫就被太監打得七零八落。

後來有幾百黨人被殺，家族成員被遷徙到邊疆地區，學生、朋友、親戚一律不允許做官，李膺等人也被下獄拷打致死，這就是第二次黨錮之禍。

太監用血腥的屠刀打敗士人，皇權也得到穩固，可這是漢朝最後的輝煌。士人的理想得不到施展，地位得不到尊重，黨錮之禍以後又失去晉升管道，漢朝的頂尖精英被一網打盡。士人曾經熾熱的紅心逐漸變得冰涼。

東漢士人的風骨極盛，到漢靈帝時代卻急劇轉折，原因就在於黨錮之禍。

5

一八四年，黃巾起義爆發。有些受黨錮之禍牽連的人早已加入黃巾軍，當年的屠戮已經讓他們失去對漢朝的忠誠。為了挽回士人的心，漢靈帝下令解除黨錮。當年的倖存者被召回來做官，但是只要皇權依然需要太監，他們就不會和皇帝一條心。可剷除太監之後呢？士人一定會期盼聖主臨朝，大家一起建設大漢江山。而這樣的權力格局和西晉又有什麼分別？不都是士人和皇帝共天下嘛。

話說回來，如果陳蕃和竇武成功了，又能堅持多久呢？他們道德高尚，忠貞為國，那麼二十年後的繼任者呢？權力是否會讓屠龍的勇士變成惡龍？這一點沒人知道。他們只是留下一個失敗的背影和為國除賊的偉大理想，勇士們失敗了，也就把所有的美好定格在了那一刻。

汝南袁氏的舉動很有意思。袁氏已經三世三公[3]了，但是沒有參與黨人事件。後來有一個受寵的中常侍袁赦想和袁氏結盟，袁氏同意了。

袁氏主外，作為太監的外援，袁赦主內，負責傳遞消息……這些是我猜的，應該八九不離十。什麼叫樹大根深，什麼叫門生故吏？這就是。

黨錮之禍後，南陽何顒改名換姓流亡各地，後來他投入青年才俊袁紹門下，在二十二年後他們攻入皇宮，把太監殺得一乾二淨。多年的仇恨終於報了。皇權成為孤零零的空中樓閣，東漢也完蛋了，漢獻帝變成了一塊招牌，被董卓和曹操死死地捏在手裡。

這是一個無奈的結局。

3 編按：三公，古代官名，幾經演變，在東漢時是指太尉、司徒和司空。太尉是軍政事務的最高官員、司徒主掌人民教化之事，而司空負責國家的土木建築工程。三世三公，指家族中的三代人都位於三種職務上，足見其影響力。

盛世的人口危機

1

西元前一二一年，河西走廊彌漫著一股血腥味。

漢武帝讓霍去病親自挑選一萬騎兵，分別在春、夏兩次掃蕩河西走廊，匈奴渾邪王和休屠王被打得丟盔棄甲。漢軍奔襲千里，匈奴的祭天金人也被奪走。匈奴在戰役中失敗，總要有人背鍋，伊稚邪單于命令渾邪王、休屠王回草原，想用他們的頭顱安撫軍心。兩位王爺商議：「竟然要殺我們，不如我們就投降漢朝吧。」

消息傳來，長安震動。這是自漢高祖劉邦被匈奴圍困的「白登之圍」以來，第一次有整個匈奴部落投降，為了表示鄭重，漢武帝決定安排一個受降儀式，而儀式的主持人還是霍去病。雖然休屠王臨時反悔，被渾邪王當場斬殺，霍去病又殺了八千名想要逃跑的士兵，受降儀式依然進行得有條不紊。

霍去病和渾邪王簽訂協定、握手……雙方都表示，這是一次成功的合作，以後漢、匈兩方都將互惠互利地走下去。而這份合約的有效期足足有幾百年。

渾邪王被封為漯陰侯，食邑萬戶，如果論級別和地位的話，和衛青、霍去病都不相上下。他帶來的四萬人口也得到了安置，漢朝在隴西、北地、上郡、朔方、雲中專門撥出土地用來安置匈奴人民，而且考慮到他們的心情，仍允許他們依照舊習俗生活。什麼是舊習俗？就是弟弟娶嫂子、兒子娶後母、部落首領世襲、牧民是首領的財產……一切匈奴的風俗都被移植到了漢朝來。

換句話說，匈奴內遷只是聽候調遣而已，他們的內裡依舊是匈奴本色。然而匈奴居住的地方也很有意思。看看地圖就會發現，從甘肅向東，沿著寧夏、陝北、河套直到大同，一條邊疆線都布滿了匈奴人。有些事一旦開始，就很難停止。一粒渺小的種子在盛世播下，吸取四百年日月精華，終於在魏晉長成參天大樹。

颶風起於青蘋之末。西元四八年，匈奴再次分裂為南北二部，為了爭取生存權，南匈奴把王庭遷到了包頭，依附於東漢。朝廷的意思是，能吵就吵，盡量別動手。

第二年，光武帝設置了「使匈奴中郎將」，駐紮在南匈奴駐地周圍。既是保護，也是監視，南匈奴就此在河套地區紮根。東漢末年他們已經逐漸南遷到黃河兩岸，晉朝時西北、陝北已經遍布匈奴人的身影。

東漢才女蔡文姬年輕時嫁到河東郡（山西運城），丈夫去世後，因為受不了婆家的閒言碎語，就回家守寡。她家在陳留郡，相當於現在的開封。但蔡文姬依然被匈奴左賢王擄走，後來還生了兩個孩子，這說明匈奴已經具備隨時進入中原的能力。

能去開封，那麼離長安、洛陽也就不遠了，此時匈奴已不是遠方的敵人，而是心腹之患。

2

三國時代出現了人口危機。一五七年，時值東漢，朝廷進行了一次人口普查，得出的資料是五千六百萬人口，分別屬於一千萬戶。如此龐大的人口基數，足以稱得上盛世。

僅僅三十年後，天下巨變。董卓焚毀洛陽城，周圍二百里雞犬不留，都城遷徙到長安後的幾年，軍閥混戰讓關中也變得殘破不堪。再加上東漢和羌人的百年戰爭，潼關以西出現了大片人口真空，關中失去稱霸條件。而原本活躍在西北的羌人紛紛東進。長年累月的戰爭也讓中原人口大幅減少，出現歷史上罕見的缺工問題。

二一四年，曹操徹底平定涼州，大將夏侯淵博得「虎步關右」的美名。問題也很明顯，缺人。人口不足則耕地少，緊接著就是後備兵員不足、賦稅困乏。潼關以西的人口和經濟根本不足以支持國家的統治，而關西又有抵禦劉備的重任。於是曹操把西北氐人遷徙到漢中，和漢、羌人一起生活。或是無意，或是無奈，塞外民族在三國時代進一步挺進中原。

除了曹操，蜀國和吳國也缺人。蜀國人口最多時只有一百萬，要支撐國家建設和北伐中原，這點人口遠遠不足。諸葛亮北伐，每次都會把百姓帶回四川。所謂「七擒孟獲」，除了讓北伐沒有後顧之憂外，還有一個重要的原因，那就是擴充治下人口。

漢人不足，只能招募外來人員。吳國名將賀齊常年駐守在浙江、福建一帶，當時的東南尚未開發，只有遍布山野的越人，賀齊在這裡幹嘛？當然是向南開疆拓土，然後抓越人當奴隸。

二八〇年，司馬炎滅吳。分裂百年的三國時代終於重新統一，只是晉朝統一得有點尷尬，漢人不占據絕對人口優勢，因為一旦統治民族的人口不占優勢，就很難說清楚究竟誰是主體民族。

3

二九九年，太子洗馬[4]江統發表〈徙戎論〉：「此等皆可申諭發遣，還其本域，慰彼羈旅懷土之思，釋我華夏纖介之憂，惠此中國以綏四方德施永世於記為長。」

4 太子洗馬是輔佐太子，教太子政事、文理的官職，秦漢始置，作先馬，後人可能誤寫作「洗馬」，從此留下千古懸念。正史王朝統一將官名做「洗馬」，而不用「洗馬」或「先馬」。

江統的觀點很簡單，朝廷應該想辦法讓周邊的游牧民族回到故土，一方面可以撫慰他們的思鄉之苦，一方面也可以解除中原的憂慮。

彼時晉朝的人口危機已經很嚴重了，第一批遷徙到關中的羌人、氐人只有幾千戶，但經過幾百年的繁衍，早已枝繁葉茂，和漢人數量不相上下。山西大部分被匈奴、羯人占據。至於河北，則是鮮卑人的地盤。小說《天龍八部》裡慕容復的祖先就盤踞在遼寧，北魏王朝的祖先則在內蒙古。

中原王朝的生存環境從未如此嚴峻，於是就誕生了江統的〈徙戎論〉，這篇文章也獲得了無數名流的點讚，代表了民意。晉惠帝司馬衷說：「得了吧，洗洗睡了。」司馬衷的智商不高，從來不管事，可能拒絕江統的是其他人。不是不想辦，實在是沒能力辦。

前面說了，匈奴人遷徙到內陸是依舊俗，他們在王朝境內占據一塊土地，但是不納入朝廷的戶口，不算正式公民，所以不用承擔任何社會義務，地方官府也管不了他們。納稅、服兵役是沒有的，但犯罪是經常的。

你要舉例？好。《漢書》、《三國志》上經常有某某胡屠戮、搶掠……都明目張膽出來搶劫、殺人了，還不算犯罪？朝廷管得了嗎？管不了。匈奴、羌、氐的內部組織依然是部落制，世襲首領具有部落的一切權力，只要他願意，牧民跨上馬就是騎兵軍隊。他們不納入朝廷的直接管理範圍，只是以一種自治的模式存在，而他們的自治區又在逐漸擴大，到了西晉，黃河北岸已經出現了大量自治區。

漢人對胡人又有一種迷之優越。除了胡人貴族，很多下層牧民其實生活得很慘。他們有深眼窩和高鼻梁，甚至連髮色、膚色都和漢人不同，外貌特徵很明顯，走在大城市的街道上，他們飽受異樣的目光。

他們找不到好工作，入仕、從軍就更別指望了，官府根本就不會接受，他們只能找到出力多、賺錢少的工作，比如幫人種田、當雜役、當貴族的奴僕。即便如此，他們也會無故遭人打罵，貴族有時還會在宴會上讓奴僕表演，以博取大家一笑。

無論胡漢，下層人民都活得像小丑。更缺德的是，當時的人口販子專門抓下層胡人去賣。後趙開國皇帝石勒曾經與人合夥販賣人口，一不小心把自己給賣了。

西晉年間，中原大地就是火藥桶。胡漢人口比例相差無幾，北方是遍地不受管束的自治區，下層胡人生活在水深火熱中。只需一絲火星，就會引爆。

4

二九〇年，晉武帝司馬炎去世。預先擬定的遺詔是楊駿和司馬亮共同輔政，他們代表了朝廷的兩股勢力：皇族和士族。楊駿出身弘農楊氏，漢朝「四世三公」之家，經過三國的發育，已經成為枝繁葉茂的老牌士族，再加上他是晉武帝的嫡妻——楊皇后的父親，地位超然。

司馬懿奪取政權，門閥士族的支持至關重要，如果失去他們的支持，再換一個皇帝也是彈指間的事。可如果不打壓一下，換皇帝也是很快的事。

為了對抗門閥士族，司馬炎扶持了皇族，他把司馬家族的嫡系親戚全部封了王、公、侯等爵位，又派家族成員鎮守各地，希望他們能和士族抗衡。

皇族或士族，無論扶持哪一方，對於朝廷來說都是權力下放，權力一旦下放，要想收回來就很難，這往往又會造成爭權奪利的戰爭。比如七國之亂、藩鎮割據、三藩之亂，當然還有八王之亂。

楊駿看到遺詔很不滿意，於是夥同女兒楊皇后、黨羽修改遺詔，讓自己一個人輔政。當修改好的遺詔放在司馬炎床頭時，他一點辦法也沒有，只有默默無語。

兩天後司馬炎去世，司馬亮害怕楊駿殺人，跑了。繼位的晉惠帝不管事，他的皇后賈南風可不會隱忍。她祕密聯絡司馬亮、司馬瑋，讓他們帶兵到洛陽討伐楊駿，第二年，楊駿被滅三族、楊皇后被貶為庶民。士族和外戚勢力大受打擊。

有人認為「八王之亂」的起因是賈南風權力欲旺盛，而我始終有一個觀點：一個人的力量再強也無法決定歷史的走向，如果他改變了歷史的走向，那一定是符合了某種特定的需求。賈南風就是如此。她老公的智商不高，自己家族也不行，為了生存和前程，她能做的只有振興皇權，此時她代表了司馬氏的利益。賈南風除掉楊駿，又耍手腕殺掉了司馬瑋和司馬亮，然後在皇族和士族之間踩鋼絲，維持著一種脆弱的平衡，而這種平衡全靠賈南風的手段來支撐。

平心而論，司馬炎去世後的西晉王朝最太平的時代，就是賈南風治理朝政的那十年。

然而踩鋼絲畢竟是危險動作。賈南風振興皇權對司馬氏最有利，但她畢竟是女人和外人，這種畸形的地位讓司馬氏諸王看到了機會。

二九九年，賈南風廢太子。她沒有兒子，而太子又特別聰明，賈南風怕將來難以控制，於是想換一個好控制的皇子。

這可捅了大婁子，太子是儲君，豈是想廢就能廢的，太子身上牽連了多少人的身家性命？第一個起兵反對的就是太子太傅司馬倫。當然，為太子報仇只是藉口，司馬倫真正的目的是奪權。

平衡被打破，「八王之亂」進入皇族爭權的階段，此後江山殘破，人民流離失所，而周邊內遷的胡人也蠢蠢欲動。

其實「八王之亂」和胡人暴動的背後都有一個關鍵因素：寒門。

5

表面上看，「八王之亂」是司馬氏諸王在爭權，那他們怎麼就能做到一呼百應呢？答案是社會結構。

西晉是門閥士族的黃金時代，他們用九品中正制穩固了自己的社會地位，把持了職位、土地等大量優勢資源，寒門是沒有機會出頭的，只有戰爭、政變等劇烈變化才能讓嚴密的社會階級裂開一條縫隙，讓他們看到一絲未來的光明。

「八王之亂」中的司馬氏諸王只是代表，他們背後其實是無數渴望出頭的寒門，人心和欲望成了點燃炸藥桶的火星。賈南風的得力助手張華，寒門；司馬亮的軍師孫秀，寒門；司馬顒麾下大將張方，還是寒門。

在西晉的固有秩序之下，他們沒有一絲機會，只有打破現有的秩序，才能得到想要的一切。寒門子弟懵懵懂懂地推動亂世的到來，門閥、士族又不可避免地捲入其中，最終埋葬了司馬家族。

不僅是漢族寒門看到了機會，胡人也看到了機會。漢人江山大亂，胡人經過數百年的積累，人口早已和漢人不相上下，胡人貴族又具有相當強大的實力，讓他們安分守己似乎很難。下層胡人忍受多年的白眼和辛酸，這讓他們恨透了漢人和世道，只要有機會，他們不介意發洩自己的一腔怨氣。

三〇四年，氐人李雄攻入成都，建國成漢。李氏家族原本生活在漢中，在戰亂中隨難民流亡到四川，後來逐漸建立威信，直至能起兵開國，漸漸恢復了昔日蜀國的疆域。

同年，匈奴人劉淵在山西稱帝。早在司馬炎時代，匈奴的駐地就把太原包圍，並且控制了山西大部分地方，劉淵舉起大旗，短短半個月就匯聚了五萬人。

兩年後，司馬越任命劉琨為并州刺史，山西漢人紛紛匯聚到劉琨麾下，可他們馬上又背叛劉琨和晉朝，跟著劉淵混，也是因為他們看到晉朝沒有自己的出路。雖然劉琨寫出「何意百煉鋼，化為繞指柔」的詩句，但是他真的沒有辦法改變這一切。

石勒的軍師叫張賓，是張良式的人物。在晉朝的體制內，張賓肯定是要被埋沒的，任你智計百出也不會出頭。一旦追隨了石勒，終於青史留名。

士族、胡人奏響了一曲交響樂，寒門在中間來回穿梭，努力尋找自己的位置。士族南下後，寒門只能和胡人合作。

這一切能怪誰呢？似乎和任何人都沒有關係，人們都在牢籠中掙扎，這是彼時他們的宿命和不得已。

6

一切都結束了。漢武帝和霍去病揮動蝴蝶的翅膀，漫不經心而小小的微風卻越滾越大，在西晉成為席捲中原的颶風。中原政權內部出現裂痕，讓胡族的人口優勢成百倍放大，最終建立起十幾個國家，分裂南北三百年，北方漢人的數量一度降到四百萬到五百萬。

雖然漢人能在胡人政權中出頭，但那是有條件的，你必須能力過人，如果是普通人，那就只有被屠戮的命運。

追溯源頭，其實早已埋下伏筆。當時的漢朝如日中天，似乎給他們一點土地也沒什麼關係，可隨著時間流逝，強弱關係也不是絕對的。誰又能想到，當年那一小撮匈奴人日後能成大器？

李世民的玄武門

1

隋朝開皇初年，長安很熱鬧。隋文帝楊堅在生死線的邊緣遊走多年，終於把外孫宇文贇一腳踹下了皇位，自己披上龍袍，統治萬里江山。獨孤伽羅也慶幸自己沒有選錯人，跟著丈夫一起進步，達到女性的職業巔峰，和楊堅並稱為「二聖」。

幾家歡喜幾家愁。神武郡公府中，一個十三、四歲的小姑娘撅起小嘴說：「恨不為男兒身，給舅舅家報仇雪恨。」神武郡公竇毅趕緊捂住女兒的嘴：「你個傻丫頭，這麼說可是要殺頭的呀。」

竇姑娘是北周武帝宇文邕的外甥女。雖然年紀尚小，但是長得很漂亮，烏黑的長髮能拖到地上，關鍵是小姑娘熟讀史書，已經進行過政治啟蒙。一名美少女，張口閉口就是打打殺殺，目標直指當朝皇帝。當真是個狠人。

小棉襖如此剛硬，竇毅也很滿意，就像關二爺說的：「我家虎女，焉能配孫氏犬子。」那些來提親的世家子弟，他統統看不上。於是，竇毅安排了一次比武招親大會。

他在大屏風上畫了兩隻孔雀，然後對前來應聘的世家子弟說：「站在一百步外，誰能射中孔雀眼睛，誰就是我的女婿。」我們都見過孔雀，龐大的身體上鑲嵌著一對小眼睛，離遠了看清楚都不容易，還得用弓箭射中，沒點能耐還真做不到。能做到的，都不是一般人。

有人歎氣而歸，有人躊躇觀望，十六歲的唐國公李淵拿起弓箭：「來來來，各位都讓讓，我要表演才藝了。」唰唰兩箭，正中孔雀的雙目。這等功夫，放在軍中都是萬裡挑一的好手。於是，竇姑娘和李淵結婚了，後來他們生了幾個孩子：平陽公主、李建成、李世民和李元吉。

雖然竇姑娘為舅舅宇文邕報仇的願望沒有親手實現，但她的老公和兒女一手建立了大唐，也算是不辱使命。真是一家子狠人。

而吸收了父母優良基因的李世民不僅勇冠三軍，更是心細如髮、多謀善斷，堪稱狠人中的戰鬥機。

2

六一七年，天下大亂多年。彼時竇姑娘已經去世，李淵成為一名光榮的「奶爸」，他帶著孩子們到山西任職。

歷來的史書都有這樣一段描述：李淵要做隋朝的忠臣，可李世民想造反，於是他和裴寂設局，並且讓隋煬帝的妃子去作陪，他們犯了滅九族的大罪，沒辦法才起兵造反。李淵「忠臣」的角色被安排得好好的。但可信嗎？

李淵可是少年英武的奇才，又經過多年宦海沉浮，早已修煉成人精，而李世民不過是個毛頭小子，這件事很可能是父子二人在演雙簧。如果沒有關隴集團的老牌成員李淵，李世民也很難拿到父輩的資源，更不用說後來的輝煌成就，所以李淵才是家族起兵的總指揮啊。

如果要類比的話，他其實就是劉邦的角色，利用人脈、資源組建團隊和平臺，然後讓團隊中的佼佼者出去攻城掠地。而在戰火中百煉成鋼的，唯有李世民。

李世民太厲害了，從當將軍的那天起，除了初出茅廬在甘肅被打敗過一次外，其他時候都是一戰定乾坤。滅劉武周時殺得鮮血灌滿袖子，在洛陽又一戰平定王世充、竇建德……

六二一年，李世民達到人生小高潮：天策上將、司徒、陝東道大行臺。天策上將府可以設置官員，相當於小朝廷，而陝東道大行臺是關東政務中樞。魏晉以來的惡性權力結構，再加上李世民的天縱奇才，終於釀出一杯毒酒擺在李淵面前，而那個地方叫玄武門。

3

在李淵原本的計畫中，他是不想讓李世民一家獨大的。他培養過很多家族成員，比如李建成，太原起兵時他和李世民平起平坐，分別擔任左右大都督，這也是李建成唯一拿得出手的軍功。進入長安後，他就成為太子，坐在了當年楊勇的位置上。如此一來，李建成的命運也和南北朝前輩們沒什麼區別。沒有軍功就沒有話語權，在亂世誰理你？比如李元吉，十五歲就留守太原，李淵希望小兒子能成大器，結果劉武周南下時李元吉扛不住，一溜煙跑回了長安。李淵無奈只能放棄培養小兒子。比如李神通，他是李淵的堂弟，曾被派到河北坐鎮，結果和李績（世勣）一起被竇建德俘虜，也沒扛起大旗。

但凡有一個成器，李世民就不會無所顧忌。當李世民軍功日隆後，李淵能做的其實只有制衡和勉強維持，他幾次對李世民說：「我最喜歡的其實是你，想做太子嗎，千萬不要放棄喲，加油。」

這是畫大餅，先穩住再說，可兒子們鬧矛盾時，他卻總是站在李建成一邊。而朝堂上的大臣不是李淵的親朋故舊，就是隋朝時的老同事、老戰友。至於疆場立功的文臣武將，基本沒有出任要職的，連起義元勳劉文靜都被殺掉了。所以武德年間的格局就是：李淵、李建成、李元吉和滿朝大臣是執政黨，他們占據著朝廷的資源和話語權。這些人被李淵聚攏在一起，維持著弱勢的主場地位。

南征北戰的大將、各路諸侯的降臣、關東各地的官員……基本上都被李世民籠絡在手，組成在野黨。

按照南北朝以來的模式，他們遲早會有一戰，明眼人都看得出來。既然天下已經平定，另起爐灶也不現實，那就在李淵和李世民之間做選擇吧。李建成更像是李淵的附庸，他的資源根本不足以和弟弟對抗，只有依附於李淵，李建成才能勉強生存下去。

「玄武門之變」更像是李世民和李淵的戰爭。不幸的是，在屍山血海中殺出來的人都有一種敏銳的判斷力，他們大部分人都選擇了李世民，畢竟強者為尊嘛。李世民也很有手段，根據《資治通鑑》等史料來看，只要追隨過他的人，基本都對李世民保持絕對的忠心。

李世民讓張亮帶一千人去洛陽結交山東豪傑以防不測，結果李元吉告密，張亮被抓進監獄。可不論怎麼嚴刑拷打，他一個字都不說。

「玄武門之變」後，李世民把齊王府的不動產、存款、土地都賞賜給了尉遲敬德，大方吧，要不怎麼是千古一帝呢？

幾百年亂世中的鮮血、權謀、生死，終於結出了李世民這朵奇葩，他更像是劉邦和項羽的合體，一方面戰無不勝，掃平天下，另一方面又有駕馭群雄的權謀和手段。這樣一個人，恐怕放眼天下也無人是其對手。

4

沒有任何事情是能靠殺人解決的，領袖只有合理分配利益才能凝聚人心。「玄武門之變」也是這樣。

李世民殺人不是目的，何況殺的還是李建成、李元吉等二線人物。他代表著武將、功臣、關東官員的利益，而這些人雖然都有著巨大的功勳，但在朝堂上卻沒有話語權，而想要得到這些，只有皇帝才能做到，所以玄武門的行動目標直指李淵。

所有歷史上的大事件不是一拍腦袋就決定的，而是一切布置好之後的結果。看一下「玄武門之變」前的各方反應。李世民其實早已做好準備，他讓溫大雅坐鎮洛陽，並且派張亮帶著一千人去洛陽結交豪傑，「恐一朝有變，欲出保之」。

萬一在長安混不下去，就去洛陽割據。其他人不敢做的事，李世民有實力去做。李元吉就親口說：「當年二哥打敗王世充進入洛陽時就大肆發錢，樹立自己的恩信。」那還是六二一年，「玄武門之變」是在那五年之後，可想而知，李世民在洛陽的根基有多深。

李淵也在找出路，或者說試探。他對李世民說：「打天下都是你的功勞，經常說立你做太子，可你太謙虛了，要不你就到洛陽去吧，做個二皇帝。」

李世民大哭，他當然知道，如果和漢朝的梁王一樣去洛陽當二皇帝，以後再想回長安奪皇位，就名不正言不順了，而李建成、李元吉也不想讓他去，他在洛陽和關東的根基太深了，一旦割據一方，關中和四川的朝廷怎麼能抗衡呢？再加上李世民的軍事能力，別開玩笑了。

正好突厥入塞，建成兄弟就想了一個辦法。他推薦李元吉擔任統帥，順便把尉遲敬德、程知節、秦叔寶、段志玄等秦王府大將帶走，打算在路上坑殺，然後在餞行時以摔杯為號，斬殺李世民。

這一切，李淵可能是默許的，至少不反對。這種密室謀劃李世民是怎麼知道的呢？不好意思，是李建成的屬下跑到秦王府去告的密。搞笑嗎？堂堂太子，連貼身屬下都拋棄他了。

而李元吉的心思更可能是螳螂捕蟬，黃雀在後——二哥死了，說不定我更有機會呢？

在生命危險和前程的壓力下，秦王府的文臣武將趕緊慫恿李世民：「動手吧，再不動手就來不及了，要不就散夥吧。」

好了，一切都水到渠成。李世民心想，父親容不下我、兄弟要害我、王府官員都在慫恿我，我好難啊。那就拚一下吧，我也是被逼無奈。

如果兵變成功，長安自然可以掌握在手，而洛陽大本營則可以彈壓關東，李靖和李績等軍中大將也中立，這就不會有任何「後遺症」。如果不成功，秦王府君臣還可以退到洛陽，要麼割據一方，要麼發兵西進，至於史書怎麼寫，眼下已經管不了了。

你看看，李世民早已安排得明明白白。表面上只是玄武門的一場小型突發戰鬥，實際上早就謀劃得萬無一失，只等放手一搏。

結局我們都知道了。李建成、李元吉身死族滅，三天後李世民被立為皇太子，三個月後登基稱帝。李淵能怎麼辦呢？當尉遲敬德帶兵到後花園時，他和裴寂、陳叔達、蕭瑀正在划船。這幾位老臣也站在李世民一邊：「秦王贏了，老哥哥，你就從了吧。要不然的話，咱哥兒幾個就沒命啦。南北朝的教訓，老哥你都忘記了？」

行，那就順水推舟吧。李淵說：「世民幹得好，這也是我一直想幹的事，我們父子終究是一條心啊。」一夜之間，兩個兒子和十個孫子都死了，李淵滿心的悲傷又能跟誰說呢？沒人在乎他，因為大唐江山太平靜了。

一個月後，房玄齡、杜如晦、長孫無忌、秦叔寶、程知節、尉遲敬德等文臣武將紛紛出任宰相、將軍等要職，完成朝廷的洗牌和換血，這些都是史書記載的大人物，史書沒有記載的中下級功臣，在貞觀年間又有多少飛黃騰達的呢？

時也，勢也。

5

眾所周知，「安史之亂」把唐朝分成了兩段。

在繼承北魏、北周、隋朝的改革成果後，唐朝在門閥士族、庶族、皇族之間達成平衡，開啟了帝國的輝煌。但唐朝也不可避免地沾染了南北朝的遺風，比如皇子掌軍、皇后強勢這類北魏的傳統，「玄武門之變」只是幾百年遺風的迴光返照，之後的李承乾造反、太平公主掌權、李隆基奪位則是魏晉南北朝傳統的尾聲。

唐朝是有故事的。它不安分、不消停，不像明、清一樣，幾百年都處於同一個框架內，也正因為唐朝一直在變，才會碰撞出無數火花。

蔣勳說：唐朝為什麼會帶給我們感動？因為唐朝像漢文化的一次短暫的露營，而人不會永遠露營，最後還是要安分地回到規律的農耕生活。但回想起來，最美的那幾天都是去露營和度假的日子。唐朝就是一次短暫的出走，而這場盛大的風花雪月，始於玄武門。

義和團：被利用的愛國炮灰

1

一九〇〇年左右，大清子民對洋人的感覺一點都不好，如果非要類比的話，大概就是俗套的文章標題：「世道變壞，是從洋人登陸開始的」。

世道變壞其實是內部出了問題，比如人均占有耕地減少、人口暴增、脫離世界潮流、財富分配不均等等，洋人登陸是結果和催化劑，而不是世道變壞的主要原因。但大清子民並不清楚，他們只能感知到洋人帶來的壞處，而沒有能力分析原因。畢竟那個年代的識字率很低，也不能要求群眾有多麼高的領悟，那是拿大清子民尋開心，並不公平。

對於洋人作惡，他們最樸素的認知來自教堂。自從鴉片戰爭以後，歐洲列強紛紛奔赴大清淘金，各種跑馬圈地，劃定勢力範圍，英國的軍艦在長三角橫行，法國滲透雲貴，俄國看中了長城以北，後起之秀的德國則瞄準山東。

洋人來了之後並沒有入鄉隨俗的意識，他們走到哪裡都要修建教堂，並把它們作為深入大陸、拓展勢力的據點，其作用類似於後來日軍修建的碉堡。

只要教堂建起來，洋人就算是在方圓幾十里紮根了，成為大清統治之外的另一股基層勢力。所以晚清東部省份的基層有兩條垂直的統治勢力，大部分時間他們都能和諧共處，但雙方卻也在暗中蓄積能量。

凡是有利可圖的地方，總是會吸引很多追隨者。大清的基層有穩固的利益管道，可以給子民提供入仕之門、緝捕盜賊、提供安全保護，作為回報，人們需要交稅。這條管道已經存在了幾百年，大家也都習慣了。

洋人的教堂進來以後，大規模吸引周邊居民入教，並承諾入教之後可以提供保護，有的甚至可以免除賦稅。大家都知道當時的局面，大清被洋人吊打，不管多大的官，只要遇到洋人都要矮半截，基本上立足點就不平等。所以教堂招人時很多人都去投奔，心甘情願做一名光榮的假洋鬼子。於是衝突就產生了。

教民借助洋人的勢力在鄉里感覺棒棒的，看不起大清子民，動不動就算計人的家產和土地。大清子民也不開心啊，我們祖祖輩輩都自力更生，日子過得好好的，怎麼洋人來了就碰上了寒冬，不僅算計我們的家產，平時還要遭受人格侮辱。

這種事在當時被稱為教案，尤其以山東為甚。曾國藩曾上書朝廷：「凡教中犯案，教士不問是非，曲庇教民，領事亦不問是非，曲庇教士。遇有民教爭鬥，平民恆屈，教民恆勝。」

可見兩股基層勢力的衝突已經積壓幾十年了，等到實在憋不住了，這個「沉默的大多數」就會發出自己的聲音。

由於教堂的實力強大，大清的基層官員又不作為，大清子民只好抱團取暖，結成一個又一個小型社團。社員們忙時種田，閒時練武，有人鬧事時就一起出動，用人多力量大的方式維護權益。

甲午戰爭以後，雙方都撐不住了。日本取得戰爭的決定性勝利，歐美列強不禁發出驚歎：「哇，大清埋頭忙了幾十年的洋務運動，居然是花架子。」於是洋人更加得寸進尺，教堂勢力更大，教民也自認為是一等公民。

而大清民間的社團經過多年發展，也具備了相當規模，幾乎每村、每縣都有人數不等的社團。既然有所依恃，社員們也感覺自己棒棒的。當雙方的仇怨積累到一定程度，弱勢的一方又具備反抗實力時，大規模的衝突便在所難免。

而民間社團的反抗，就是義和團。

2

一八九七年，山東冠縣村民和教民因土地發生衝突，威縣拳師閻書勤前往援助，並和趙三多一起將練的梅花拳改為義和拳，也就是在這個地方，拳民在次年十月豎起「扶清滅洋」的旗幟，不過他們的名字依然是義和拳民。

真正賜予「義和團」名字的，還是朝廷官員。一八九八年六月，山東巡撫張汝賢上奏朝廷，他認為義和拳是民間自發組織的鄉勇，不如改為受官府監督的民團，這是第一次出現「義和團」的名字。

雖然沒有受到朝廷重視，但「義和團」的名字已經風靡山東，各地的民間社團也紛紛自稱「義和團」，從此便成了氣候。

當時的朝廷正在進行「戊戌變法」，無暇分心。義和團的反抗並沒有明確規劃，只有「扶清」的朦朧概念，以及「滅洋」的最終目標，具體該怎麼做呢？不知道。

義和團興起之後，出於本能去攻打教堂、拔電線杆、殺洋人和教民，在他們的認知中，這些就是世道變壞的主要原因。而且義和團沒有號令嚴明的組織紀律，都是各個小社團拼湊在一起，做什麼事情也是師兄們互相商量，這就屬於群起盲動的民間暴力。而類似的暴力組織想要維持下去，不是依靠熱血，就是依靠搶劫和殺戮。

熱血是很短暫的，衝動過後很快就會冷靜下來，然後回到慣常生活中，該做什麼做什麼，因此沒有組織、紀律的暴力團體，熱血過後只剩殺戮。身處義和團式的團體中，平時唯唯諾諾的老實人也會在無秩序的盲動中體會到極大的快感，進而癲狂上癮。

一般來說，這種組織是沒什麼前途的，洋人對義和團討厭得要死，每天督促朝廷剿滅義和團，不然就不和大清玩了。朝廷對脫離掌控的民間暴力組織也不喜歡，這就等於挖自家牆腳，極大削弱了朝廷對民間的掌控力度。但是義和團卻發展起來了。為什麼？因為慈禧太后需要炮灰。

3

「戊戌變法」之後，慈禧和光緒徹底翻臉，兩人從相親相愛一家人變成老死不相往來的仇人。慈禧的心情也可以理解，她想培養忠於自己的繼承人，又要讓光緒耐心等待，到底什麼時候能上位，要看慈禧活到什麼時候。

然而內憂外患和權力鬥爭逼迫光緒走上了另一條路。不論是甲午年間的主戰，還是戊戌年間的變法，光緒的所作所為都不能代表既得利益者的利益，直到被無情拋棄，準備退居二線的慈禧不得已重新走上一線。

最重要的是，光緒被康有為坑了一把，讓慈禧以為他們要「圍園劫后」，這個疑點徹底擊潰了慈禧的底線：「我對你恩重如山，你居然這樣對我，從今天起，你我恩斷義絕。」此時的慈禧已經大權在握，她唯一在乎的是身後不被翻案，如果光緒繼續在位，說不定自己什麼時候就完蛋了。這種感覺讓慈禧如芒在背。

既然如此，那麼慈禧的選擇就只有一個：換皇帝。廢除光緒，重新換一個聽話的小皇帝，這樣慈禧既可以培養新的接班人，又能名正言順地繼續執掌大權。選來選去，慈禧發現端王載漪是后黨的死忠粉，他的身邊又總是有一票宗室和八旗老臣能無條件支持自己的意見。

一九〇〇年一月二十四日，慈禧以光緒皇帝無子為由，冊立端王載漪的長子溥儁為大阿哥，預定庚子年元旦舉行登基典禮。而此時的光緒正在瀛臺讀書呢。

讓慈禧沒想到的是，大清朝想換皇帝，洋人居然不同意。東交民巷的外國公使聲稱：「和中國打交道，只認光緒二字。」太后很生氣，後果很嚴重。

然而更生氣的是端王載漪，在得到慈禧的承認後，載漪滿心歡喜，以為端王府要出皇帝了，自己必然是未來的權力中樞，老太太去世後，可就是自己的天下了。

冊立溥儁為大阿哥的第二天，載漪在家裡備好茶點，等著外國公使和朝廷公卿上門道賀，他大概把表情管理都練習好幾遍了。可是外國公使一個都沒有來，載漪不甘心，天亮後繼續準備，又沒人來，再準備還是沒人來。至此載漪明白了：「所謂的大阿哥，洋人根本不承認。」

不僅洋人不承認，大清的重臣也不承認。榮祿私下探尋重臣的口風，兩江總督劉坤一回覆：「君臣之義已定，中外之口難防。坤一所以報國者在此，所以報公者亦在此。」從君臣角度而言，劉坤一的話已經很嚴厲了，甚至頗有威脅的意思，假如慈禧一意孤行，那劉坤一就不報國了。

對於慈禧而言，大清重臣不承認倒是次要的，曾國藩、李鴻章這麼厲害的人，還不是被她敲打得服服帖帖，而洋人的干涉才是致命威脅。於是慈禧和載漪達成共識，一定要給洋人點顏色瞧瞧，要不然還以為大清無人。

載漪的權欲、慈禧的恐懼、子民的積怨，大家圍繞「天子家事」達成了共同對抗洋人的統一戰線，在世紀之交掀起了大規模的朝野合作。

這些事本質上是慈禧和光緒的矛盾，卻不可避免地升級為國際糾紛，最終影響了大清國運，生靈塗炭。

4

正當慈禧一籌莫展之際，載漪發現山東、河北居然有反抗洋人的義和團，不由得高興壞了：「嘿，我們來談談合作吧。」他迅速為慈禧介紹了義和團：「他們是反洋人的，大清民心可用啊，太后下命令吧。」

由於載漪的鼓動，慈禧很快就相信義和團的師兄們身懷刀槍不入的真功夫，可以放手和洋人一搏。而真正促使慈禧下定決心的，是洋人增兵。洋人不遠萬里漂洋過海，不是來愛你的，而是為了升官發財，義和團的興起讓他們感受到了威脅。為了保護勢力範圍和既得利益，各國在五月份提出調兵進京，以保護各國的使館不受侵害，同時也可以威脅大清朝廷。哼，你不鎮壓義和團，我幫你。

於是慈禧緊急調董福祥的甘軍進京，同時從六月十日起放任義和團進京，作為朝廷和洋人作戰、談判的籌碼。

朝廷的鼓勵給了義和團一份官方認證，民間對義和團已經不怎麼反彈，洋人多年的欺壓也成為義和團擴張的土壤。他們一路攻教堂、殺教民，進入京城時規模已經十分龐大。

進入京城以後，義和團的盲動性更嚴重了，朝廷對他們只能進行引導，並不能有效地管理，而義和團又沒有明確的目標以及詳細的執行步驟，能做的就是殺人。

再者，軍隊維持需要為數可觀的糧草，龐大的義和團又沒有後勤保障，搶劫就不可避免，再加上混入隊伍中的投機分子，紀律混亂和戰鬥力差則是必然會存在的問題。

義和團進京後很快就和使館衛隊激烈衝突，造成京城混亂不堪，富商雲集的大柵欄地區也遭到殃及。整個京城亂作一團，義和團竟無人能制。

德國公使克林德在去總理衙門交涉時，和神機營章京恩海相遇，一味主張鎮壓的克林德率先開槍，結果被恩海擊斃，緊接著便是我們熟悉的「八國聯軍侵華」。

那麼慈禧是否真的相信義和團可以「刀槍不入」呢？她的心理活動後人無從知曉，可能她是真的相信，也可能是表面相信，只是為了鼓勵義和團罷了，至於其真正目的，利用民心而已。人生如戲，全靠演技。

5

慈禧的戲多，載漪的戲更多。為了保住兒子的皇位，端王載漪指使部下偽造了一系列洋人的外交照令，揚言要接管大清的財政和軍隊，其中一條讓她深受刺激：「歸政給光緒皇帝。」慈禧勃然大怒，沒想到折騰了半天，洋人是針對我，是可忍孰不可忍：宣戰。

一九〇〇年六月二十一日，八國聯軍攻克大沽口的四天後，慈禧召集御前會議，同時向英、美、法、德、意、日、俄、奧、西、比、荷十一國宣戰。

大家一看，老太太瘋了。光緒第一個提出質疑，他很不贊成對列國同時宣戰，五年前連日本都打不過，現在的十一國每一個都比日本厲害，他們合起來圍毆大清，能打過才怪。光緒說了一句公道話：「奈何以民命為兒戲？」不過他的話此時已經沒有任何分量了，參與會議的大臣視而不見，打與不打是老佛爺說了算，你快閉嘴吧。

八月十四日，八國聯軍攻入京城。光緒認為沒有逃跑的必要，洋人只是來討伐拳匪的，他想主動到東交民巷和各國公使面談，希望事情能有所轉機。光緒穿好朝服準備去使館，慈禧立刻趕到，命令太監剝掉其朝服，待在房間等候命令。

慈禧哪裡敢留在京城，洋人打到京城還不是老太太一手造成的，她生怕洋人第一個找她算帳呢。第二天清晨慈禧就帶著光緒匆忙西逃。

各地督撫也沒放在心上。盛宣懷留了一個小心眼兒，他利用手中掌管的郵電系統，沒有把宣戰詔書大規模傳達，而是小範圍發到各督撫手中。總不能因為皇家母子鬥法，就要拉著天下人陪葬吧。

兩廣總督李鴻章收到電報後直接回覆：「此亂命也，粵不奉詔。」張之洞收到詔令時正在抽煙，聽到宣戰的消息，他氣得把煙槍扔到了地上：「這老寡婦要駭她一下！」劉坤一也私下說：「慈禧的政府已經完了。」

有了李鴻章的支持，盛宣懷急忙聯絡兩江總督劉坤一、湖廣總督張之洞、閩浙總督許應騤、四川總督奎俊、山東巡撫袁世凱和各國駐滬領事商定《東南保護約款》。各地督撫和各國約好：你們如果想進攻京城，我們不參與，但你們的軍隊也別南下，咱們在南方繼續做生意。

如果這種事情發生在乾隆年間，各地督撫的腦袋早就搬家了，可在王朝末世，所有人都有恃無恐。大清最後一點人品也被慈禧敗光了。在甲午戰爭和戊戌變法時，她代表了大部分人的利益，是公心掩蓋了私利。而在「庚子事變」中，她以私利背叛了公心。歸根結柢，慈禧的一切出發點都是私利，尤其是「八國聯軍」事件中，慈禧為了讓朝野沒有反對她的機會，由換皇帝直接促使義和團發酵、中外交惡、聯軍侵華。

《辛丑合約》規定，清政府向各國賠款四點五億兩白銀，加上利息共計九點八億兩。甚至政府不能在天津駐紮軍隊，洋人卻可以在京榆鐵路沿線的十二個要地駐紮軍隊，北京也有保護使館的衛隊。然後是東北。俄國趁機南下，半年內攻占東北全境，雖然沒有以法律形式確定下來，但是已經為五年後的日俄戰爭埋下伏筆。

更不用說被搶劫的珍寶，《永樂大典》再也找不全了，《四庫全書》被毀掉數萬冊，單單日本駐軍就在東四[5]搜刮出三百萬兩白銀。聯軍總司令瓦德西也承認：「所有大清帝國此次所受毀損及搶劫之損失，其詳數將永遠不能查出，但為數必極重大無疑。」

朝廷高層的私心，真的會害死人。

6

一九〇二年一月八日，兩宮回鑾。

洋人的強烈干預讓慈禧的廢帝夢想化為泡影，以後無論做什麼她都要把光緒帶在身邊，不讓他離開自己半小時以上。光緒皇帝繼續在皇位上，形如木偶地度過最後六年，沒人和他說話，他也不願意和別人說話，沒事就讀讀書。他心裡還抱著中興大清的夢，直到一九〇八年十一月，他等到那碗來自慈禧的賜膳，裡面加了過量的砒霜。

慈禧也搖搖晃晃地走過六年，最終立三歲的溥儀為帝，並且讓攝政王載灃、皇太后隆裕互相制衡。她最擔心的事沒有發生，載漪和溥儁的結局都不太好，八國聯軍攻入京城後，載漪成為禍首，被流放到新疆伊犁，溥儁的大阿哥稱號被剝奪，隨父親一起被流放。後來父子倆逃到蒙古，溥儁娶蒙古公主為妻，進入民國後窮困潦倒，一九四二年死後被埋在嘉興寺的後院，此時載漪已經死去二十年了。

愛國的義和團真的成了炮灰，他們遵循本能抵抗洋人時，朝廷卻不遺餘力地鎮壓，當朝廷需要有人衝鋒在前時，他們又興高采烈地與朝廷合作。

朝廷和慈禧真的信任義和團嗎？開玩笑。義和團進入京城之後，和清軍聯合起來攻打各國使館、西

5 編按：北京東城區中部的區塊，是明清以來王府、皇家倉庫、名人宅第的聚集之處。原為街道名稱，後作為地名沿用。

什庫教堂，他們的人數和武器具有壓倒性優勢卻始終攻不下。因為慈禧不願意真的進攻，她始終都留有退路，清軍和義和團對洋人的示威與血戰，只是慈禧手中的籌碼。她的心中始終只有自家的私利。

為了達成自家的私利，慈禧不惜以國運和生命為賭注，一旦在賭桌上徹底輸掉籌碼，就讓天下人背黑鍋。後來她談起進攻使館的事：「依我想起來，還算是有主意的，我本來是執定不同洋人破臉的，中間一段時間，因洋人欺負得太狠了，也不免有些動氣。雖是沒攔阻他們，但始終總沒有叫他們十分盡意的胡鬧。火氣一過，我也就回轉頭來，處處都留著餘地。我若是真正由他們盡意地鬧，難道一個使館有打不下來的道理？」

進攻使館期間，朝廷還給使館送去米麵、蔬菜、西瓜等物資。義和團是有自己的問題，搶劫、愚昧……這些都是義和團的標籤，他們算不上真正的王者之師，但一腔熱血是沒錯的。被朝廷高層當作炮灰利用，壓榨之後又被拋棄，最終遭到中外的聯合絞殺，華北大地屍橫遍野。

真正的問題不是來自義和團，恰恰是朝廷。而當炮灰的，又何止是義和團？

第二章　歷史的進程

天下大勢浩浩蕩蕩，順之者昌逆之者亡

哪有什麼原汁原味的國家和制度，都是在運行過程中不斷嘗試錯誤並調整，最終形成大家都能接受的共識罷了。

帝國的統一和榮耀

1

西元前三六一年，秦孝公發布《求賢令》，他用優厚的待遇號召各諸侯國的優秀人才到秦國工作。其中有這樣一句話：「賓客群臣有能出奇計強秦者，吾且尊官，與之分土。」意思就是，只要能讓秦國富強，不僅可以做高官，還有土地、人口可以拿。這應該是最原始的股權激勵了。

《求賢令》傳到關東六國之後，很多優秀人才評估了一下自己的能力，感覺還不錯，於是收拾行李西行，準備去秦國奮鬥。其中有一個人是魏國的臣子衛鞅。

衛鞅剛到秦國就走後門，他透過寵臣景監見到了秦孝公，經過三番五次的試探性聊天，他終於明白了秦孝公要的是國家霸業。這對法家學子衛鞅來說簡直是他的專業，可以和工作職位無縫銜接，隨後幾年，秦孝公和衛鞅聯手發起了變法。

眾所周知，變法讓秦國走上了富強之路。比如廢井田開阡陌、廢除世卿世祿、啟動軍功爵等，正是這些激發人民積極向上的政策，打造了強大的秦國國力。

徹底變法的秦國和六國相比，最大的不同是家庭關係。大家不要笑，這點真的很重要，因為決定百年後的歷史走向，它占了很大因素。

在生產力不發達的夏、商、周時代，維繫社會運轉的是大家族，畢竟城外野獸多，土地產量不高，想要生存就要抱團取暖，而大家最信任的關係就是血緣。當時遍地都是一個一個的家族，一般來說，某塊土地上生活的都是本家親戚。如果看到不認識的陌生人，肯定是走街串巷的盲流子[6]。

這些家族為了生存得更好，便會互相聯姻，他們用這種方式築起家族的護城河，在爭奪土地、水源、奴隸等事情上共同進退。於是，家族聯盟誕生了。

那時的人想要發展，一定要有家族背景。只有家族支持你，你才有可能做成；一旦家族放棄你，你就只能獨自闖蕩了。所以當時的人們很看重家族血緣關係，甚至願意為了家族捨棄自己的生命。有了這樣的社會基礎，復仇就成了很常見的事情。

如果某人的長輩或親戚被殺害，他去復仇是不犯法的，反而會受到官府表彰，甚至民間輿論也會給予極大的讚美。這其實是一種自保手段，畢竟幫別人就是幫自己。萬一自己哪天被人殺掉了，子孫還能透過復仇討個說法。而復仇和爭奪一定會製造很多家族之間的矛盾，那麼家族私鬥也就不可避免。

家族、血緣、私鬥、復仇是夏、商、周的主題，直到春秋戰國依然如此。王朝想要統治天下，首先要做的就是籠絡地方家族，而具體方法就是宗法和分封。比如姬家建立周朝成為第一家庭，然後把數十個同族親戚和功臣封到各地，讓他們建立國家，統治一片土地。而這批國家，就是諸侯國。

諸侯國成立以後，還要繼續向下分封本地家族。比如老王家族得到了五十里土地，張三家族得到三十里土地……他們則屬於諸侯國的卿大夫。而老王在自己的土地上還得繼續向下分封，叔叔劃五里，伯伯分八里，兒子女婿各封十里等。這些叔叔、伯伯、兒子、女婿就叫作士。從周天子到士，江山被安排得明明白白，而分封的基礎就是家族血緣。

所謂變法不徹底的關東六國，他們幾乎都保留了家族封地的傳統，而徹底變法的秦國則是把家族打破了。秦國把那些幾百口人的大家族拆分成只有幾口人的小門小戶。也就是說，家族大戶被改成了小門

6 東北方言，指為逃荒、避難或謀生，從常住地遷徙到當地、無穩定職業和常住居所的人。

小戶型。

變法之後，子女一旦成年就要離開父母，然後結婚生子，單獨成立家庭，夫妻倆經營三到五口之家。秦國不是廢井田開阡陌嘛，政府積累了數量龐大的國有土地，然後他們把一定數量的土地分配給小家庭，讓夫妻倆努力種田、織布。耕和織，便是小家庭的主要任務。

大家可以想像一下，政府管理的都是三到五口之家，戶籍人口是不是就清楚了？每戶的土地數量是不是就清楚了？政府的權威是不是提高了？只要人口和土地數量清楚了，緊接著就是人口動員能力的空前強大，以及賦稅收取能力的簡潔高效。這是一種「大政府，小戶口」的社會結構，它徹底顛覆了幾千年來的宗法家族社會。

秦國又在小戶口的基礎上配套了軍功爵。軍功爵不是單純的軍隊頭銜，而是政府開放的晉升通道，其中包括社會地位、官職、財富等。

一個士兵只要在戰場上砍下敵人的頭顱帶回來，就能得到爵位，外加一頃田地、九畝住宅建地的獎勵。下次作戰再打贏，他還能在原有的基礎上繼續得到獎勵。換句話說，土地和住宅建地是可以累積的，而且上不封頂。秦國士兵只要能在戰場上打贏，理論上爵位可以無限升級，政府獎勵的土地也是一路增加，直到封為徹侯[7]，有戶口租稅為止。

而且秦國的爵位又和政府職位掛鉤。什麼戰功就得什麼爵位，什麼爵位就做什麼級別的官，一切都有明確的法令，你只要努力打仗就行了，別的不用管，政府給你安排得好好的。

但是軍功爵不能傳給子孫，一旦有爵位的人死了，就只能把分配的土地留給兒子，想要爵位還得自己去掙，皇親國戚也一樣。於是軍功爵經由合法途徑，擠走老貴族，扶持新貴族，除了君主，沒有人能

7 是古代的一種官名、爵位名。秦、漢二十等爵的最高級，由商鞅變法時設立，歲俸一千石糧食。漢武帝時，以避帝名諱（武帝名徹），改名通侯，亦稱列侯。

長久站在舞臺中央，這就形成了社會階層的新陳代謝。

很多人說秦始皇不殺功臣是寬宏大量，其實主要原因是沒必要，功臣去世自然無法再威脅皇位了。完全沒必要和朱元璋一樣，費盡心機殺了幾萬人，最後搞得罵名滾滾。

除此之外，變法後的秦國還主張重農抑商。這裡要說點常識，很多人覺得重農抑商就是不發展商業，其實並非如此，任何社會都需要貨物流通，是不可能缺少商業的，沒有商業簡直要退回到原始社會了。

所謂重農抑商，指的是不給商人政治地位。秦國法律規定，耕織致富的人可以免除徭役，經商致貧者的老婆、兒子要抓去做奴婢，乍一看種田好，經商不好，但問題在於，種田致富的是少數，經商致貧的更是少數。這麼一對比，還是大部分農民窮，大部分商人富，唯一的區別在於，農民很窮，但可以當兵做官，商人很富，但除了吃喝玩樂再沒其他作用。換句話說，窮農民的政治地位高，富商人的政治地位低。這才是重農抑商的本質。

說到這裡，秦國變法就很明白了。秦國的拆分家族和授予土地培養了龐大的自耕農階層，這群自耕農可以為秦國提供豐厚的賦稅和大量的兵員，大大擴充了國家的執政基礎。作為回報，秦國用軍功爵開放晉升管道，這樣不僅可以激發人民為國征戰的積極性，還能得到源源不斷的人才儲備。

除此之外，秦國堵死了其他晉升管道，只有種田才能得到政治地位，只有立軍功才能實現階層躍升，這樣一來，就把全部人口都綁架到了種田和作戰上，所謂「力（利）出一孔」，就是這個意思。

於是秦國把「小農經濟」打造成完整的閉環，國家、社會、家庭、階層、經濟、軍事都在其中。所有的生產力透過閉環向朝廷匯聚，然後藉由戰爭向關東六國輸出，其戰鬥力非常強大。

正面作戰交鋒，社會相對自由的關東六國在秦國這種戰爭機器面前毫無勝算，百年間逐漸被秦國攻破。

西元前二二一年，秦始皇統一天下。

2

我們經常說，秦國的功業是統一，但是回過頭來看，統一同樣也毀了秦國。

秦國的核心驅動力是耕戰。只有不停地種田，人民才有政治地位，只有不停地作戰，由農民轉化而來的士兵才能實現階層躍升。

秦國只有一直走在擴張的路上，人民才能得到想要的一切。秦國根本沒有大國富強和小民尊嚴的區別，它們是綁定在一起的，一旦天下太平，首先要面臨的是士兵得不到軍功，授田沒有了，爵位不升了，農民就不能愉快地轉型做官了。

作為成就秦國的中流砥柱，軍功爵已經不起作用了。生產力依然在閉環裡匯聚，但是找不到輸出的目標了。

說到這裡，我們不妨開個腦洞：如果沒有六國復辟，或者秦國的軍隊剿滅了劉邦、項羽，那麼秦國的未來會是怎樣的呢？可以肯定的是，耕戰依然是秦國的核心驅動力，但秦國的疆域已經北至長城，南到大海，由於人口和生產力的限制，秦國很難奪取草原和西域，也就是說，此時的秦國擴張已經到達邊界了，而秦國沒有科舉、工業，又不鼓勵商業，更加堵死了國內的階層流通。隨著時間推移，農民只能被鎖死在土地上，軍隊士兵沒有晉升空間，他們再也看不到希望。

既然向外的出路被堵死，那麼秦國君民就只能在國內折騰。一是朝堂掀起腥風血雨的權力鬥爭，各級官員被迫選邊站，朝堂大哥倒下後，猢猻也被掃地出門，空出的位置迅速由其他人填補。這樣一輪又一輪，直到君臣的精力耗盡，才能得到暫時的休養生息。二是爆發內戰，軍隊幹部為了前程，煽動參與政治鬥爭的大哥動用武力，他們在內戰中重新獲取榮耀和軍功，就像西晉的八王之亂一樣，最後留下一片廢墟。

不管怎麼選，秦國都不可能長久。體制決定了秦國是打天下的創業型國家，除非秦二世是有雄才大略的人物，能夠大刀闊斧地對內實行改革，廢除軍事管制，放開工商等其他利益管道，把匯聚到朝廷的生產力緩緩釋放至基層，讓秦國人民可以享受到天下太平的紅利。

可秦國沒有等到那一天，甚至可以說，秦國根本沒有改革的意識。

問題是，不改革就沒有出路。秦始皇還活著時，對現實困境一點辦法也沒有。他知道敵國已經滅亡了，但他還是要不停地找敵人，讓精力過剩的人民和軍隊有奮鬥的目標，進一步釋放匯聚起來的生產力。

先是一句「亡秦者胡」，秦始皇派蒙恬帶兵驅逐匈奴七百里。然後派任囂和趙佗帶兵南下攻取百越，一路打到南海岸邊。最後是築長城、挖靈渠、修陵墓、修宮殿……反正是沒事也得找點事做。

倒不是說秦始皇瞎折騰，從國家長久來說，無論築長城、逐匈奴還是開百越，他把秦國龐大的生產力都釋放出來了，用一代人做了三代人的事情。他做的事情都對，但秦始皇在釋放生產力的同時，順便也透支了國力。

因為百姓不可能永遠在宏大敘事中激情澎湃地唱戰歌，百姓也需要有一點自己的小生活。雖然軍功爵和耕戰給了秦國人晉升管道，但百年時間走過來，秦國人也累啊，小戶家庭得到田地，正準備好好經營生活，還沒開心多久就又要打仗了，家裡的男人作為士兵上戰場，田地只能由女人來經營，而女人身嬌體弱能種多少地？於是分配給小戶家庭的土地又被大面積拋荒。

從表面上看，秦國讓每個家庭都得到了很多土地，可是由於生產力的限制，這些田地根本發揮不了作用，都是帳面數字。再加上各種嚴刑峻法，其實秦國人民是很苦的。

劉邦進入咸陽後，廢除嚴刑峻法並和關中父老約法三章，結果是「大悅」，這讓劉邦站上了道德制高點。

秦國人民尚且如此，更別說六國遺民了。

3

六國遺民在舊制度裡生活得太久了。那些早已被秦國消滅的大家族在六國依然遍地都是，人民依附於家族生活，找工作也得靠家族打招呼，個人和家族的聯繫依然很緊密。因此，六國不是國家統治家族，而是家族拼湊成國家。

整個國家的結構相對來說有些鬆散，但是對人民來說，他們的生活也相對自由。這種事就是零和遊戲。國家想要強大就要弱民，人民想要自由就要弱國，但走到任何一個極端都是死路。能夠長久富強的國家，都是在國家與人民之間找到平衡點，雙方都不越界，而這種默契需要很長時間才能培養出來。

秦國統一之後根本沒有想對六國遺民讓利，而是把六國當作「殖民地」，以一種征服者的姿態踏上了六國的土地。與此同時，秦國的制度也迅速在六國故土鋪開，殘存的大家族被拆分，原先的大部分官吏被罷免，各級主官都被換成了來自秦國的幹吏和軍人。一句話，聽命令就行了。

六國遺民都懵了：「我們生活得挺好，秦國憑什麼亂來啊？」他們早已習慣了家族互幫互助，習慣了「先家族，後國家」，習慣了來去自由、無拘無束的生活，習慣了為父母復仇和私鬥殺人。

秦國來了，以前的事情都不能做了，他們唯一要做的就是種田和服勞役。就算種田，他們也不習慣。原先他們想種多少田就種多少田，不用國家強制約束，量力而為就行。結果秦國來了以後，明確告訴他們要種多少田、交多少糧、服多少役，還不能偷懶。

六國遺民怒了。這哪裡是人過的日子，根本就是把人當畜生啊！而且秦始皇把六國的史書和諸子典籍都燒掉了，只留下了一些《養豬指南》、《果樹嫁接技術》等實用工具書。對秦始皇來說，這是大一統必須要做的，可對六國遺民來說，他們也需要有自己的精神生活。

漸漸地，六國遺民不認為自己是國家的子民，充其量只是秦國的奴隸。歸根結柢，這就是兩種制度的衝突。

秦國人民活得很辛苦，但經過百年的浸潤，他們已經習慣了，他們願意把個人與國家綁定在一起，為了國家富強而奮鬥。可是六國遺民沒有這樣的傳統，讓他們為國家富強奮鬥，他們就覺得是被壓榨和奴役。

秦國沒有認識到這種區別，它像鋼鐵直男一樣直接壓上去，口中還說著：「服不服，不服的話我接著打。」六國遺民被按在地上摩擦，口中卻還在嘟囔：「我不服，我不服。」

蠻力可以把敵人打趴下，但絕對不可能使之折服。秦國強大時，天下人都在秦始皇的腳下顫抖，可是只要有一丁點兒機會，六國遺民就會起來反抗這種「暴政」。而且六國遺民對故國有很強烈的認同感，他們不覺得秦國統一有什麼好處，反而特別懷念齊、楚、燕、韓等國號。他們不在乎君主是誰，卻很在乎國號能否存在。如果沒有這個國號來證明自己的身分，他們總感覺自己就是亡國奴。

制度和國號，成為六國遺民心中的刺。當陳勝在大澤鄉喊出「王侯將相，寧有種乎」時，六國遺民紛紛揭竿而起，他們不僅要推翻壓迫他們的暴政，還要恢復古老的國號。

三年後，劉邦入咸陽，項羽分封諸侯。秦國亡。

4

西元前二〇二年，劉邦在定陶稱帝。

由於戰爭年代的利益交換，劉邦把關東六國的故地都封給了功臣，並讓他們重新樹起齊、楚、燕、韓的國號，統治六國遺民。具體怎麼統治，就由你們自己商量著辦吧，朝廷也不怎麼管。

而劉邦的漢朝統治秦國的故地依然用的是秦國的制度，只是廢除了很多嚴刑峻法，讓人民能喘口氣。平心而論，劉邦未必願意這麼做。秦始皇的大一統多威風啊，皇帝高高在上，朝廷擁有無與倫比的權力，那種睥睨眾生的感覺多好。如果有的選，恐怕沒有人願意放棄。

但劉邦的實力不足，他無法完全模仿秦始皇，只能學到一部分。誤打誤撞，漢朝的國與民找到了一個平衡點。漢朝重建了秦國的制度，包括三公九卿[8]、郡縣、軍功爵等都被繼承了下來，但它又不像秦國那樣強硬要求人民必須服從。

漢朝只要求人民按時交稅、按時服兵役，有功勞也給你爵位，但其他時間人民可以自由支配，種地也可以，經商也不攔著，想讀書也沒問題。在國與民的零和遊戲中，局勢逼朝廷削減了權力，逐漸讓渡給人民，雙方力量達到五比五的比例，而不是秦國的九比一。

而對於六國遺民來說，他們也很滿意。漢朝恢復了六國的國號，遺民們又一次找到身分歸屬，即便統治者是漢朝，但他們也不再認為自己是亡國奴了。至於國王是誰，完全無所謂。

後來劉邦滅掉韓信、彭越、英布等異姓王，把關東封國基本換成了同姓王，六國遺民也無所謂。因為現在秦國嚴苛的制度沒有了，國號也回來了，六國遺民再也沒有不滿意的，他們以為又要繼續自古以來的美好生活。

這就是漢朝的「一國兩制」。關西是秦制，關東是六國舊制，漢朝不僅保留了各自的特色，還對秦國的高壓統治安裝了「減壓閥」，又在國家層面實現了相對平衡。漢朝人民嘴裡說著不同的語言，卻一起站在漢朝的大旗之下，做著各自的事情，這些都是八年楚漢戰爭的成果啊。

都說漢承秦制，其實漢朝是秦國的修正主義，不是原汁原味的秦國制度。但正是這種修正主義，挽

---

8 三公九卿是封建社會的中央政府高級官職，三公是指丞相、御史大夫和太尉。三公之下設置九卿。秦朝的九卿是指奉常、郎中令、衛尉、太僕、廷尉、典客、宗正、治粟內史和少府這九個部門的長官。漢朝改奉常為太常，郎中令為興祿勳，典客為大鴻臚，治粟內史為大司農。

救了秦國的制度，如果不是劉邦變通，恐怕真的要退回到春秋戰國時代了。

九泉之下，秦始皇見了劉邦恐怕也不知道該說什麼。誇獎做得好，可是劉邦滅了秦國，讓秦始皇一生心血付之東流；但要說恨，恐怕也恨不起來。因為劉邦繼承了秦始皇的事業，把大一統和郡縣制都延續了下去。秦始皇唯一應該感到可惜的，應該是法家思想和焚書坑儒，劉邦非但沒有繼承下去，反而起用了儒生制定禮儀。這個心情，非常複雜。

劉邦用妥協的方式把七國故地的遺民重新拉回到一個飯桌上，雖然開始時大家都心存芥蒂，但好歹都在一個桌子上吃飯了，你吃羊肉泡饃，他吃燴麵條，還有人吃魚肉、米飯，他們都覺得自己的飯是最好吃的。

隨著時間的流逝，有的人吃膩了同一樣食物，便轉頭看向旁邊的人，恰好，此人也吃膩了，想換換口味，於是大家開始交換食物，嘗試之後才覺得：「哎呀，不錯啊」，原來以為很難吃的東西居然是人間美味。最後上菜時，大家決定乾脆不用分人頭了，直接擺在桌子上互相吃吧。

秦始皇用強迫的方式也沒有讓大家吃下去的飯，被劉邦妥協引導，大家都願意主動吃下去了。後來漢朝穩定下來決定休養生息，不再爭論「儒家好還是法家好」，朝廷和人民一起埋頭發展經濟。大家都知道，不管儒家和法家說什麼，吃不飽飯的都不好。

經過文、景兩代帝王的治理，漢朝國力蒸蒸日上，只要勤勞肯幹，基本都能吃飽穿暖，於是漢朝人民終於有了一個共同的名字：漢人。

不久的將來，他們會站在漢武帝的大旗下，向北方強大的匈奴發起衝鋒。漢朝既有大國崛起，也有小民尊嚴。

三國的貧窮、法治和漢奸

1

曹操從來沒有想到，自己的夢想會徹底破碎。那年他三十六歲。

一八九年，漢靈帝去世，留下一對孤兒寡母繼承大漢的江山，不過他也不擔心，因為他給兒子留下了左右護法：太監和外戚。外戚叫何進，是何皇后的哥哥，他身居大將軍的高位，理論上手握天下兵馬。而太監頭目叫蹇碩，其手上也有一支兵馬——西園八校尉。

西園八校尉是漢靈帝組建的皇帝親軍，他一輩子貪財吝嗇，為了存錢，不惜把朝廷官職明碼標價，二十年來好不容易攢了點錢，結果全部投入到這支軍隊中了。可漢靈帝依然擰不過天意，他屍骨還未涼透，留下的左右護法就開始大肆火拼，最終何進被殺，太監也暫時退出歷史的舞臺。結果西園軍和洛陽軍都被西北軍閥董卓收編。

平心而論，董卓是想好好做事的。曾經在「黨錮之禍」中被封殺的門閥、士族都被大力提拔、重用，出身「潁川荀氏」的荀爽從一介平民到宰相高位，只用了九十三天。蔡文姬的老爸蔡邕也被封侯。

「我對你們好，你們要好好回報我哦！」士族、門閥很熱烈地回報了董卓，但不是用鮮花和掌聲，而是用軍隊和刀劍。僅僅在半年後，「十八路諸侯」就從東、南、西、北出發，匯聚到士族領袖袁紹的大旗下，直撲洛陽而來。他們的理由很簡單：董卓不過是邊塞武夫，憑什麼和我們談笑風生？

皇權沒有護法，還不是個花架子？舊秩序已經被董卓一錘子砸碎，他們正好借保衛皇帝的名義，正大光明地渾水摸魚。亂了，亂了，徹底亂了。

曹操的夢想是做征西將軍，可是，曾經繁華強盛的大漢帝國，如今已成為屍骨遍野的人間地獄，曹操用樂府詩〈蒿里行〉記錄下了這一切。曹操用民歌的形式，行批判之實，深刻地揭示了人民的苦難，堪稱「漢末實錄」的史詩。

關東有義士，興兵討群凶。
初期會盟津，乃心在咸陽。
軍合力不齊，躊躇而雁行。
勢利使人爭，嗣還自相戕。
淮南弟稱號，刻璽於北方。
鎧甲生蟣虱，萬姓以死亡。
白骨露於野，千里無雞鳴。
生民百遺一，念之斷人腸。

太慘了。曹操的夢想破碎了，一個新的夢想卻在他心頭升起：「我要改變這一切。」

2

社會秩序的崩潰是從金融崩潰開始的。董卓在洛陽時辦了一次大規模的「貨幣超發」，他希望藉由這種方式來洗劫市場、積累軍費和財富。他廢除了分量足、樣式美的強勢貨幣——五銖錢，把所有錢幣都融化重鑄，新貨幣變成分量更輕、純度更差的小錢。

錢變多了，但老百姓手中的錢卻貶值了。劣幣驅逐良幣是市場做出的直接反應，再具體一點就是物價飛漲、民不聊生。原本一石米要五十錢，現在要五十萬錢，而老百姓的購買力卻並沒有增加，太坑了！

物價飛漲也讓董卓的財富大幅縮水。董卓很生氣：老子本來是要賺錢養兵的，現在看來也沒賺到什麼錢嘛，反正有的是銅，全部拿來鑄幣吧。

秦始皇收天下兵器鑄成十二座金人、漢武帝的仙人承露臺，統統都被董卓融掉，鑄幣買糧食吃了。看起來錢更多了，可董卓更窮了。市場上通貨膨脹達到了一萬倍，有多少錢也經不起這麼折騰啊，更重要的是，天下各地都在打仗，田地大部分荒蕪了，天下又遭遇糧食危機。

亂世開啟，所有的金銀、珠寶、房產、土地全都失去了意義，只有能果腹的糧食才是強勢貨幣，而貨幣只有兌換成實物才能實現價值，如果沒有實物可以兌換，哪怕銅錢堆積如山，也不過是一堆金屬。董卓就這樣坐在空中樓閣上，茫然無措。

既然貨幣是為了購買物資，那為什麼不直接生產物資呢？在董卓和其他人都沒想通的時候，曹操已經看到了解決問題的關鍵——他要實行屯田。

3

如果真要用兩個字形容漢末諸侯，那只能是「貧窮」了。

董卓官居相國，占據了朝廷的重要位置，但是他有錢卻沒地方花，可謂「窮得只剩下錢了」。袁紹的軍隊有時需要上山採野棗吃。袁術就更慘了，士兵們餓得發暈，只好挽起褲腿下河摸魚、抓河蚌，幸虧他們的地盤在南方。於是曹操決定展開「大生產」運動。

既然「千里無雞鳴」，那就是有很多無主荒地對不對？一九六年，曹操把許昌附近的荒地全部充公，成立國有農場，讓軍隊和流民耕種。這些土地的產權屬於朝廷，農具和耕牛也由朝廷提供，你只要空手來賣力氣就好，年底朝廷分六成，耕種者得四成。

乍看之下好像農民吃虧了，但在亂世，能吃上一口飯都不容易，更何況現在能吃飽，還可持續生產，士兵和農民都感激涕零了好嗎？

當年年底，曹操的帳戶上就多了百萬石糧食，而袁紹、袁術等難兄難弟依然生活在打獵、採野果的「原始社會」。此時曹操軍隊的食堂中已經有香噴噴的米飯，而他們卻還在爭搶一條魚、一把棗。

後勤決定成敗，誰能建立穩定的財政系統，誰就獲得了勝利的先機。但曹操的屯田制遠遠沒有這麼簡單。

大漢之所以走向末路，是因為大部分基層的土地、稅收、人才、兵員都被中間的門閥、士族截留了，中間商賺了差價，買家和賣家都吃虧。亂世開啟後，一部分門閥、士族被亂兵、土匪、軍閥用暴力掃除了，於是朝廷和基層有了直接溝通的可能。

曹操的屯田制就是上下溝通的天梯。無主荒地充公，朝廷手中有了固定的資產，招募流民耕種就有了穩定的稅收，把流民武裝起來就是源源不斷的士兵。

土地、稅收、兵員，朝廷都有了。在漢朝一片陰暗的世界中，亂世颶風衝破雲層，而曹操敏銳地捕捉到了一絲契機，他把雲層的裂縫擴大再擴大，最終讓陽光重新普照大地。他是盜火者，他要在舊秩序的廢墟上建立新的秩序。

等等，剛才好像漏掉了「人才」的選項，別急，好戲馬上開始。

人才從哪裡來？三國是一座耀眼的舞臺，只有門閥、士族有資格上臺展示曼妙舞姿，比如袁紹、袁術、曹操、荀彧、諸葛亮……而低一級的許褚、馬超等人，只能當助手。所謂「人才」，其實都出自這群人。

三國看似亂哄哄，實則有一條主線：各種爭霸、政變、戰爭其實都是門閥、士族為了爭奪統治權。正方以袁紹、司馬懿為首，他們實力雄厚；而反方只有幾個人：曹操、劉備、諸葛亮等。

「人才」們混跡其間，為了自己的利益上演著忠義、背叛和倔強，他們之中可能有背叛階層的個人，但絕沒有背叛利益的階層。

荀彧是曹操陣營的第一人才。二十九歲時他去袁紹家裡做客，一杯酒過後他就得出自己的結論：「這個人啊，不中。」覺得他不合適。於是荀彧轉身就南下投奔了尚未發跡的曹操，因為他們都看到了時代的弊病，也都找到了治病的良方，即是在士族、門閥的夾縫中積蓄力量。那些年他們相互扶持走過了無數風風雨雨。

曹操殺名士邊讓後，兗州士族覺得曹操不是自己人，趕緊滾吧。他們迎接呂布入住兗州，只有荀彧保住三個縣，等待曹操回歸。

官渡之戰時，整個朝廷都希望袁紹勝利，因為只有如此，他們的前路才算光明。那時只有荀彧、郭嘉告訴曹操：你能贏，加油。

後來他們給朝廷動的手術快成功了，可荀彧驀然回頭：沒有士族的漢朝，早已不是當年的漢朝。可只有士族的漢朝，又何必一定是漢朝？這是荀彧的傷心處，也是曹操的絕望時。

門閥士族沒有成長起來時，時代屬於漢朝。門閥士族早已發展壯大後，時代就屬於晉朝了。只有中間的成長道路才屬於三國。而原本可以把這個過程省略的人是袁紹，司馬懿的位置原本是上天留給袁紹的。

可是，官渡之戰打亂了歷史的進程。

4

人的一生中看似有很多選擇，可是現實往往又很無奈，在眾多選擇面前，人往往是沒有選擇餘地的。

袁紹從來沒有選擇的餘地，他出身「汝南袁氏」，是一個「四世三公」的大家族。「三公」是漢朝的文官之首，相當於他們家四代人都當過丞相。雖然做三公的只有四個人，然而順延向下，卻有無數家族子弟在野蠻生長，三公、刺史、太守、將軍……袁家鋪開了一張巨大的網，而這張大網永遠在無邊際地蔓延，族人的妻子、小舅子、老師、同學、下屬都是這些人的關係網，所謂「門生故吏遍天下」就是如此。

在漢末三國，袁紹就是家族的領軍人物，至於弟弟袁術，他更大程度上是自得其樂。袁紹是「汝南袁氏」的領軍人物，也就是天下門閥的代言人，明白了這一點，也就能看清楚很多事：他能輕鬆奪取冀州，又能很輕易地坐穩，不像曹操旗下有很多叛亂，因為大家都認他做大哥，眾望所歸是也。

他明知道屯田好，但就是不能搞。一旦搞屯田，也就違背了基本盤的利益，挖自己牆腳的事情是絕對不能幹的。

官渡之戰時，曹操陣營都在給他寫信示好。在他們看來，袁紹才是自家兄弟，人家南下中原是來解救自己的。幫曹操？開什麼玩笑？

袁紹代表了門閥、士族的利益和希望。

而曹操也同樣沒有選擇，雖然他的家族也很有錢、有很多人做官，但在袁紹之類的士族看來，曹操不過是暴發戶、土包子、閹宦遺醜。在那個年代，如果祖上不是讀書做官，並且歷經幾代積累，是不可能進入上層主流社會的。除了袁紹，司馬懿是溫縣司馬氏，荀彧是潁川荀氏，陳群是潁川陳氏……門閥、士族的名單中唯獨沒有「譙縣曹氏」的一席之地。

在現實和理想的碾壓下，曹操只能代表寒門，於是他一生都在和時代抗爭：搞屯田制，擺脫士族制約，獨立發展財政體系，建立只屬於朝廷的兵員。

打壓豪門，生死對頭沒什麼好說的。求賢才，曹操一生三次發布求賢令，大張旗鼓地說不看背景只看能力，為的就是從沒有背景的寒門中發現人才。

袁紹和曹操，一個順勢，一個逆取，官渡之戰其實是兩條路線的鬥爭。如果袁紹贏了，那麼西晉就會提前六十年建立，豪門的狂歡盛宴也不必再等那麼多年。如果曹操贏了，西漢式二元制帝國則有希望。但他最終沒能成功，甚至連魏國都被司馬懿奪走，到頭來不過是為他人作嫁衣。

真正原因在於曹丕。

5

曹操一生征戰天下，可以用智謀、實力和時代、豪門對抗，但他最終依然沒有徹底取得勝利，那麼一無所有的曹丕又有什麼資格去挑戰呢？他只能妥協。

曹操去世後，曹丕登上魏王寶座，當時的局面很尷尬。如果繼續效忠漢朝，則名不正言不順。都加九錫[9]了，還說想做忠臣，騙誰呢？曹操可以說是為了漢朝不得已，但曹丕不行。

如果想更進一步當皇帝，士族不會答應。當魏王時就欺負人家，當了皇帝還不反了天？留一個漢朝皇帝，就是給自己留一個希望。

就在曹丕不知路在何方時，陳群帶著「關於九品中正制的方案」來了，只用了一盞茶的時間，兩人一拍即合。半年後，士族得到利益保證，曹丕得到皇位。

9 編按：九錫是皇帝給臣子的九種賞賜，錫，在古代通「賜」字。曹操受漢獻帝賜過九錫。史上受九錫者，日後大多篡位。

九品中正制是專門為士族制定的，這項制度根據家世、學業、品德把人才分為九等，綜合得分高則等級高，而等級又決定了做官的起點和終點。

高等級人才終生都不會做小官，低等級人才終生都不能當大官。而最重要的考量標準，就是家世。呵，寒門子弟有什麼家世可言。所以在九品中正之下，寒門永遠是寒門，豪門永遠是豪門。

曹丕登上皇位，也葬送了曹操的江山。曹操之所以能成大事業，是打擊豪門、扶持寒門，一方面他累積了龐大的基本盤，另一方面又給予了寒門希望，這才是曹氏的魏國。一旦把曹操的路線放棄，那麼曹丕和袁紹又有什麼不同？既然如此，門閥、士族又何必死忠於曹家，為何不選一個自己人？

幾十年後，袁紹未竟的事業將由司馬懿繼承，魏國也被門閥、士族拋棄到垃圾桶中。這是曹操的悲涼和宿命，歷史卻又重回到正常的軌道，奔流向前。

二四九年，讓司馬氏掌權的「高平陵之變」後，魏國已經向完全的士族社會邁進，他們決定向蜀、吳的階級兄弟們伸出援手。

讓豪門的旗幟在三國飄揚吧。

6

和曹操一樣，劉備的蜀國也在打壓士族。

二一四年，劉璋走出成都，劉備則帶著兄弟們入城，七年後他登上皇位，終於實現了多年的夢想。此時的蜀漢有三股勢力。追隨劉備入蜀的荊州人是蜀漢的一等公民。劉璋老爸入主益州時從外地帶來一批東州人，他們統治益州三十多年，如今成為失敗者，屬於二等公民。最失落的是益州的本土士族，幾十年來，那兩撥人割據稱王，他們都是被打壓的對象。

劉備的對策是重用人數少而無根基的荊州人，以打壓盤根錯節的東州人和益州人。諸葛亮走的也是這條路。

奪人飯碗猶如斷人生路，其他兩派是永遠不可能滿足的，除非出讓利益，轉型成晉國，但這是不可能的。

諸葛亮的答案是：嚴刑峻法，以身作則。只有做到執法如山，令行禁止，才能讓大家心服口服；只有以身作則，才能不被別人抓住把柄，帶領荊州人向理想前進。

東州人是外來戶，時間一長，不是被同化，就是沒落了。可益州人是地頭蛇，他們不僅不能參與蜀漢的建設，還要被打壓，充當三等公民，憑什麼？

比如經濟，劉禪投降時蜀漢只有九十四萬人口，卻有十萬軍隊，四萬官吏。基礎薄弱，再加上諸葛亮屢次北伐，可以想像人民的生活有多慘，而他們重點壓榨的就是益州士族。

比如法律，益州士族不能參與政權建設，自然也就沒有制定法律的權力，而荊州人制定的法律倒有不少是專門用來針對他們的。估計益州士族每天都在想：「來自北方的王師啊，快來解放我們吧，只要你們來，由我們帶路！」

諸葛亮去世後，荊州人逐漸凋零，劉禪和姜維也不過是維持罷了。二六三年，鄧艾自陰平小道直撲成都。劉禪沒有反抗，他帶著太子、諸王、大臣出城投降，他懂自己的國家：「舉國盡是帶路黨，蜀國已經沒有希望了。」

人心散了，隊伍不好帶了。

7

曹操、劉備、諸葛亮是轟轟烈烈後失敗，猶如絢麗的煙花，用瞬間的閃耀照亮世界，而孫權則是放棄治療。

在孫堅、孫策時代，東吳的士族並不歡迎他們。寒門、武夫，不是自己人，我們非暴力不合作，看你能怎麼樣？

怎麼樣？老子會殺人。小霸王孫策帶著孫堅舊部——程普、黃蓋和自己的親信周瑜、太史慈等人，在江東殺得人頭滾滾，終於打下了江東六郡，暴力的結果是孫策坐不穩，最終被刺客暗殺。因為江東的統治者沒有一個是江東本土人，你小霸王再厲害、混得再好，和我們有什麼關係？

所以赤壁之戰前夕，東吳所有人都要投降。他們不喜歡曹操，但更不願為孫權賣命，因為不值得。投降曹操起碼有官做，跟著孫權就要丟掉性命。

那時候勸孫權死戰到底的是誰呢？安徽周瑜、安徽魯肅、山東太史慈，他們都是外來的既得利益者。幸虧赤壁之戰打贏了，從此以後孫權也學乖了，也開始著手轉型。大量的江東士族被提拔、重用，舊部親信被排斥。陸遜從周瑜、魯肅、呂蒙手中接過大都督職位，統領吳國的軍事二十多年，最終官至丞相，後來顧雍也做了十九年丞相。

江東名門最高貴的「顧、陸、朱、張」四姓中，陸遜和顧雍就分別占據了軍政和大權。從此以後，吳國喪失了理想，它甚至走得比西晉還要遠，直接進入「王與馬共天下」[10]的東晉時代，這樣的國家還談什麼活力？

直至吳國滅亡，陸遜家族依然有數萬私兵，而且還是不屬於國家編制的私兵，完全屬於家族的私人軍隊還有數萬。陸家如此，其他家族可想而知。這樣的國家結構，再加上人口少、經濟不發達，一旦「王

10 編按：指東晉時，琅琊王氏助司馬氏建立政權，權勢進而和皇室力量平起平坐。

濬樓船下益州」，只能「金陵王氣黯然收」了。

總有人說「一切問題都是經濟問題」，我不太認同。

8

商鞅變法為秦國夯實了地基。秦國廢除了三皇五帝以來的分封制、公田制，又設立了軍功授爵、開墾荒地等法令，打通了經濟和個人晉升管道，這也就是抽掉了舊式貴族階層，實現了國家、人民二元制。在這個基礎之上，才有了以後的郡縣制、三公九卿制、大一統等配套設施。再到漢武帝給予民族、國家無敵的自信氣質和獨尊儒術的意識形態，這座帝國豪華大廈才算構建完成。

這個過程整整用了兩百年，遠遠不是秦始皇統一六國、劉邦七年立國、漢武帝北伐匈奴等單一事件，他們都是歷史長河中的一環，連起來才是帝國興亡背後的密碼。

無數英雄和戰爭的背後是社會秩序的建立。秩序剛建立時，社會充滿勃勃生機，有頑強的生命力，這也是秦漢帝國強盛的根本所在。但經過數百年之後，秩序逐漸崩潰。這一趨勢從東漢開始，歷經三國、兩晉、宋齊梁陳等繼承者的延續，逐漸喪失生機，在隋文帝滅陳時徹底被埋葬。

而曹操、劉備、諸葛亮的事業是阻止舊秩序崩潰，然後透過改造、修補，最終再回到秦皇漢武時期。從這個角度看，他們才是螳臂當車的人。而袁紹、司馬懿代表的門閥、士族才是歷史進程中的主流，他們不過是順應時代潮流罷了。

門閥、士族的產生是社會秩序在運行中重新產生了「食利」的中間層，這個食利階層重新定義了帝國制度、社會關係以及經濟體系。東漢三國時期的皇權軟弱、稅收艱難、人才危機，表面上看是經濟問題，可歸根結柢是社會和政治問題。

不解決門閥、士族，屯田就是為他人做嫁衣。

回到故事的開始，門閥、士族是如何產生的呢？漢武帝為了選拔人才，專門設立了「察舉制」，從此開啟了潘朵拉的盒子，他為什麼不直接開科舉呢？西漢沒有印刷術，知識傳播依然靠竹簡和口授，別看人口多，但讀過書的人根本沒有幾個。

開科取士，取誰呢？沒有大規模的知識傳播，科舉的靈感從哪來？直到宋朝，因為書籍的大規模傳播，寒門經由讀書科舉來提升階層才真正得以實現，此後千年，再也沒有門閥、士族產生，也沒有數百年的分裂。

經濟問題其實是表象，往下挖是政治、社會問題，最根本的還是科技問題。科學技術才是社會發展的第一生產力。

漢兒盡作胡兒語：大唐的河西

1

大唐爆發「安史之亂」後，國力迅速衰落，歷經百年打下的萬里版圖也縮小到長城隴西以內。吐蕃趁大唐無暇西顧時出兵占領河西走廊，然後逐漸蠶食西域。

大唐國運昌隆之時，很多人到西方開拓，如今朝廷沒有力量照顧他們，這些漢人便淪為悲慘的亡國奴。剛開始，他們都是心懷故土的熱血兒女，寧願跳下懸崖求死，也不願到青藏高原做吐蕃的奴隸。但是百年後，事情發生了變化。這些熱血兒女的子孫後代從小生活在吐蕃的馬鞭之下，他們已經習慣了和吐蕃人在一起的日子。

他們開始穿吐蕃衣服、吃吐蕃傳統食物、說吐蕃語言……他們早已忘記體內的漢人血脈，更忘記了祖先為腳下土地灑下的熱血。這些「精神吐蕃人」已經把吐蕃當成祖國，他們心中的聖地不再是長安，而是高原上的邏些城（即拉薩）。

由於要出使或經商，有時中原漢人經過河西走廊時，那些已經把頭髮梳成吐蕃模樣的年輕人還會對著他們指指點點：「哈，快看東邊來的唐人。」、「咱們吐蕃好幾次攻入長安，在漢人的首都逍遙快活，他們到底有什麼好神氣的，不過是敗軍之將而已。」

那些經過河西走廊的唐人望向河西青年的神色複雜，他們有憤怒，有憐憫，更多的是哀其不幸、怒其不爭。這些年輕人根本不知道自己在做什麼，更不知道自己處在怎樣的悲慘世界。

那些百年前為抵抗吐蕃而戰死的熱血兒女，如果看到子孫後代如此不肖，恐怕能氣得從棺材裡跳出來。晚唐詩人司空圖關心時事，他聽聞河西走廊的事情，便忍不住心中的悲憤之情，寫下一首〈河湟有感〉：

一自蕭關起戰塵，河湟隔斷異鄉春。
漢兒盡作胡兒語，卻向城頭罵漢人。

短短二十八個字，讀完卻是一言難盡的複雜心情。河西漢人活在幻想中的世界，以為自己做的事情無比正確，其實他們都是玻璃罐裡的蒼蠅，自以為天下第一，局外人卻根本沒把他們當回事。可悲，可歎。

2

那些辱罵漢人的河西青年最可悲的地方在於認不清自己的定位，他們以為接受吐蕃管理、說吐蕃語言、穿吐蕃衣服，就能從頭到腳融入吐蕃，做一個真真正正的高原強國子民。可他們忘記了一個道理：「非我族類，其心必異。」

河西青年明明有一張漢人的臉，和吐蕃高鼻深目的外貌區別很大，在吐蕃人眼中，都不可能認為是自己人。而且吐蕃費盡心思占領河西，他們是來打劫的，根本沒有太多心計，他們眼裡只有票子、車子、牛馬。

如果不能滿足吐蕃的欲望，別說河西漢人，他們動起手來連自己都害怕。河西青年卻想和吐蕃合作，他們以為跪下「唱征服」就能得到吐蕃主人的認可，然後和和氣氣一家親，共同建設吐蕃河西家園。

他們根本不知道吐蕃要的是什麼，就一廂情願地貼上去，想和人家攜手一生。開什麼玩笑？

河西青年們要想清楚，這是在打劫，能不能嚴肅點？此時他們最正確的選擇是聯繫大唐，回歸大唐母親的懷抱，借助國家的力量來保護自己的安全。

在大國博奕的交會地帶，個人力量是最弱小的，只有站在能贏的一方，才能看到未來的希望。那究竟誰是能贏的一方呢？其實也沒有別的選擇，你是哪國人，就只能選擇哪國，然後和國家一起走向勝利。要是國家都沒了，個人的財富和幸福，都將成為鏡花水月。

可惜，河西青年不懂這個道理。他們長著漢人的面孔，卻心甘情願地做吐蕃人，結果吐蕃也不認可他們。於是，河西青年成為沒有根的人，而在大國博奕的交會地帶，沒有根的人註定會成為「炮灰」。

3

吐蕃也不是單純的「二愣子」，他們會在河西培植代理人，河西土著為了求生存謀發展，也會積極做吐蕃的「白手套」，完事之後三七分成，而這些「白手套」往往是地方土豪。

其實任何征服者都一樣，他們用武力進入陌生的地方，卻根本沒有多餘的力量對其進行直接統治。他們唯一的辦法就是拉攏地方土豪，讓地方土豪出面管理，自己則坐鎮背後，做傀儡的操盤人，進行間接統治。

吐蕃進入河西、日本培養偽軍、英國殖民香港……都是這樣的模式。

這些地方土豪怎麼管理呢？他們也要發展下線，培養一批忘記故國的漢人，然後一起為外國主子服務，他們都是買辦[11]。只有吐蕃等外國主子的日子滋潤，他們才能跟著過好日子，一旦外國主子玩完了，他們的好日子也就結束了。

所以「白手套」們最希望故國衰落，最好永遠趴在地上起不來，只有故國不行了，外國主子才能強勢介入，「白手套」們的日子才能永遠陽光燦爛。而且「白手套」們鎮壓起自己人來，比外國征服者都狠，因為他們是最沒有安全感的。

畢竟兩邊都是大國，有強大的國家機器做背景，就算作戰不利，國家也能扛得住，只有「白手套」是夾在中間的受氣包。他們要在征服者和草根之間走鋼絲，不能對草根壓榨得太狠，也不能讓外國主子感覺吃虧，裡裡外外，忙前忙後，比小媳婦兒還累。

而且故國一旦在博奕中勝出，他們就是第一批被處理的炮灰。危難之中不見幫忙，成功後還想當坐地虎？呸！想得美。

阻撓地方回歸故國的，最大的阻力還不是來自外國征服者，往往來自這些既得利益的土豪「白手套」。這些土豪「白手套」是「大炮灰」，他們培養的下線就是「小炮灰」，而那些辱罵漢人的青年就屬於「小炮灰」。

「小炮灰」是很可憐的。外國征服者交代給「白手套」任務，「白手套」再分發給下線，那些髒活、累活、苦活基本都是下線在做。最終年底分賬時，「白手套」能得三成，回頭再從三成裡分出一點點，給「小炮灰」們養家糊口。

看看這些人吧，他們每天起得比雞早，睡得比狗晚，到頭來賺不到錢不說，由於要做一些打、砸、搶、燒的髒活，搞得身敗名裂，何苦呢？而且外國一旦在博奕中失敗，可能會帶著「白手套」一起走，

11 指中國近代史上，幫助西方與中國進行雙邊貿易的中國商人，受雇於外商並協助其在中國進行貿易活動。

但絕不會給「小炮灰」一點憐憫，只會讓他們留在當地替自己背黑鍋。最可悲的是，他們還以為自己在做一件無比正確的事。

4

那些辱罵漢人的河西青年還有一個很重要的作用，就是做外國樹立的榜樣。外國征服者會培養一批漢人，透過各種管道灌輸，讓他們忘記祖先的熱血和反抗，轉身認征服者做爸爸。征服者會從指縫裡流出一點利益，讓他們嘗到一點甜頭，從此以後更加賣力。

雖然這些利益純粹是壓榨漢人得到的，是羊毛出在羊身上，況且根本就沒多少，但人最害怕比較。河西青年稍微得到一點利益，再看看身邊苦哈哈的同胞，優越感一下子就出來了。「骨氣有什麼用，這年頭有奶就是娘。」這些蠅頭小利和優越感，更加讓他們覺得：「故國算什麼，只是落後的窮親戚而已，還是跟著外國爸爸好啊。」

經過幾十年薰陶，他們就成為「漢兒盡做胡兒語，卻向城頭罵漢人」的河西「廢青」。吐蕃會宣揚：「快看，他們已經正式歸順吐蕃，走上正確的道路了。大家快向他們學習，這才是你們的榜樣。」

有的人經不住誘惑，加入河西廢青對吐蕃的大合唱，緊接著這個群體越來越大，讓不明真相的吃瓜群眾誤以為「吐蕃問鼎天下」不可避免。

但有的人熱血依然在。敦煌豪族張義潮起兵，僅僅數年時間便收復河西十一州，他讓哥哥張義潭帶著戶籍版圖入長安報捷。什麼收買、扶持「白手套」、培養代理人……都是手段，在國家顧不過來的時候，可能會讓他們逍遙一段時間，一旦國家騰出手來，或者河西人心回歸，那些手段都是浮雲。

河西的吐蕃，不過是紙老虎而已。

5

作為大國博奕的交會地區，大唐河西的命運從來不在自己手裡，他們的命運只取決於故國和敵國的博奕結果。

交會地區生下來就是這種命運，再怎麼折騰都是無謂的反抗。但是跟著故國走才能實現利益最大化。外國征服者是來賺錢的，要把利潤拿走七成，留下三成才是賞賜給大、小「炮灰」的，至於其他草根的死活，關敵國什麼事？

只有回到故國母親的懷抱，他們才能真正過上好日子。母親不會歧視每個孩子，每個孩子都是母親的心頭肉，之前讓孩子吃苦、受累是家裡窮，只要家境改善，母親一定會讓每個孩子都活得有尊嚴。這個道理，他們怎麼就想不明白呢？

蒙古帝國興亡史

1

秦始皇統一天下以後，中原和草原開始了相愛相殺的一千多年。不過草原有個不同的地方，就是從來沒有穩定的主體民族，我們在歷史書上看到的匈奴、鮮卑、柔然、突厥等，都不能說是民族的稱號，而是部落的稱號。

實際上草原部落特別分散，每個部落都有世襲領袖，父子、兄弟之間互相繼承。部落的牧民也很認可領袖家族，領袖說去哪裡放羊，大家趕著羊群就跟著去了，也就是所謂的逐水草而居。這樣幾百個獨立部落分散在草原，成為草原的基本部落。

他們經常為了爭奪牧場打仗，最終角逐出一個最強的部落，成為草原眾多部落的總盟主。匈奴和突厥就是這樣的角色。

雖然在征戰的過程中，他們會吸納很多牧民來壯大本部落，但總的來說，人口不是太多，他們只是征服各個部落，讓大家願意聽從號令而已。而其他部落往往是整體投降，從領袖到牧民統一投靠到新盟主的麾下，除了換一面旗子，其他都沒有變。

草原總盟主不能直接調動其他部落的牛羊和人口，他只能和其他部落領袖商量，一旦違反他們的心意，立刻造反給你看。

只要總盟主的直屬兵力被吃掉，維繫草原的聯盟也就崩潰了，其他人會再重新角逐出一個大哥。比如突厥可汗想入主中原，很多部落領袖不願意跟著走，可汗怎麼說都調動不起來，反而李靖在陰山以北打贏一仗[12]，整個突厥就算平定了。

所以一千多年以來，草原經歷過匈奴、鮮卑、柔然、高車、突厥、回鶻、契丹的統治，從來沒有一個能長久的。直到草原等來了鐵木真。

自從鐵木真統一蒙古諸部，建立大蒙古國，此後八百年再也沒有出現過其他名稱，可能「蒙古」二字要用到海枯石爛、地老天荒了。原因很簡單，鐵木真對草原進行了改造。

他在征戰的過程中把部落打散，重新把牧民編成九十五個千戶，讓功臣、貴戚出任千戶長，雖然可以世襲，但一定要經過大汗同意。也就是說，草原的諸侯被剷除，改用中央集權制了。那些領袖再也不能擁兵自重，鐵木真可以隨意調配整個草原的牛羊和兵力。

一道命令下來，讓你去哪兒就去哪兒，根本沒有討價還價的餘地。還敢和以前一樣造反？做夢去吧。集權才是戰鬥力的根本保證。為了團結各地的貴族千戶，鐵木真組建怯薛軍[13]，命令千戶和貴族子弟到怯薛軍服役，表面上是保護大汗的安全，其實就是人質。但鐵木真又給怯薛軍提供了晉升管道，畢竟靠近大汗，怯薛軍成員在服役的過程中很可能受到大汗賞識，參與國家的軍政事務。

如果是你，會選擇在大汗身邊做事，拚一個遠大前程，還是回家繼承幾千頭牛羊，做一個不求進取的土豪？很多蒙古二代感覺回家繼承祖業太土氣了，於是鐵木真就透過身邊的怯薛軍成員和蒙古的千戶貴族結成利益共同體，保護大汗就是保護自己，保護自己首先要保護大汗。一榮俱榮，一損俱損。

而且草原的特產是騎兵，這就是古代的重型武裝，農耕國家的步兵根本無法抵擋。你可以想像一下，一年到頭吃不到肉的人，身體瘦得能看見骨頭，就算你給他一把刀，戰鬥力也不會高到哪裡去。

12 編按：此指李靖夜襲陰山，生擒突厥首領後，整個突厥即告平定。
13 編按：成吉思汗親自組建的軍隊，並直屬於他，相當於元朝皇帝的禁衛軍。

蒙古牧民騎著戰馬衝過來，威力相當於時速八十公里的摩托車，用身體怎麼抵擋得了？這種仗根本沒辦法打，總不能伸腿把戰馬絆倒吧？

鐵木真用集權制度把戰鬥力特別強的騎兵組織起來，爆發出來的威力絕不是匈奴和突厥能想像的。匈奴和突厥只能來中原打劫，蒙古卻能搬家到中原過日子，最根本的原因就在這裡。

除非中原有一個特別強大的帝國，集中全國資源和鐵木真拚消耗、拚後勤，否則很難抵抗鐵木真的兵鋒，但蒙古崛起的年代，放眼全世界都沒有一個特別強大的帝國。

2

當時的世界格局太散亂了。

先說中國。宋朝自立國起就很軟弱，先是被遼國欺負，又被西夏揍得鼻青臉腫，後來金國崛起，直接攻入汴梁，宋朝君臣跑到臨安才算保住性命。

金國占領黃河流域後也迅速衰落，因為女真人口少，沒有特別強而有力的文化傳承，想統治黃河流域又必須用漢人，所以少部分女真人散落在漢人中間，就陷入人民戰爭的汪洋大海。金國無法建立穩固的權力體系。

西夏有能征善戰的鐵鷂子[14]，但甘肅、寧夏又是地廣人稀的荒漠，人口和經濟限制死了西夏的出路。西夏能撐兩百多年，多虧鄰居是軟弱的宋朝，遼、金又對征服西夏有心無力，要是換了漢、唐任何一家，大概還沒開始就結束了。

---

14 指西夏景宗李元昊所立的重裝騎兵部隊。鐵鷂子乘善馬、重甲、刺斫不入，用鉤索絞聯，雖死馬上不墜。遇戰則先出鐵騎突陣，陣亂則衝擊之；步兵挾騎以進。

當時的中國就是這種局面。別說能整合資源的大一統帝國了，連分裂出來的宋、金、夏都處於國力的下坡期，真是一個能打的都沒有。

草原向西走是花剌子模王朝。花剌子模的國土面積很大，但是立國不久，人心不穩，還沒有形成穩固的國家根基。而且皇帝摩訶末在外遠征時，他的老媽居然另立朝廷，和親生兒子唱起了對臺戲。這樣一個根基不穩的國家居然有兩個朝廷，今天皇帝命令全國種地，明天太后命令全國放羊，大家都不知道該聽誰的，導致政令特別混亂。這樣的國家能有什麼戰鬥力？

再往西就不用說了，統治阿拉伯的阿拔斯王朝已經立國五百年，大家看這個數字就已經知道，阿拔斯王朝已經是奄奄一息的老人。更西邊是碎成一地的歐洲，俄國小荷才露尖尖角，在工業革命之前，歐洲國家很難說有什麼戰鬥力。

當時的世界就是這樣。東亞、阿拉伯、歐洲沒有一個強大的國家，不是已經衰落，就是在衰落的路上。蒙古在這個時候突然崛起，誰都免不了被蹂躪的命運。

蒙古厲害的另一個原因是落後。沒錯，就是落後。任何國家發展到一定程度只會越來越精細，而不是越來越粗放。

我們用宋朝來舉例。朝廷每天一開張，除了考慮幾千萬人的生活問題，還要頭疼國土上的各種麻煩，比如西方鬧旱災、東方有水患、北方敵人入侵、南方暴發瘟疫等，一堆瑣事分散了朝廷的精力。

而宋朝社會已經比較發達了，市民除了吃飽喝足，還要講究娛樂項目，比如到勾欄[15]瓦肆裡聽曲，文人墨客相聚在一起填詞，甚至不想出門還能點「外賣」。

技術裝備方面也一樣。秦漢時期的武器裝備比較簡單，士兵配一把刀、一套鎧甲就能上陣殺敵，發

---

15 亦作「構闌」、「構欄」。是一些大城市固定的娛樂場所，也是宋元戲曲在城市中的主要表演場所，相當於現在的戲院。

展到宋、明時期，除了武器，還要有各種標準的弓箭、鎧甲、馬匹等，成本呈指數級提高。

倒不是說宋、明王朝花裡胡哨，實在是沒辦法，敵人在進步，你要是不進步，很難保持優勢。這就是國家的精細病。上到朝廷大政，下到吃喝拉撒，都在分散朝廷有限的資源。越發達的國家越精細，朝廷也越難集中資源做大事。

秦漢時期，把監獄裡的犯人放出來，隨便武裝一下就能東征西討、攻滅敵國。秦國章邯平叛，帶的就是驪山囚徒，漢朝李廣利征西域，帶的也是囚徒，但是宋朝空有百萬禁軍，戰鬥力死活起不來，我們熟知的重文輕武是一個原因，另一個原因就是精細化的國家負擔不起龐大的戰備物資。

到了明朝，十幾萬軍隊就能把國家拖垮，再也不是隨便武裝一下犯人就能滅國的時代了。很不幸，和宋朝同一批的國家都相當精細，他們很難擠出大量資源來應對蒙古的入侵。

其實國家和機器一樣，精細的反面就是脆弱，稍微有一點損傷，整個基本盤就廢掉了，而粗放的國家反而更耐用。

蒙古是粗放的典型，它可以集中草原的有限資源，集中突破其中一個點，然後順勢擴大戰果，再用占領區的資源武裝自己，尋找下一個目標。這樣一環套一環，形成生生不息的正迴圈，讓蒙古滾雪球一樣發展壯大，直到雄霸亞歐大陸。

一個帝國的命運當然要靠自我奮鬥，但也要看歷史的進程。

3

當然，蒙古騎兵不是傻傻的只會衝鋒，他們打仗有一個模式。每次攻城前都會告訴城裡守軍：「千萬別抵抗啊，不然城破之後是要屠城的。」很多人以為蒙古人只是說說而已，結果他們都被殺掉了。

對蒙古人來說，出來混就要講信用。

這樣就製造了一種恐慌心理。周圍城市聽到消息，原來蒙古人是真的要屠城，那他們來的時候還是早點投降吧，說不定還能保一條命呢。

我們之前說過，不論宋、金、夏或者阿拔斯，都是衰落期的精細化國家，國家空有龐大的兵力，不僅戰鬥力不行，還要分散在各大城市和關口，基本沒有集中兵力和蒙古會戰的可能。這就給了蒙古各個擊破的機會。

蒙古用屠城製造恐慌心理，用最小的代價收服最多的城市。進城以後，他們把降兵和青壯組織起來，作為「簽軍」使用。這些「簽軍」裡有漢人、女真人、契丹人、党項人、波斯人……凡是占領的土地，都會有一批當地人進入蒙古軍隊服務。

你以為亞歐大陸是蒙古人親自打下來的，其實主力部隊全是各國人民組成的「雜牌軍」，蒙古騎兵反而是督戰隊。

後來的滿洲八旗也用這一套。他們入關後把投降的漢人編為綠營，每次打仗都是讓數萬綠營衝在前面當「炮灰」，數千八旗軍隊站在後邊督戰，一旦攻下城池，八旗軍隊率先進城搶錢、搶糧。

如果只靠蒙古和滿洲的十幾萬人，打十年就消耗得差不多了，還統治哪門子江山，而且蒙古人徵發簽軍以後，對有能力的軍事將領很少防範打壓，反而還會幫他們打開晉升管道，只要打仗立功，官職、土地都有。

於是各族軍事將領在前線打仗，不是給老闆賣命的打工仔，而是為了自己，簡直動力十足啊。中書丞相史天澤、崖山滅宋的張弘範，就是這些人的突出代表。

另外，蒙古軍隊學習能力特別強。他們剛衝出草原的時候基本是清一色騎兵，但是用屠城和簽軍滾雪球壯大時，蒙古人在各個城市蒐羅了大批工匠，他們把工匠組織起來製造大炮、雲梯、攻城車等軍事裝備。

隨著征服的土地越來越多，蒙古蒐羅的工匠也越來越多，金國、西夏、宋朝、花剌子模等，哪裡的工匠都有。也就是說，蒙古人用戰爭把亞歐大陸連成一片，順便把亞歐大陸的技術匯聚到一起，凡是當時世界上有的技術，蒙古人都有。

當時世界的聯繫並不緊密，每個地方都有獨特的技術和生態，東、西方人民基本上沒見過對方的技術。而蒙古人卻把各種技術綜合起來，運用到四面八方，簡直是降維打擊[16]。組織、屠城、簽軍、科技……讓蒙古軍隊在全面衰落的世界縱橫捭闔。

鐵木真死後窩闊臺繼位，窩闊臺組織了一次「長子西征」。拔都率領蒙古軍隊占領基輔，然後進入波蘭和匈牙利，最後跨過多瑙河占領札格雷布，也就是現在的克羅埃西亞首都，止步於亞德里亞海岸，和義大利隔海相望。直到二十年後，蒙古軍隊在巴勒斯坦被埃及人擊敗，才停下征服的腳步。

4

蒙古最終還是衰敗了。畢竟任何東西都是有極限的，人和國家都一樣，內在實力一旦抵達最大邊界，就再也無法前進一步。蒙古只有區區十幾萬兵馬，卻能擴張到亞歐大陸，導致本就不多的蒙古人分散到世界各地，再也不能形成聚合的力量。

蒙古人能夠縱橫天下，根本原因在於鐵木真把蒙古組織起來，形成一股極其團結的力量，逐個擊破亞歐大陸的國家。而當蒙古人占領多瑙河到日本海的地盤，這必然要把兵力分散到廣大地區，往往幾百

[16] 編按：「降維打擊」最早出自中國小說家劉慈欣的科幻小說《三體》之中。原意指攻擊目標本身所處的空間維度，使其降低，讓目標無法在低維度空間中生存，從而毀滅目標。

個人中才有一個蒙古人。也就是說，成就蒙古事業的團結和組織力已經不存在了，所以他們沒有實力進入西歐，又在巴勒斯坦戰敗不能進入埃及，在東邊，忽必烈也沒有打下日本和越南。

這就是蒙古人實力的邊界了，而且蒙古人還吃了文化落後的虧。蒙古人從草原走出來，雖然占領了萬里江山，但並沒有提供思想、文化、社會治理、人文關懷的軟實力，他們反而被亞歐大陸的文化震驚了。

再加上蒙古人分散在各地，不可避免地被當地文明同化，他們建立的國家也只能吸收當地文明才能順利治理國家。於是金帳汗國（又稱欽察汗國）吸收了薩滿教和東正教，察合臺汗國和伊兒汗國是穆斯林的主場，而統治中國的元朝皈依了儒家。

硬實力和軟實力都沒了，蒙古帝國還是原先的蒙古帝國嗎？

察合臺汗國活得最久，一直撐到了清朝康熙年間，金帳汗國在明朝中晚期被俄羅斯取代，伊兒汗國死得最早，連元朝都沒活過。元朝政府則被朱元璋趕回草原，和明朝爭鬥了幾百年，又和清朝結成盟友統治中國。

5

以前在內蒙古的時候，和蒙古族同事聊天。我小心翼翼地說起這段歷史，生怕他有什麼忌諱。結果是我多想了。他說起蒙古和成吉思汗，基本上是當作中國王朝和皇帝來說的。在他的概念中，元朝和漢、唐、宋、明沒什麼區別，也不存在特別固執的成吉思汗崇拜。

風風雨雨八百年，曾經怒目相視的兩個族群成為相親相愛的一家人。

一八四〇年家門口的野蠻人

1

一七五七年，紫禁城。四十七歲的乾隆皇帝發布了一道詔書：「從此以後，大清只保留廣東海關對外貿易，其餘一律關閉。」

從此以後，開啟了「廣東十三行」的黃金時代。歐洲、拉美、東南亞的商船從自家港口出發，跨越萬里大洋，最終匯聚到廣州，只求與大清做生意。大清的絲綢、瓷器、茶葉也翻山越嶺來到廣州，經十三行之手抵達歐洲貴族之家，在那個年代，它們是奢侈品中的極品。

繁榮的貿易讓大家都很開心。「廣東十三行」每年上繳百萬兩白銀的賦稅，而其中有六十萬兩進入皇帝的小金庫，皇帝很滿意。臺灣林爽文起義、川陝白蓮教起義、河南剿匪、皇帝生日，十三行累計捐款近四百萬兩，朝廷很開心。

十三行裡的商人伍秉鑒[17]完成了無數個小目標，擁有二千六百萬兩資產，正經的世界首富，商人們也很興奮。皆大歡喜。

只有英國愁眉苦臉。廣州通商的規矩對外國商人不太友好，他們不可以自由貿易。租店面、擺地攤統統不行，只有經過「十三行」的商人才能完成交易。有中間商賺差價，想致富？沒門！

---

17 清代廣州十三行商人，《華爾街日報》曾將他入選「一千年來最富有的五十人」的榜單。

外國商人在廣州的行動也受到約束，只能住在規定的賓館，想出門看看廣州的風景，還得等到規定的日子，就像農村逢三、逢五的趕集一樣，甚至連帶家眷都有限制。

商人重利輕離別，原本這些也不算什麼大事，漂洋過海而來，只要能賺錢，什麼都可以忍。可是外國商人連錢都賺不到。大清的茶葉、絲綢、瓷器是英國特別依賴的奢侈品，但英國的紡織品、呢子大衣、胡椒、檀香卻賣不動，貨物積壓很嚴重。

就連交易的貨幣也對英國商人不利。那時的英國實行「金本位」，而大清用的卻是白銀。所以英國商人來廣州做生意之前還得把黃金兌換成白銀，這樣一來，利潤又被刮去一層。而入關的稅率更狠，高達百分之二十，英國人很鬱悶：「想賺點錢就這麼難？」

十九世紀初的英國已經成為「日不落帝國」。一八一六年，英國完全統治印度；一八二四年，英國占領新加坡；一八二四年，英國攻占緬甸。在取得美洲、非洲的龐大殖民地後，英國將觸角延伸到亞洲，並試圖向古老的中國發起挑戰。

由於擁有雄厚的資源，英國很快找到一種獨特的商品，那就是鴉片。最初的鴉片是作為一種藥物來使用的，英國有一種常見的兒童鴉片糖「巴拉高利」，直到一九二〇年還用來使嬰兒安靜，而美國的可口可樂也曾經添加過微量的可卡因。

工業革命促成高純度鴉片的出現，於是英國就把提純後的鴉片運到中國，成為其擴大貿易的絕佳利器，而大清的人正好需要這種東西。

政治的高壓讓文人不敢亂說話，「清風不識字」都能被殺頭，誰還敢議論時事？不如神遊太虛。農村的貧瘠讓農民常年處於飢餓狀態，鴉片正好可以「抗飢耐勞」，還能省不少糧食。社會的消沉讓貴族、官員、豪商再也沒有祖先的勇烈，而是沉溺於提籠架鳥的悠閒。鴉片甚至成了富貴的象徵。

一枚小小的鴉片，卻成了奪命的子彈。古老的大清帝國與正稱霸全球的大英帝國在歷史的拐角處迎面相遇。

2

一八三八年，一封報告被送到道光皇帝的手中，寫報告的人是林則徐。其中有一句是這麼說的：「若猶泄泄視之，是使數十年後，中原幾無可以禦敵之兵，且無可以充餉之銀。」

林則徐的眼光很精準。一八二〇至一八四〇年間，英國已經用鴉片賺了將近一億兩白銀，而白銀的流失又造成大清的銀荒，也就是「通貨緊縮」[18]。國民的手中沒錢，購買力下降，經濟下行。

在一些大的城鎮，幾乎是煙館林立，大煙鬼成千上萬。為了分享利潤，官員和軍隊成為國內的鴉片分銷商。比如廣東水師就和英國鴉片商約定「每箱鴉片收五萬到十萬」，甚至把戰船變成走私船。這是「鴉片戰爭」前兩年的景象。

道光皇帝也知道，禁煙勢在必行。一八三八年十一月十五日，道光皇帝任命林則徐為欽差大臣，遣他到廣州清查鴉片貿易。

禁煙就是砸某些人飯碗。林則徐命令鴉片商人三日內交出所有存貨，並保證永不再犯。但這是涉及身家利益的事情，沒有人會輕易屈服。

林則徐憤怒了：「若鴉片一日未絕，本大臣一日不回，誓與此事相始終，斷無中止之理。」一八三九年六月三日，銷毀鴉片的「虎門硝煙」開始。廣東的所有高級官員全部參加，還有鴉片商、外國領事、記者、傳教士。唯獨沒有英國人。

18 指市場上流通的紙幣少於商品流通中所需要的貨幣量而引起的貨幣升值、物價普遍下跌的狀況。

3

英國，倫敦。國會在進行一場激烈的討論，主題是：「到底要不要出兵教訓一下落後的東亞人？」林則徐銷毀鴉片砸了英國的飯碗，而一年前的英國水兵醉酒打死廣東村民，沒有按照林則徐的要求審判，又被禁止一切貿易、驅逐出境。眼看著滾滾財源被截流，英國急了。

大清的龐大所有人都心知肚明，但相隔萬里大洋，一旦開戰，到底能不能打贏，誰都沒把握。就在這時，一個特別熟悉大清的人說話了，他叫小斯當東（Sir George Staunton）。

四十六年前，他和父親曾跟隨馬嘎爾尼出使中國，親眼見過乾隆皇帝。一路上，「康乾盛世」的景象讓這對父子終生不忘。

清朝的貧窮令人驚訝，一路上他們丟掉的垃圾都會被生活在底層的百姓撿回去當美味吃掉，而清軍的穿著也如同叫花子一般。

房屋都是木結構，沒有天花板，只在房頂鋪上茅草，地面是夯實的泥土地，從房梁上垂下的一張張草席，將房屋分割成若干個空間。大街上也看不到馬車，唯一能看到的運輸工具是獨輪車。

農民把所有的精力都放在土地上，精細化的耕作讓植物間不留縫隙，一點不敢浪費。他們只希望能在少得可憐的土地裡盡量多生產一點糧食，以便填飽肚子。

小斯當東拍著胸脯向國會議員保證：「大清除了國土龐大，它早已落後英國兩百年。」

既然如此，那就不妨一試。一八四〇年六月，四十艘戰艦、四千名士兵跟隨總司令義律來到廣州外海。他們不會想到，一場很小的軍事行動卻像蝴蝶的翅膀，掀起了東亞的百年颶風。

4

道光皇帝是一個矛盾的人。一七九一年，他跟隨爺爺乾隆皇帝去打獵，親手射中一頭鹿。那時他才十歲。

一八一三年，天理教徒攻擊紫禁城。他拿著一把鳥槍衝上城頭，與大內侍衛們站在一起，並親手擊斃兩名敵人。那一年他三十二歲，正值壯年。

年輕的道光也曾是勇敢、忠烈的戰士，他願意為了皇家的榮譽而戰，為了國家的安穩而戰。誰讓他是皇長子呢？這是責任，也是義務。但是當英國的軍艦在海上縱橫時，道光皇帝卻又不復當年的勇氣，顯得猶豫而昏聵。

一八四〇年八月，英國軍艦抵達天津大沽口。道光從來不敢想像，遠在廣州的敵人只用了一個月的時間就兵臨城下。那麼，從天津到北京又需要幾天？他不禁想起二十七年前站在紫禁城城頭的光景，只不過那時的敵人是拙劣的暴民，現在的敵人有強大的軍艦，而道光已經五十九歲了。

一生的操勞早已耗盡他的血氣，面對兵臨城下的英軍，道光甚至不敢亮劍。他最大的心願就是息事寧人，安度晚年。所以當英軍提出「通商」和「懲辦林則徐」的要求時，道光幾乎不用想就同意了。只要英軍別出現在他眼前，怎麼都行。

但道光的內心畢竟還殘存著一絲絲當年的豪氣，當大沽口的威脅解除後，他還是渴望奪回失去的國土。兩年間，大清就在道光的心思間搖擺。英國軍艦兵臨大沽口，認輸；英國軍艦撤回廣州，想雄起；虎門戰敗，求議和；英國條件太苛刻，再戰；鎮江城破，道光徹底絕望，議和。

一八四二年八月二九日，耆英和璞鼎查（Sir Henry Pottinger）簽訂《南京條約》。八年後，道光去世。大清的紛紛擾擾與他再無干係。

5

大變革的時代最容易見人心。

一八四一年二月，英軍以十艘戰艦、三艘汽船和登陸部隊猛攻靖遠炮臺，而守在這裡的關天培身邊只有四百人。別人都撤退了，他也可以撤，沒人會怪他。可這位六十一歲的廣東水師提督沒打算撤退。當了一輩子軍人，驕傲了一輩子，他不願意在退休的年齡做逃兵。戰鬥中，關天培受傷十幾處，最終中彈犧牲，仍雙目緊閉，站立不倒，其餘四百守軍也無一生還。

一八四一年七月，六千六百名英軍擊敗鎮江城外的綠營兵，開門進城。但在鎮江城，他們遭遇了巷戰。阻擊英軍的是一千五百名蒙古八旗兵。最終，副都統海齡兵敗自殺，八旗兵戰死六千人。他們沒能阻止鎮江陷落，但盡力了。

一八四二年四月，英軍以百餘艘戰艦、一萬陸軍進攻吳淞（上海）。兩江總督牛鑑逃走，但江南提督陳化成留下了。他也可以逃，但他決定馬革裹屍。陳化成帶領幾十名親兵守衛在孤立無援的炮臺上朝著前進的英軍射擊，一炮又一炮，一槍又一槍。就算不能扭轉戰局，但求無愧於心，視死如歸。

這是一個大變革時代，也是洗牌的時代。有人苟且偷生，有人視死如歸；有人看到黑暗，有人看到救贖；有人守護榮譽，有人丟掉節操。在這個世界上，最難琢磨的是人心，最偉大的也是人心。時代的浪潮一遍又一遍沖刷著他們，淘汰了渣滓，留下了偉大。當一切塵埃落定，歷史會給出公正的評價。

世界進程中的太平天國

1

一四九二年，哥倫布和水手駕駛三艘帆船，從西班牙的巴羅斯港起航，一路向西航行而去。經過兩個多月的航行，他們在加勒比海區域的巴哈馬群島登陸，哥倫布把腳下的土地命名為聖薩爾瓦多，意為「救世主」。哥倫布相信，傳說中遍地是黃金和香料的亞洲已經到了。

船隊繼續向西南航行，經過一段狹窄的海峽，哥倫布更加信心滿滿：「這麼狹窄，肯定是麻六甲海峽，真給力。」

發現新大陸的消息傳回西班牙，萬眾歡呼。此後無數船隊沿著哥倫布航行過的路線，希望在「亞洲」找到黃金和香料，然後運回歐洲發大財。雖然哥倫布發現的新大陸是美洲，但西班牙船隊真的在墨西哥、玻利維亞等地找到大量金、銀礦，發了一筆橫財。

整整一百六十年間，西班牙共得到一點八萬噸白銀，兩百噸黃金。這些金銀透過西班牙的貿易行動逐漸在全世界流通起來，不僅讓白銀成為明朝的法定貨幣，還間接扶持起英、法的手工業。此後西班牙、葡萄牙、荷蘭、英國、法國紛紛派船隊出海，搶占世界的無主之地，然後鄭重其事地插上本國的旗幟。

大航海時代來了。

尤其是葡萄牙和荷蘭，他們的船隊繞過非洲好望角，經過印度和東南亞，繼而北上抵達了澳門和臺灣。他們在這裡建立了大量軍事基地，壟斷中國、日本和東南亞的海上貿易。於是，一個遍布世界的貿易圈形成了。

美洲的黃金白銀被帶回歐洲，歐洲人再從美洲白人手裡購買農作物，他們還把非洲黑人賣到美洲，從亞洲買回瓷器、絲綢和茶葉。大量船隊在海上航行，帶動全世界的貿易交流，他們把在美洲發現的馬鈴薯、番薯、玉米、番茄、菸草等農作物擴散到了全世界。

這些美洲來的農作物對環境要求不高，而且畝產量特別大，一旦大規模培育起來，可以解決大部分人口的吃飯問題。事實上，正是歐洲培育起馬鈴薯、玉米之後，才真正解決了人民的飢餓問題。

同時，歐洲普及了「三田制」，不論何時都有三分之一的土地休耕，將耕種面積增加到極限，還能保證土地蓄養肥力。農民發明的重型鐵犁，翻土深度可以達到六至八吋[19]，這樣一來，歐洲的草地和窪地都能被開墾成可以耕種的農田。

歐洲歷史發展到十六世紀，已經到達了轉捩點。可以耕種的土地急劇擴大，畝產量更是大幅度增加，糧食多了，歐洲人吃得飽了，並且有了抵抗力，原本致死率很高的傳染病，現在居然可以撐過去了，平均壽命自然就增加了。

能吃飽、活得久，人口暴增是必然發生的事情，但任何地方可以容納的人口都是有限度的。那些新增人口在歐洲生活艱苦，於是只能跟著船隊向外移民，到各國的海外殖民地生活，他們不僅可以在土著面前做人上人，還能利用國家霸權占據更加廣闊的生存空間。他們還順便把歐洲的語言、文化、宗教帶到世界各地。也就是說，大航海緩解了歐洲的馬爾薩斯陷阱[20]。

中國就沒這麼幸運了。早在西周時期，中國就施行了休耕制度，再加上中國王朝的壽命特別持久，

19 一吋等於二點五四公分

20 人口增長是按照幾何級數增長的，而生存資源僅僅是按照等差級數增長的，多增加的人口總是要以某種方式被消滅掉，人口不能超出相應的農業發展水準。這個理論就被人稱為「馬爾薩斯陷阱」。

動不動就是兩三百年的太平日子，農民種田的勁頭特別足。經過幾千年積累，中國土地畝產量節節升高，一畝地能養活的人口越來越多，再加上醫術發展，漢朝時土地最多只能養活六千萬人，到明末人口已經達到一點五億人，清朝乾隆年間人口突破三億。

番薯、馬鈴薯、玉米進入中國以後，從乾隆年間正式開始發力，不到百年時間就把中國人口推到四億。可見人口增長是世界的主流。據學者統計，一六五〇年的世界人口是五點四五億，到一八五〇年已經達到十一億。不論歐洲還是亞洲，人口都在暴增。這種現象不能只說是玉米、馬鈴薯的功勞，或者天下太平帶來的福利，我覺得應該是數千年歷史積累帶來的爆發增長。

人口增長就要爭奪生存空間。中國明清時期的耕地只有八億畝左右，卻要養活四億人口，算下來人均土地不到兩畝，而漢、唐人均土地占有可以達到幾十畝，這也就是康乾盛世不如文景之治的原因。人均可憐的兩畝地，飯都吃不飽，談什麼生活品質，所以康乾盛世被稱為飢餓的盛世。

歐洲透過大航海把新增人口轉移到殖民地，中國沒有趕上大航海，就沒有殖民地，四億人口擠在以農業為主的中國，因而只能形成一種內卷化[21]的社會。當歐洲一個人吃五張雜糧煎餅時，清朝是十個人搶一張雜糧煎餅，這就是掉進馬爾薩斯陷阱出不來了。

2

雖然清朝政府不能大規模向外移民，但人民群眾的智慧是無窮的，大家在土生土長的家鄉吃不飽飯，必定會想辦法尋找出路，樹挪死，人挪活，只要走出去，肯定有辦法。

21 編按：近年來的網路流行語，源自於社會學概念，目前普遍指某個領域中因過度競爭而進入一種互相傾軋、自我消耗的狀態。

首先走出去的是山西人。我老家就是山西的，走出城市，一眼望去全是黃土高坡，水源極少，大部分土地都是乾巴巴的。山西農民基本是靠天吃飯，一旦老天爺不下雨，那麼一年的收成就沒保障了。於是山西人離開家鄉，到內蒙古自治區開墾荒地和做生意，無意之間造就了富甲天下的晉商，這就是轟轟烈烈的走西口。

山東人、河北人成群結隊，闖過清朝設立的柳條邊，進入東北黑土地討生活，慢慢地把東北變成了中國自古以來的領土。他們的遷徙活動叫作闖關東。

廣東、福建的人口也特別稠密，而且嶺南多山、少田，更養活不了多少人口，但好在靠海，可以到東南亞發展謀生，而這就是下南洋。

當然，也不是所有南方人都想出國，那些不想出國的南方人紛紛向貴州、廣西、雲南遷徙。這些地方雖是中國自古以來的領土，但一直是少數民族的地盤，由世襲土司統治，他們的穿戴、語言和中原不一樣，幾千年來都沒人願意去。

比如王陽明被貶到貴州龍場，大家都勸他不要去，去了說不定就回不來了，但王陽明不聽勸，非去不可，結果走到半路僕人就跑了，可見沒人想去窮山惡水的地方。

但是清朝乾隆以後，馬爾薩斯陷阱讓中國百姓越來越窮，為了謀生路，廣東、四川、湖北、湖南的人口紛紛向窮山惡水的西南遷徙。他們則被稱為客家人。

當然，客家人不止清朝遷徙來的南方人，還包括歷代遷徙而來的北方人，爆發太平天國運動的廣西就是清朝人口遷徙的幾處終點之一。

其實不管是從哪裡來的，在廣西土著眼中，客家人都是來搶飯碗的。奪人錢財令他們憤怒，廣西土著對客家人恨得要死，客家人對廣西土著也不滿意。

由於土著定居時間早，那些肥沃土地和優質地盤基本都被廣西土著占據了。客家人來了廣西以後，發現根本沒有想像中的生存空間，反而要受擁有優質資源的土著碾壓，被逼無奈之下，只能到劣質土地和工礦謀生，於是廣西土著、客家人矛盾愈演愈烈。

類似美國白人怨恨移民搶工作機會一樣，廣西土著嫌棄客家人來搶飯碗，成天想把客家人驅逐出廣西地界。客家人也嫌棄土著占著茅坑不拉屎，除了來得早點以外，再也想不出別的優點，他們還利用先發優勢欺負客家人，憑什麼？

這種矛盾發展到清朝道光年間就是大規模的械鬥。幾百上千人帶著刀槍棍棒，擠在一起殺得血流成河。但是廣西土著處於食物鏈的上游，他們有糧食，有堡壘，有人脈，往往在械鬥中處於上風，即便打輸也能迅速翻盤。

而客家人就是外來戶，能在廣西生存已經不容易，想逆勢翻盤，太難了。總之清朝中期的廣西，就是個火藥桶，稍有不慎就會爆炸。而且每次械鬥都有很多人死亡，這些仇恨累積在一起，又加劇了土、客之間的矛盾，根本沒有調和的可能。

好處當然也有。頻繁的械鬥讓客家人的實戰經驗特別豐富，只要有機會，他們就能把械鬥積累的實戰經驗迅速轉化為軍事作戰技能。此時，太平天國的火種已經起來了。

土著、客家矛盾讓客家人的生存環境異常艱難，他們會不惜一切代價抓住機會，以改善這艱難的生存環境。而械鬥培養了無數優秀戰鬥人才，成為太平天國未來的軍事班底。

3

廣西這個火藥桶是洪秀全點燃的。這哥兒們年輕時醉心科舉，想中進士光宗耀祖，然後做大官執掌天下權柄，是個不甘心做底層失敗者的年輕人。但洪秀全的學識確實不高，「笨人」曾國藩中進士是二十七歲，而洪秀全一輩子連像樣的功名都沒有。

二十五歲時，洪秀全在廣州第三次落第，他受到了極大的刺激，病危了。昏迷中，洪秀全隱約聽到有人對他說：「你是上帝的兒子，耶穌的弟弟，應該提三尺劍斬妖除魔。」洪秀全心想：嘿，原來還有人沒放棄我。病癒以後，洪秀全變得沉默寡言，說話也讓人聽不懂。

洪秀全比曾國藩小三歲，他們成長的年代，英國已經建立起世界霸權。作為世界霸主，英國不僅占據殖民地賺大錢，還要把基督教傳播到世界各地，讓落後國家的人民接受耶穌的薰陶，早點做個好人。這其實就是一種文化霸權。

落後國家的人民只能選擇是否接受，而無法用自己的文化奮起反擊，畢竟文化的基礎是國家實力。而廣州是清朝唯一的對外窗口，它自然就成了鴉片和宗教流通的唯一管道。

洪秀全在廣州落第後，發現了一本叫《勸世良言》[22]的書，於是他萌發了信奉上帝，追求人人平等的觀念。從此以後，他就以上帝次子的身分，逢人就說上帝老爸如何如何好，趕緊來信上帝吧。

隨著傳教事業有聲有色，洪秀全把信徒聚集起來，成立了「拜上帝會」，相當於把基督教中國化。拜上帝會原本是個地下宗教組織，這種組織在舊中國太多了，隨便編些觀點，多多少少都能收攏一點人氣，但是洪秀全帶著拜上帝會進入了廣西。

我在前面說過，清朝中期的廣西就是個火藥桶，隨時都可能被引爆，而洪秀全的拜上帝會，就是那個點燃火藥桶的火星。

洪秀全和馮雲山在廣西建立組織分部，宣揚「天下一家，共用太平」，並且把儒家和地方土廟視為邪道，全部打掃得乾乾淨淨。廣西客家人不懂儒家的家國大義，但他們太懂地方土廟了，因為那是廣西

22 基督教最早的中文佈道書，一八三二年在廣州出版，內容大半是《聖經》中章節，又結合中國風俗，借用某些儒家言論，闡釋基督教義。

土著才拜的神仙。現在拜上帝會砸爛土廟，不就是和客家人站在一起了嘛？客家人馬上對拜上帝會產生了好感。

洪秀全和馮雲山說：「人類都是兄弟姊妹，不要互相爭鬥，要團結互助，有地一起種，有錢一起花。」客家人和土著的爭鬥就是因為爭奪生產物資啊。他們在爭鬥中是處於弱勢的，當然希望有人幫助他們平權，畢竟平權是拉高客家人的地位，降低土著的地位。所以不論理念還是組織行動，拜上帝會很快贏得了廣西客家人的心。用網路術語說就是，洪秀全抓住了用戶的痛點，解決了用戶的麻煩，結果就是核心用戶呈指數級增長。

除了正常吸引「會員」外，那些械鬥失敗的客家人紛紛加入拜上帝會尋求幫助，希望用同鄉同會的關係站穩腳跟，這就為客家人增加了擴展人脈的管道。於是拜上帝會成為聚集廣西客家人的組織，楊秀清、蕭朝貴、韋昌輝、石達開等中堅人物陸續入會。

等到拜上帝會的規模壯大以後，地下組織必然要出來見太陽。就算洪秀全等人不願意出來，清朝也不會放過如此龐大的結社組織。

一八五〇年十二月，金田起義爆發。受盡土著迫害的客家人成為太平天國取之不盡的人力資源，在械鬥中積累實戰經驗的客家人成為太平天國的優秀戰將。

僅僅用了兩年半的時間，他們就衝出廣西，沿著長江一路東進，把太平天國的首都定在了南京。然而其問題也很明顯。太平天國作為基督教中國化的組織，反對中國的一切文化傳統，走到哪裡都要砸爛孔廟，殺死儒生，甚至把綿延八百年的嶽麓書院燒掉。可清朝有文化的力量都是讀儒家書籍的啊，太平天國反儒家，基本上就把可以爭取的力量全部拒之於門外了。

原本左宗棠有心思加入太平天國，但他聽說太平天國焚書籍、殺學生，馬上斷定他們不會長久，這才投奔了湖南巡撫張亮基。類似左宗棠的人，恐怕不在少數。

到頭來，太平天國的領導層和中間層，還是那些廣西客家老鄉，而文人代表的士紳階層才是能左右中國命運的人，在農業社會造反卻得不到士紳階層的支持，命運大致已經定了。

其他的腐敗、內鬥、短見等缺點就不說了，三天三夜都說不完。

除此之外，太平天國還不承認一切不平等條約。洋人不管中國內部打成什麼樣，只要勝利者跪下當狗就行，結果太平天國想站起來做人，用的還是基督教的思想。

原本坐山觀虎鬥的洋人，為了維護自己的利益，徹底站在了清朝一邊。再說，想謀大業，就得和人民站在一起，誰料太平天國口號喊得震天價響，最關鍵的平均地權卻沒做。結果清朝、洋人、儒生、輿論都成了敵人，除了用反清名義招來的一部分人，能幫助太平天國的真朋友沒交到幾個。

從大方向來看，太平天國的失敗是必然的。

一八五四年二月，曾國藩和湘軍出省作戰，發布〈討粵匪檄〉。其中關鍵的是這幾句：「自唐虞三代以來，歷世聖人扶持明教，敦敘人倫，君臣、父子、上下、尊卑，秩然如冠履之不可倒置。粵匪竊外夷之緒，崇天主之教……士不能誦孔子之經，而別有所謂耶穌之說、《新約》之書，舉中國數千年禮義人倫詩書典則，一旦掃地蕩盡。此豈獨我大清之變，乃開闢以來名教之奇變，我孔子、孟子之所痛哭於九原[23]，凡讀書識字者，又烏可袖手安坐，不思一為之所也。」

也就是說，曾國藩要代表中國傳統文化誅滅外來宗教，這是歷代農民起義從沒有過的事情。從秦末的陳勝、吳廣到明末的李自成，所有農民起義都是中國內部的事情，追求的也是平均土地和出人頭地，這種追求從陳勝喊出「王侯將相，寧有種乎」就定下來了。

但是大航海以後，中國再也不能獨善其身了，所有事情都要受到世界各國的影響。比如西班牙的白

23 編按：即九泉，地底深處，指人死後魂魄所居之地。

銀不流通，明朝直接通貨緊縮，基督教跟著船隊走向世界，在中國發展出拜上帝會來，太平天國不和洋人合作，成為唯一被中外聯合剿滅的起義。

太平天國這種奇葩，曾國藩聽都沒聽說過，要是讓這種政權統治中國，後果簡直不堪設想。仔細想想，清朝還是尊重中國文化的。於是受儒家文化浸潤的中國人基本上站在了清朝這邊，而一封〈討粵匪檄〉直接讓曾國藩站在了輿論的頂點，晉升為中國文人的楷模。

此後清朝成為中國士紳階層的靠山，曾國藩、李鴻章、左宗棠等人是衝在前面的先鋒。一八六四年，太平天國失敗了。

4

太平天國不僅是中國內部的運動，更是世界大潮流激起的一朵浪花，而且類似的浪花在世界各國到處都是。它們有幾個特點：歷史積累讓人口快速增長；國家沒有趕上大航海，不能輸出人口；國內沒有工商業，不能吸納過剩人口；面對歐洲國家的侵略，沒有還手的餘地。

或許太平天國是聲勢最大的，但絕不是唯一的，和中國相同命運的國家多多少少都有類似的運動。說到底，沒有工作的人口太多，遲早會出問題。直到現在，能跳出馬爾薩斯陷阱的國家都不多，巴西、墨西哥、非洲都是工業不發達，不能吸納過剩人口，導致沒有工作的人太多，成為社會的不穩定因素，而沒有工作的貧困人群又到處製造混亂，拖著國家進入越來越窮的窘境，最終就是國家和人民雙輸。

太平天國之後的一百六十年來，中國是唯一跳出馬爾薩斯陷阱的國家，而且是在世界有相當地位的大國。

經過中華人民共和國七十年的努力奮鬥，中國基本發展起種類齊全的工業，可以提供十四億人口工作，不管掙錢多少，起碼有事情可做。而且目力所及之處，還有越來越好的趨勢。如果站在中國的角度看中國，你會發現貧困人口依然還有很多，甚至還有很多令人不滿意的地方。

但如果站在世界的角度看中國，你可能會發出一聲感歎：「幸虧生在中國。」這才是中國的驕傲啊。

第三章　幽微和世界

歷史大變局，藏著不為人知的祕辛

歷史不會重複，
但其內在規律是相通的。
無論國內治理，
抑或國際交鋒，
其實都有跡可循。

若無張騫出西域，何來美酒邊塞詩

1

中學的歷史課本上有個鐵打的釘子戶：張騫。這位漢朝有志青年奉漢武帝的命令，帶著一百多個熱血男兒，從長安一路往西，穿越草原、戈壁、高山、湖泊、無人區，歷經十一年時間，終於來到了一片漢朝人從未踏足的地方——西域。

這是中原人第一次穿越萬里黃沙，來到這片充滿無數想像的土地。此後的兩千年裡，數不清的使節、商旅、軍隊沿著張騫走過的路線來到西域。商人把中原的絲綢販運到這裡，跟當地甚至中亞人交易，以賺取巨額的利潤；使節手捧中國皇帝的詔書，在西域宣示著主權和國家的強盛；軍隊騎駿馬、跨長刀縱橫馳騁，留下「明犯強漢者，雖遠必誅」的時代強音。張騫走過的路，被世界稱作「絲綢之路」。

張騫以一人之力在歷史上書寫了不朽的傳奇，而他給後世帶來的驚喜遠不止這些。

2

如果沒有張騫，我們的餐桌上可能會減少一些水果種類。

葡萄美酒夜光杯，欲飲琵琶馬上催。

醉臥沙場君莫笑，古來征戰幾人回？

王翰的一首〈涼州詞〉不知賺了多少熱血男兒的嚮往和青春少女的憧憬。不過王翰在成名時至少應該付給張騫版權費的，因為葡萄的種子就是張騫從西域帶回來的，如果沒有他，我們的先輩就要等很久才能吃到葡萄，也許會推遲到唐朝，甚至元朝。

張騫從西域帶回來的不僅僅是葡萄，還有核桃、石榴、大蒜、黃瓜、西瓜……如果沒有張騫，我們就不能在看熱鬧時端著西瓜，做一個合格的「吃瓜群眾」；寒窗苦讀時，我們也無法剝幾個核桃補腦；在吃火鍋時，蒜泥肯定也沒有了，這該如何安放吃貨的胃呀。甚至武則天在跟李治撒嬌時寫的〈如意娘〉也得改改了。

看朱成碧思紛紛，憔悴支離為憶君。
不信比來長下淚，開箱驗取石榴裙。

石榴都沒有，您穿哪門子石榴裙？

3

如果沒有張騫，可能會少一些美好的詩篇。一片西域夾在當時的羅馬和漢朝兩大人類文明之間，如同一片「世外桃源」，向西距離羅馬何止萬里，向東距離漢朝只有河西走廊連通，在那裡，土生土長的小麥經過七千年的時間才傳入中原，中國的老百姓終於能吃上一碗熱氣騰騰的麵條。

可以想見，如果沒有張騫，西域成為「中國不可分割的一部分」的機率將會大大降低。如果沒有漢朝三百年的移民、治理，那麼等到唐朝時，建立「安西、北庭都護府」的難度將會大大增加。

畢竟，歷史的發展是遞進的。到那時，王昌齡就沒有機會寫下〈從軍行〉了，這樣壯烈激昂的詩，我們恐怕永遠也沒有機會讀到了。

青海長雲暗雪山，孤城遙望玉門關。
黃沙百戰穿金甲，不破樓蘭終不還。

胡瓶落膊紫薄汗，碎葉城西秋月團。
明敕星馳封寶劍，辭君一夜取樓蘭。

吃虧的不只是王昌齡，還有岑參。他來到西域任職後，這片神奇的土地在他腦海中勾勒出最美的風景，他的內心有一個聲音在吶喊：「寫出來吧，肯定能火。」可惜，火候還不到。直到有一天，岑參的同僚武判官要回長安，他站在三岔路口，看著武判官漸行漸遠的背影傷心欲絕。此情、此景、此人，一首好詩脫口而出：

北風捲地白草折，胡天八月即飛雪。
忽如一夜春風來，千樹萬樹梨花開。
散入珠簾濕羅幕，狐裘不暖錦衾薄。
將軍角弓不得控，都護鐵衣冷難著。

瀚海闌干百丈冰，愁雲慘澹萬里凝。
中軍置酒飲歸客，胡琴琵琶與羌笛。
紛紛暮雪下轅門，風掣紅旗凍不翻。
輪臺東門送君去，去時雪滿天山路。
山迴路轉不見君，雪上空留馬行處。

還有高適，他也不會有「借問梅花何處落，風吹一夜滿天山」的句子了。李白的〈關山月〉中，「明月出天山，蒼茫雲海間」，會不會把「天山」改成「泰山」？甚至是陸游在年老多病的時候也不會「尚思為國戍輪臺」了吧，想想雁門關就好。

你看，張騫的一趟行程無形中改變了多少人的命運，又給我們留下多少「默寫並背誦全文」。

4

如果沒有張騫，不過是少一個「夜郎自大」的成語。

在西域時，他閒得無聊就去逛街。走啊走，突然他看到了震驚的一幕：黃鬍子、白皮膚的老外穿的衣服居然是四川布料做的，手裡拿的也是四川產的竹杖。這種感覺就像是我們到了外星球，那裡竟然有人穿著國產品牌的服裝。驚喜不驚喜，意外不意外？

張騫懷著興奮的心情拉著老外的手說：「兄弟，都是緣分啊。能不能告訴我你的衣服是哪裡買的？」老外告訴他：「實話跟你說吧，我這是從印度買來的。」

這件事情給張騫留下的印象特別深，回到長安後他就跟漢武帝彙報：「既然四川的布匹能到印度，就證明距離不遠，我還是去一趟吧。」漢武帝的理想可是星辰大海，張騫的提議正中他的下懷，隨即大手一揮：「去吧。」

西元前一二二年，張騫帶著四支隊伍出發。他們從四川的成都、宜賓開拔，打算分別穿過青海、西藏、雲南，然後在印度開一個會師宴。我們知道，這些地方現在都是不發達地區，別說兩千年前的漢朝了。所以四支隊伍走沒多遠就被當地土生土長的糙漢子攔下了，並命令他們：「立定，向後轉，齊步走。」

但是向雲南前進的那支隊伍卻受到了不一樣的待遇，他們被夜郎國的國王客客氣氣地請到王宮，好好吃好喝地招待。酒過三巡，菜過五味，使者們正看著臺下那些土著女子跳著舞，緊接著夜郎國王的一句話差點讓他們岔氣：「漢朝的疆域有我的夜郎國大嗎？」

使者們想笑又不敢笑，使勁憋著一口氣，把臉漲得通紅。其實這也不能怪夜郎國王沒見識，畢竟客觀條件就是如此。

就這樣，張騫為我們的成語字典添磚加瓦，也難為夜郎國王背了兩千年的黑鍋，並且還將繼續背下去。

5

如果沒有張騫，我們會少一些熱血的豪言壯語。

西元前六十年，就在張騫出使西域六十年後，經過與匈奴、大宛、烏孫的無數次血戰，漢朝終於成立了西域都護府，在西域確立了自己的統治權。但「老婆、孩子、熱炕頭」的好日子還沒來，旁邊的老朋友北匈奴就開始磨刀霍霍，隨時準備瞅準機會來一下子。

北匈奴的領袖叫作郅支單于，他因為殺了漢朝的使節，就從蒙古高原上一溜煙跑到了西域。看著西域的弱小國家，郅支發出邪魅的笑聲：「嘿嘿，你們拿什麼跟我鬥。」正好康居國跟烏孫國邊境上發生摩擦，康居王就把女兒許配給了郅支，並邀請他一起組隊「打怪升級」。郅支也在哈薩克建了一座城，就命名為郅支城。看看，多狂妄，多霸氣。

可是歷史告訴我們，實力不足的狂妄就會淪為笑柄，因為烏孫請來的幫手是漢朝西域都護的甘延壽、陳湯。

甘延壽和陳湯一商議，要出兵必須先稟報長安的朝廷，這一來一回起碼得幾個月的時間，等長安的命令到了，黃花菜都涼了。軍情十萬火急，陳湯做出了一個大膽的決定——矯詔。意思就是偽造朝廷的詔書，先把事辦了再說，回頭再去請罪。

這是掉腦袋的事，甘延壽打死都不同意，可陳湯等不及了，他先綁了甘延壽，召集部隊就開幹。

西元前三十六年，漢軍翻越帕米爾高原直抵郅支城下。一番你來我往、拳打腳踢，漢軍大獲全勝。既然打了勝仗，那矯詔的事也該說清楚了。甘延壽、陳湯就向朝廷寫了一份報告，即《上疏斬送郅支首》，他們絕口不提矯詔的事情，而是把自己做的事說得熱血沸騰、感天動地。

> 臣聞天下之大義，當混為一，昔有唐、虞，今有強漢。匈奴呼韓邪單于已稱北藩，唯郅支單于叛逆，未伏其辜，大夏之西，以為強漢不能臣也。郅支單于慘毒行於民，大惡逼於天，臣延壽、臣湯將義兵，行天誅，賴陛下神靈，陰陽並應，天氣精明，陷陣克敵，斬郅支首及名王以下。宜懸頭槁街蠻夷邸間，以示萬里，明犯強漢者，雖遠必誅。

槁街是外國大使館在長安的聚集地，他們要朝廷把郅支的頭掛在那裡，明明白白地告訴外國：敢冒犯我，這就是下場。

一百年後的洛陽街頭又有人回憶起張騫。那是個年輕的書生，正在一幢小房子裡抄抄寫寫，掙著當天的飯錢。寫啊寫，抄啊抄，直到手腕都酸了，還有一大半的任務沒有完成。書生想想就氣：「每天做著固定的工作、不變的生活，什麼時候才能實現人生理想啊？」他隨手就把手中的筆一扔：「大丈夫無他志略，猶當效傅介子、張騫立功異域，以取封侯，安能久事筆硯間乎？」

這個書生叫班超，從此他以張騫為人生偶像，他要到西域去實現自己的夢想。經過幾年的努力工作，他被任命為西域使節，傳奇就此展開。

班超率領三十六個人，用了三十一年的時間，把早已不服管理的西域諸國重新納入帝國的勢力範圍，而班超也被東漢朝廷封為「定遠侯」。

張騫被人稱為「張博望」，班超又被叫作「班定遠」，時隔兩百年，開創者和追隨者都因西域而萬古流芳。

6

如果沒有張騫，我們的精神中將會缺少一種勇氣。

總有人說：「即便沒有張騫，也會有別人去探索。」可我們翻開史冊時就會發現，張騫之所以偉大，是因為他做了別人做不到的事。

在這支年輕的隊伍剛走到隴西時，就被匈奴的大隊騎兵俘虜，全部押往草原。俘虜的身分一當就是十年。在這十年裡，一百多人的隊伍死的死、散的散，到最後只剩下張騫和助手甘夫兩人，甚至張騫都對人生不抱希望了，就在胡地娶妻生子，打算了此一生。

命運的大門在十年後的某一天打開縫隙，張騫看準機會，帶著妻兒和助手逃出看守所，來到匈奴人暫時顧不到的地方。

如果是你，這時會怎麼辦？好不容易有機會活著，還不趕緊回漢朝，反正帶出來的人都死了，任務沒完成也不能怪我啊，畢竟難度太大了。但張騫做出的選擇是繼續完成任務，向著未知的前路出發。

這一刻，我彷彿看到張騫在蒼茫的草原、無垠的沙漠中邁著蹣跚的腳步，一步一步，離安全和穩定越來越遠，離未知的恐懼越來越近。

都說時勢造英雄，可是在開創人類歷史的關鍵時刻，只有英雄才能造時勢。

7

放眼世界歷史，能夠以無比的勇氣去探索人類認知邊界的人並不多。英雄用一生講述的故事，其實只有三個字：走出去。

永遠不要故步自封，永遠不要自我滿足，永遠不要沉溺過往。大膽地走出去，用勇氣去征服世界，用誠意去迎接未來。萬里黃沙沒有擋住張騫的腳步，滔天碧浪成為鄭和的星光大道。我們不能延伸生命的長度，卻可以不斷擴展生命的寬度。與其在舊世界裡苟延殘喘，何不轟轟烈烈地開創人生新紀元。即便倒在路上，也雖敗猶榮。

存量和內卷產生搏殺的時代

1

如果以秦始皇為圓點，上至商鞅變法，下至楚漢之爭，商鞅、白起、劉邦、項羽、韓信、張良……這些人都可以連接起來。

猛人成堆，雄主也成堆。戰國末年的大爭之世，秦國有秦孝公，趙國有趙武靈王，中間的秦始皇屬於一強多弱，所以碾壓六國。

後來楚國冒出項羽，偏偏有劉邦和他作對，兩人以萬里江山為舞臺，演繹了一場精彩絕倫的神話。其間國際也不太平。北方草原經過多年整合，出現「控弦四十萬」的冒頓單于，他曾經把劉邦包圍在白登山，讓劉邦吃了大虧。

嶺南有趙佗。這哥兒們趁著中原大亂，關閉通往嶺南的道路，關起門來做了幾十年土皇帝，漢朝幾代君臣都奈何不了他，硬生生活了一〇四歲。

再過幾十年，又有漢武雄風大殺四方。秦皇、漢武、劉邦、項羽……正是他們的精彩表演，讓秦漢之間的改朝換代精彩萬分。

雄主可以千古留名，是因為他們所處的時代有很多事情需要做，成功者流芳百世，失敗者遺臭萬年。

八百年後，各國雄主再次成堆出現。中原經過魏晉南北朝的紛爭，留下很多事情需要收尾，楊廣想畢其功於一役，結果搞得灰頭土臉。

緊隨其後的李世民更是威震四夷的天可汗，活著的時候名聲就傳到了印度，堪稱大唐的第一男神。北方的突厥也想學鮮卑前輩搭上中原快速發展的列車，冒出幾個特別有名的可汗，可惜遇到的是李世民。來吧，到長安來跳舞吧。

如果中原百姓認可楊廣、李世民、突厥可汗是雄主的話，那麼他們看高句麗時，會覺得不值一提。可是偏偏這小小的高句麗硬生生扛住了楊廣和李世民的輪番攻擊，讓中原大軍數次無功而返。

在高句麗百姓的眼中，他們的大王是名副其實的雄主。雄主們站在歷史的鎂光燈下，顯得格外耀眼，讓他們前後的時代都黯然失色，那時的人也成為不受關注的小透明。

所以，庸主也是成堆的。當然，這裡的庸主不是平庸的意思，而是相對來說功業不大，名聲不響。

2

你方唱罷我登場的戰國亂世經過楚漢戰爭的洗牌，最終以呂太后之死收尾。「豐沛故舊」掀起清除諸呂的政變，扶持漢文帝登基。那些精彩的故事再也沒有了，性格鮮明的人物基本泯然於眾人，之前的喧囂猶如烈日當空，如今已是長久的暗夜。

世界太平，開始沒有事情可做。開創世界的宏大藍圖被「蕭規曹隨」[24]取代，保本穩增長代替征伐四方的豪情，這樣的時代出不了雄主，也沒有猛人。

這樣的時代，各國都沒有一代天驕。漢朝的兩代君主開創「文景之治」，屬於集體的功業，漢文帝到底有什麼愛好，漢景帝有多少紅顏知己，朝中有什麼厲害的人物……不好意思，除了特別感興趣的愛

24 意思是比喻按照前人的成規辦事。

好者，大部分吃瓜群眾都不知道，他們在史書中註定是小眾冷門，既沒有劉邦和項羽的知名度大，也沒有豐、沛兩縣功臣的事業成功。

北方草原在冒頓去世後經歷了四十三年的漫長沉寂期，你可能知道統一匈奴的冒頓單于，但面對老上單于、軍臣單于可能會想：「這是誰呀？」其實他們和文、景是同時代的人。

嶺南就更不行了，趙佗去世之後，誰還在乎下一代是誰？

類似的還有宋朝。趙匡胤之後，宋朝開始了漫長的休養生息，宋真宗、宋仁宗的存在感很弱，如果不是評書給他們編段子，以及一票文學大咖的助攻，恐怕他們的存在感還要再弱一些。

而那個時候的遼國皇帝是耶律洪基，如果不是金庸老爺子把他寫入《天龍八部》，並且虛構為蕭峰的大哥，恐怕更沒人會知道他。而宋朝的下一次露臉，還要等到靖康之變。

3

為什麼雄主和庸主、猛人和蠢材都是成堆出現呢？因為時代在變化。

當一個國家的經濟和人口出現飽和，周圍各國也形成存量社會[25]，就會出現激烈的對外爭奪，或者矛盾轉移，或者保護生存空間。這種激烈的對抗和碰撞可以讓參與其中的人好好鍛鍊一番，庸人也可以成為棟梁，天資卓越者更是一飛沖天，而曾經占據高位的酒囊飯袋只會被殘酷淘汰。

經過休養生息的漢朝也進入了存量搏殺，黃河流域再也沒有新的增長點，而多年遭受欺壓讓漢朝子民蠢蠢欲動，因此走出國門成為漢朝的新出路。恰好匈奴也差不多，多年太平讓草原牛羊繁盛，人口眾

25 編按：存量（stock），經濟學名詞，指截至某一時間點之前，過去生產積累起來的產品、貨物、儲備、資產負債的結存總量。在此是指一個國家經濟、人口各方面的生存空間，在某個時間點達到飽和。

多，為了尋求更多的利益，出擊中原成了最好的選擇。漢朝和匈奴迎頭相撞，產生激烈的爭奪，一個存量搏殺的大時代拉開帷幕。

正是如此殘酷的時代才造就了雄主漢武帝，以及衛青、霍去病、桑弘羊、張騫等猛人。有了這些人，時代才如此閃耀。

各國一旦有了龐大的增長空間，向外輸出的機率不大，大家都忙著在家裡偷吃，誰有空搭理你啊，這就是庸主成堆的時代。

由於宅在家裡無事可做，也就沒有殘酷的競爭，君臣也得不到鍛鍊，更不會有名留青史的功業，那些赫赫有名的雄主和猛人，基本上都生活在存量搏殺的時代，他們用一代人的時間廝殺完畢，又出現新的增長和生存空間，世界再次進入「宅」的狀態。

戰國為什麼競爭激烈？生存空間基本上已探索完畢，想要擴張只能在內部進行，於是殺得屍橫遍野。劉邦、項羽生活在秦始皇的高壓下，一旦壓力驟然失去，必然會出現瘋狂的反彈，等殺到人口大幅減少，大家都消停了。

李世民的時代也是一樣。隋朝內部的人口、土地極其飽和，突厥和高句麗也在尋求擴張，內卷[26]和存量撞到了一起，於是有了隋末的大亂世。等內卷和存量消失後，貞觀盛世就來了。相比知名度特別高的貞觀將相群體，高宗將相的知名度不是很高，就連皇帝也被武則天的光芒掩蓋，正是這個原因。

世事輪迴，特別窮的時候其實不必太悲觀，因為接下來的幾十年很可能是太平日子；富有的時候也不要高興得太早，激烈的紛爭很可能會把所有人都捲入其中，讓你和雄主、猛人生活在同一片天空下。而這種時代往往有同一個特徵，各個國家都會有雄主崛起。就像之前說的，雄主成堆的時代。

26 參見九八頁的註。

4

面對即將到來的殘酷競爭，彷彿大家都有預感一樣，紛紛在王朝中期進行改革和變法。這是財政大臣和酷吏的專場。一個整頓經濟，一個整頓人事，他們成為雄主手中的利刃，打造應對殘酷競爭的豪華戰艦。

比如漢武帝和桑弘羊、主父偃。武帝一改「文景之治」的軟弱、渙散，迅速組成強勢的政府，並用董仲舒改造過的儒家替代無為的黃老，完成意識形態的刷新。向來都很保守的漢朝變得極具攻擊性。唯有如此，才能在和匈奴的競爭中占據上風，才能出兵西域、南征百越。假如漢朝沒有雄主當國，恐怕也不會有如此盛大的文治武功。

中原王朝只要完成內部整頓，再利用朝廷集權調配資源，往往就可以贏得國際競爭的勝利，而沒有經過中期整頓的王朝結局很不好。宋朝的「王安石變法」就沒有成功，導致宋朝內部黨爭激烈，消耗國家元氣，致使資源分散，沒有能力應對競爭。最終只能被金國、蒙古一波帶走。

明朝「張居正改革」是失敗的，當時人們並不知道最終結果會是什麼，直到一六四四[27]年才揭曉謎底。這麼看來，歷代王朝在存量和內卷的殘酷競爭中，只有漢武帝做得最成功。而最幸運的莫過於蒙古帝國，偌大世界中的數十個國家，竟然都像熟透的果子一樣，軟弱渙散得不堪一擊，宋朝還算表現好的，硬扛了幾十年。

那些逐水草而居的部落被打散，世襲的領袖被撤換，改組成為大汗統一調配的千戶，爆發出極其強大的戰鬥力，一超多強的格局讓成吉思汗的威名達到頂峰。

27 編按：指崇禎十七年，崇禎帝於煤山自縊，明朝滅亡。

不過蒙古的擴張達到極限後也出現了內部爭奪的趨勢，成吉思汗的兒孫們先後分裂，世界帝國名存實亡。獨占中原的元朝沒有餘力開拓疆域，蒙古權貴開始面臨內卷和存量的問題，在醉生夢死中等來朱元璋的致命一擊，然後開啟下一場輪迴。

5

歷史不會重複，但其內在規律是相通的。當社會發展存在增量的空間時，國家之間往往沒有興趣對外擴張，原則上守著一畝三分地悶聲發財。一旦內部增量的空間耗盡，存量和內卷的趨勢逐漸凸顯，大家紛紛把目光對準外部，開始大規模地進行國際交鋒，那些耀眼的雄主和猛人在此時閃亮登場。

更詭異的是，國家之間的發展大抵是同步的，因此經常會出現庸主成堆和雄主成堆的奇特場景，用這個規律分析歷史，幾乎無往不利。

中國地理和霸權

1

最早的人類文明是美索不達米亞文明，它位於兩河流域的蘇美地區，沒錯，就是如今炮火連天、戰亂不休的伊拉克。蘇美都繁榮兩千年了，中國的三皇五帝才姍姍來遲。不過，好飯不怕晚。

在大航海時代來臨之前，世界地圖主要局限在亞歐大陸，最東邊是中國，最西邊是歐洲，而蘇美地區恰好在正中間。於是文明技術逐漸向兩邊擴散，我們吃的小麥、豬、葡萄等日常食物，都是沿著這條路線傳過來的，尤其是小麥，走了七千年才進入中國人的鍋裡。大家可能會有疑問，那年頭走出周圍十里都算見過世面了，怎麼可能在亞歐大陸爆發技術和物種擴散？

其實也不複雜，亞歐大陸的中間地帶大部分都是草原，而草原上的游牧民族不定居，哪裡的水草茂盛就遷徙到哪裡。那時的技術也不複雜，無非是糧食種子、犁、馬車等等，只要勤學苦練，很快就能掌握。就這樣不停地遷徙，說不定什麼時候就蹓躂到中國和歐洲了。

在這種大背景下，亞歐大陸最東邊的中國享受了幾千年的技術和物種擴散，再加上中國先民的發展創造，最終奠定天朝上國的根基。如果大家讀過《史記》就會知道，很強的部落都是從西邊來的。

黃帝部落據說來自昆侖山，屬於古羌人，他們帶著中東的先進技術強勢殺入中原，把統治中原多年的炎帝部落打敗，接管中原的統治權。周部落來自陝西，經過多年發展農業實力，一舉推翻商王朝，建立起綿延八百年的周朝。來自東部的蚩尤、商朝基本上不是對手。

由於靠近技術和物種擴散的起源地，上古的陝、甘一帶相當於現代的江浙滬包郵地區[28]。後來蘇美衰落，中國進入強秦、大漢縱橫四海的時代，歐洲開啟希臘、羅馬的黃金歲月。這就是歷史的進程。

正因為上古文明是從中東發起的，以至於有人寫了本書叫《外星人就在月球背面》，說外星人的太空船降落在中東，傳播文明向四方擴散，然後因為外星人之間爆發戰爭就飛走了。他們的太空船就是月球……

儘管這本書是胡扯，但腦洞卻非常大，我當初可是看得目瞪口呆。

說回主題。中國地緣好在四面環境獨特。向東是太平洋，向西是青藏高原，在工業革命來臨之前，中國東西方向基本是人力不可逾越的天塹。向南是一堆東南亞小國，大抵可以忽略。

中國唯一的外部威脅來自蒙古高原，翻遍史書，中國除了草原騎兵以外，再無威脅。我們已經習以為常了，感覺不過如此嘛，但是看看其他文明古國就知道，習以為常的太平最可貴。

蘇美周圍都是平原，四周沒有高山和大河，不論哪個方向都有侵略者強勢介入，幾千年歷史就是一部磕頭史。埃及和歐洲隔著地中海唱情歌，因為太近了，又沒有山脈關口，一不小心就被歐洲國家搶回家蹂躪，很輕鬆就被滅國。這就是開局地圖沒選好，為別人做了嫁衣。

中國歷代王朝不用擔心東、南、西邊，可以把主要精力都放在防守北方。中國用長城把燕山、太行山、祁連山接通，並且在山口修建山海關、雁門關、嘉峪關等關口，這樣大致就能守住四百毫米等雨量線[29]，甚至還能派騎兵殺入草原封狼居胥[30]。除非中國內部出現問題，否則草原騎兵只能打打秋風，這

28 編按：大陸網路購物的新興名詞，指江浙滬地區（江蘇省、上海市、浙江省）通常列入免運費（賣家包郵）服務範圍之內。
29 半濕潤與半乾旱區分界線，也是長城與農耕游牧民族的分界線，大致經過大興安嶺、張家口、蘭州、拉薩－喜馬拉雅山脈東部。
30 編按：指西元前一一九年，霍去病深入匈奴腹地，擊潰匈奴左賢王，於狼居胥山（今蒙古肯特山）祭天封禮，宣示此地納為漢家疆土。

就是開局地圖選得好。

而且草原騎兵被中國打敗之後，往往不會停留在蒙古高原，他們必然會逐漸向西遷徙，到中亞大草原上混飯吃。因為蒙古高原的地緣不好，向東走是大海，向北走是寒冷的西伯利亞，撒泡尿都能凍成冰棒，根本不適合生存。對於草原民族來說，最好的出路是向南衝，打下中原的花花世界才能發家致富。一旦南遷失敗，留在蒙古高原的結果只能是內卷化，他們只有向西遷徙。匈奴飽受漢朝的鐵拳之後一路向西進入中亞，在波斯和印度建立過王朝，幾百年後又衝入羅馬……他們的帶頭大哥就是上帝之鞭阿提拉[31]。

突厥沒有在唐朝占到便宜，也向西遷徙，在中亞和印度留下了很多突厥子孫，最終定居土耳其。蒙古也一樣，在伊朗建立伊兒汗國，在俄羅斯建立金帳汗國，完成第二次上帝之鞭的成就。

幾千年來，發生在中國的蝴蝶效應直接影響了亞歐大陸的民族遷徙、王朝興亡和歷史變遷。但凡草原騎兵能占領中原，亞歐大陸就沒那麼多煩心事了。

但他們進不來。即便進來也會被迅速同化。

2

中國的地理特點是週邊有高山和海洋，內部卻遍布河流和平原，特別適合農業生產。我們都知道，想要發展生產力，一定要有平原、河流。居住在平原，才能大規模發展農業，而河流方便運輸和貿易。一旦農業和運輸貿易發展起來，便會產生貨幣和法律。一旦這些都具備了，文明也就誕生了。

31 阿提拉在西元四〇六年～四五三年攻占了西羅馬帝國，被歐洲人稱為「上帝之鞭」。

農業文明對集體的認可度特別高，因為個人力量很難抵抗災害，只有集體才能團結無數人，農業生活的安全和延續才有保障。於是大平原誕生的農業文明選擇了中央集權為國家制度。

中國不就是嘛。從三皇五帝到二十一世紀，從來沒有選擇過分權的小政府，即便是秦始皇統一中國以前，也有黃帝、堯、舜、禹、周天子等諸侯總盟主。也就是說，一定要有一個說了算的人。只有中央集權的大政府才能迅速調配農業資源，用來發展生產、保護國家安全、維護社會穩定。

歐洲沒有發展成大帝國，第一個原因就是地理環境不好。歐洲特別崇尚希臘文明，比如民主選舉、海外貿易、公民權利等等，但這些不是希臘主動選擇的，實在是被逼無奈。希臘多山，鋪開地圖怎麼看都找不到大平原，偶爾有點適合農業的地方，還被山脈分割成一塊塊的小地方。所以希臘很難成為大一統的集權國家，反而因為地理分割，搞了一連串城邦，大家各玩各的，只是都有「希臘」的名字而已。

既然每個城邦都很小，那就有事大家一起商量，何況占人口大半的奴隸和女人沒有選舉權，有財產的自由人民不過只有一小撮。大家都差不多，憑什麼要找一個爸爸管著？這就是民主選舉的起源。

如果硬著頭皮搞農業，希臘人早就被餓死了，他們為了生存只能出海貿易，順便開闢殖民地，把希臘文明傳播到地中海沿岸。小政府、選舉、貿易、殖民地……是不是很像大航海時代的模式？

其實就是地緣格局決定國家方向。再放大一點，歐洲到處都是大山脈，很容易形成獨立的地理單元，在交通基本上靠走的年代，除了羅馬再也沒有大帝國，直到今天都是一堆小國家，好不容易拼湊成歐盟做門面。

歐洲沒有發展成大帝國的第二個原因，在於沒有占人口多數的主體民族。羅馬倒是有機會發展主體民族的，但是帝國末期湧進一幫蠻族，哥特人、汪達爾人、日爾曼人……這些蠻族利用地理格局把龐大的羅馬分割成碎片，形成如今的歐洲格局。

在羅馬人看來，這些蠻族都是一樣的物種，可是蠻族之間不這麼認為，他們把彼此分得清清楚楚，一言不合就打仗。這種情況發展到現在，就是歐洲的民族國家。

地理環境決定中國是大一統的集權國家，歐洲是分散的小政府國家。大一統的集權國家可以調動龐大資源用於戰爭，抵抗北方草原騎兵的入侵，即便由於內部原因沒抵抗住，也能利用占人口多數的主體民族把入侵的草原騎兵同化。

漢、唐趕跑的匈奴、突厥都向西遷徙了，闖進來的鮮卑和滿洲就沒有去歐洲，反而被同化得沒有民族特性了。蒙古……那就是個例外。

總體來說，地理環境讓中國發展農業，形成集權政府和主體民族，不論抵抗或者同化，都有實力面對北方的侵略。而歐洲小國在工業革命之前大抵沒有好日子過，不是在上帝之鞭面前瑟瑟發抖，就是被維京海盜之類搞得雞犬不寧。至於為什麼工業革命沒有發生在中國，我們後面再說。

3

說完地緣問題，再來說說土地上的物種。一個國家發展成什麼樣子，有相當程度要看土地上有什麼東西，而土地上的東西基本上限定了國家發展的天花板。

一般來說，農業國家必須要有大動物。這些大動物要有足夠的體力幹活，同時又不能太凶悍，要不然不好馴化，而且還要繁殖快、壽命長，條件苛刻得一塌糊塗。

恰好，中國有牛、馬、驢。中國人用這些牲畜耕田，大大節約了人力，讓農民有能力開墾更多的土地，生產更多的糧食，保證生產力逐步提高。牛、馬、驢還可以拉車，這就發展了交通運輸業，貨物可以自由流通，商業貿易可以持續繁榮，用驛站傳遞資訊也很方便。這些都是國家生存發展的基礎建設，沒有大動物，國家就只能停留在自給自足的時代，永遠不能發展成大帝國。

說到這裡，大家肯定不以為然。不要緊，我們舉例說明。美洲基本都是小動物，能夠馴化的最大動物就是羊駝。這種動物耕地不行、拉車沒力氣，更不能騎著到處跑……讓羊駝擔負起國家命運，是不是有點太「強駝所難」了。

北美洲倒是有野牛，但這動物太凶悍，農業時代沒有馴化的可能，那兩隻尖角能輕鬆把人戳死。所以在哥倫布發現新大陸之前，美洲一直停留在極低的文明水準，印第安人還處在原始社會。耕地、商貿、交通都沒有發展起來，這就是動物對國運的制約。

另一個極端的例子就是非洲。非洲是個好地方，可是非洲的動物太凶悍，那些凶悍的獅子、豹子、蟒蛇、河馬基本上都在非洲，牠們每年還要定時大遷徙。這些動物根本無法馴化，所以非洲的農業根本發展不起來，幾千年來一直停留在溫飽線求生存，交通貿易更是沒影兒的事，他們運東西只能用大筐頂在頭上。連國家和文明的最低門檻都進不去，日後的命運就可想而知了。

文明是要一步步來的，沒有地理環境就沒有農業，沒有農業就沒有工業。美洲和非洲十萬年來一直停留在初級階段，而隔壁鄰居在悶聲大發財，進步一日千里，那麼美洲和非洲的結局就是被屠殺和奴役。這麼說，大家能理解牛、馬、驢的重要性了吧。

而且中國有竹子，有竹子就有了紙張、筷子和扁擔；有各種土，就有了陶器和瓷器；有蠶寶寶，就有了精美的絲綢；有銅礦和鐵礦，就有了武器和生活工具……甚至二十世紀還發現了石油，解決了中國工業的能源問題。凡是你能想到的資源，中國都有。

亞歐大陸的地緣格局保證了中國開局順利，並且比其他國家更加安全，沒有來自四面八方的侵略者，大部分時間都可以關起門過小日子。

適合農業的地理環境，讓中國建立起強大的國家制度以及龐大的國內市場，不論遇到什麼困難都能迅速滿血復活，迎接下一輪挑戰。豐富的物種資源打破制約國家發展的天花板，讓中國在兩千年的時間裡一直坐在世界第一強國的寶座上。正是這些平平無奇的東西，支撐起中國數千年繁榮和國運。

你以為得到的都是理所應當，其實是無數巧合讓中國僥倖成為唯一生存下來的文明古國，而這種習以為常的巧合卻是無數已經消失的民族夢寐以求的。

4

中國的優勢很明顯，但到後期卻成了制約工業發展的瓶頸。因為古代中國實在是太發達了，隨便種點田就能活下去。沒有冒著生命危險出海貿易的生存需求，大規模的商業社會就沒有發展起來。

中國的土地又能養活眾多的人口，便沒有提高生產效率的欲望，搞工程和基礎建設的時候，大不了用人口基數來湊，同樣也能大力出奇蹟。

既然生活美滿，幹嘛要發展「奇技淫巧」呢？這和集權國家打壓工商沒有太大關係，純粹是實際上不需要，不要把所有帽子都扣到制度和傳統頭上，我們要明白一個道理，永遠是需求反過來逼迫行動。

比如一個人承包了一百萬的工程，如果可以用一天一百元的工資招到一百個工人，一個月的人工費就是三十萬，再加上十萬購買設備，整個工程的成本就是四十萬，工程結束可以賺六十萬。

而且中國人口眾多，根本不愁招不到工人，反而是工人搶破頭爭取工作機會，心狠一點壓壓價，人工費還能更便宜，遇到不景氣的時候，五十塊就能招到工人。那麼這個人還會費盡心思升級設備嗎？完全不需要，他甚至不會有提升設備效率的想法。

只有人口減少到一定程度，或者利潤大到一定程度，人們才會花費巨大成本研究新技術，改善舊設備。但古代中國人口減少的時候往往是亂世和王朝初期，大家種田都忙不過來，哪有工夫研究技術、設備。

一旦進入盛世，適合發展商業貿易了，偏偏又遇到人口飆升和人均耕地減少的問題，也就是內卷化，工作機會極度緊缺，人工費特別便宜。畢竟人多工作少，再不做就餓死了。所以中國王朝一直在歷史週期律中轉圈。

歐洲就不一樣了，歐洲各國的農業都不太行，養活不了太多人口，更不用說生活品質，熬過漫長的中世紀以後，歐洲逐漸開始恢復海洋貿易。說是海洋貿易，其實是和海盜搶劫綁在一起的，這玩意兒能不賺錢嗎？

並且和希臘一樣，西班牙、葡萄牙、荷蘭等國家都喜歡建立殖民地，歐洲逐漸走上了不一樣的道路。這就是需求反過來逼迫行動的典型。

到了英國做老大的時候，這套手段已經很成熟了，英國海軍帶著貨物滿世界跑，賺錢賺瘋了。有了利潤的刺激，英國資本家開始搞圈地運動[32]，擴大羊毛產量和降低人工成本，他們還改進了技術，提升了效率，工業革命逐漸啟動。

所以說，中國沒有發展出工業革命是常態，歐洲發展出工業革命才是必然。地理優勢讓中國輝煌數千年，一直站在世界的最中心，但這種優勢在特定條件下卻變成劣勢。沒有大農業的歐洲不得已到海外求生存，一不小心就玩出了工業革命，順便統治世界幾百年。這麼一想，還真有點說不清、道不明的意味。

而且中國和歐洲離得太遠，等到英國完成工業革命，技術擴散到中國時，文明代差已經形成，再想追趕就費勁了。這條路走到現在都沒有完成，但是我們已經無限接近，並且在追趕的過程中，中國完成涅槃新生。

只能說，禍兮福所倚，福兮禍所伏。

---

32 西元十四世紀至西元十五世紀，英國貴族曾用暴力把農民從土地上趕走，將強占的土地圈起，形成私有的大牧場，被大量用於養羊，英國紡織業飛速發展。同時由於許多農民失去土地，來到大城市，加入新興產業做工人，促進了英國工業的發展。

5

寫到此處，反倒不知道該如何收尾了，總有一種難以名狀的東西縈繞在心頭。這種感覺太虛幻，一點都摸不到頭緒，卻又是真實存在的，不知道你們看到這裡有沒有類似的感覺。

總括來說，中國的開局地圖特別優秀，能和中國地緣格局媲美的，只有建國兩百多年的美國。

唐朝為什麼是中國歷史的頂峰

1

農業文明的精髓在中國。自從三皇五帝以來，我們的先輩發現黃河流域是塊風水寶地，於是放棄游牧生活，開始馴化野獸、種植農作物，在黃河兩岸定居下來。

經過夏、商、周和春秋戰國的發展，不論建築、技術、文化或者經濟，中國已經形成一整套農業文明體系。

這套體系不是某項單一的技術，而是各項技能集合起來，組成錯綜複雜的國家機器。

比如國家和人民依賴農業，就要有圍繞土地制度、收稅方式、兵役以及統領一切的朝廷。

比如社會依賴工業，就要有保護財產的法律，要有銀行和貨幣，還要有智慧財產權保護以及人民福利。

文明體系是否完成，代表國家的實力強弱。

秦漢時期，中國農業文明由量變達到質變，產生了郡縣制等國家制度，再加上董仲舒糅合諸子百家改造的經學，農業文明產生幾千年，終於成了體系。雖然現在看來，秦漢帝國的文明有點簡陋，但在當時是遠超周邊國家的。

秦始皇說句話，蒙恬馬上驅逐匈奴七百里。漢武帝不想和親，幾十年時間就把匈奴打殘了，後來的陳湯甚至說出「一漢當五胡」的話。強大不強大？

我們心嚮往之的秦漢帝國其實是踩中歷史的進程，正好出現在農業文明發展的關鍵點上。而周圍的游牧民族別說文明了，連文字都沒有，戰場失敗之後就煙消雲散了。

所以說，秦漢帝國對周圍民族是文明體系，尤其是技術代差的碾壓，就像工業革命後的英國對其殖民地一樣。

於是，一超無強的格局出現了。周圍游牧民族蹲守草原，望著強大的漢朝，於是有些人就選擇了向其靠攏。他們帶著七大姑八大姨南下，逐漸在長城南北和陝甘定居下來，漢朝也形成了萬國來朝的盛況。

我們之前說過，周圍游牧民族向內陸遷徙，造成人口比例失調，但這是沒有辦法的事，也是歷史的進程。

後來漢朝崩潰了，遷徙而來的游牧民族登場，鬧出亂哄哄的十六國，緊接著就是南北朝分裂的數百年。整個魏晉南北朝其實是幫秦漢帝國擦屁股，一直擦了四百年才把農業文明演進過程中的矛盾擦乾淨，這時唐朝華麗登場了。

從歷史淵源來看，唐朝能成為世界性帝國，是南北朝民族融合的結果。大家可以注意一下，唐朝的開國的基本盤很多是鮮卑人，比如長孫無忌、竇皇后、獨孤氏、宇文氏等，甚至連李世民都有濃厚的鮮卑血統。

可以說，大唐是胡漢民族共同組成的，雖然他們堅持農業儒家文明不動搖，但民族界限很模糊。突厥人、高麗人、日本人在朝廷做官，在大唐君臣看來根本不算什麼事，因為他們的祖宗就是這麼做的。

所以李世民才會說：「自古皆貴中華賤夷狄，朕獨愛之如一。」劉邦不會說這樣的話，漢武帝也不會說，曹操更不會說，因為他們都沒有民族融合的歷史淵源，只有身懷胡漢血統的李世民，才能說出各族平等的話語。

大唐成為世界性的帝國，首先在於民族界限的開放。而大唐的開放，又來自秦漢以來農業文明的推進，也就是說，歷史的進程造就了唐朝的開放，不是朝廷下令開放就能開放的。

從某種程度來說，至少在「安史之亂」以前，唐朝是個移民國家。

2

所謂文明體系，包括國家制度和社會生活，它們從來不是一蹴而就的，而是經過漫長的時間積累完成的。那麼農業文明體系是什麼時候完成的？恰恰是唐朝。

秦漢的文明形態比較粗糙，郡縣制沒有延伸到鄉村，所以人才晉升管道不暢通，人民生活也沒什麼變化，整天除了種地就是吃飯打仗。但是經過幾百年的發展，紙張的普及讓文化普及了，三長制、均田制讓管理下到鄉村了，於是國家制度修正為三省六部和科舉制。

發現了嗎？自從唐朝確立農業國家制度以來，後世幾千年都沒怎麼變動，並且傳播到朝鮮和越南，輻射大半個亞洲。

如果把農業文明比作拋物線，唐朝是頂峰。處於下坡期的宋朝起碼還能對唐朝做出修正，但到了明清兩代就任何創新都沒有了，只能沿著千年的舊傳統向前走。所以在同時代的蠻夷看來，東土大唐簡直是人類燈塔。制度先進、農業繁榮、詩文華麗，此生恨不得老死大唐啊。

這種文明代差的碾壓，又產生了一批羨慕者，看自己國家各種不順眼，每天拿先進的大唐和落後的本國對比。很多有財力的精英，紛紛移民大唐，住在長安、洛陽和太原，享受著文明巔峰的精神物質供應。

文明體系中，文化代差的碾壓是大唐成為世界帝國的第二個特徵。

很重要的一點是，大唐沒有強制性的意識形態。本來中國的意識形態是儒家，可是李氏皇族號稱「老子」後代，非要把道教弄成國教，好吧，皇帝陛下說了算。到武則天掌權時，她又扶持起佛教，於是唐朝就成了「三教合一」的典範。

工作多年的人都知道，一旦有三個上級說了算，那等於是沒有人說了算，很多事情在推諉中就過去了。唐朝就是這樣。沒有固定的意識形態，從朝廷到民間的氛圍特別寬鬆，而且很難找到嚴格的道德約束，從來沒人教你該幹什麼。只要不犯法不謀反，什麼話都能說，什麼事都能做。

所以李隆基沒羞沒臊地扒灰[33]，把楊玉環摟進大明宮。如果這種事情發生在有道德潔癖的明朝，皇帝肯定要被罵死，但在唐朝就沒事。

白居易把皇家豔情寫在〈長恨歌〉裡，非但沒有人禁言，反而流傳得到處都是，很多人都能背誦。作為李隆基的子孫，唐宣宗在白居易死後寫悼詩，竟然堂而皇之地把〈長恨歌〉作為美談。什麼，老祖宗被黑你居然不管？什麼，大唐哪條法律說了可以管？

都說唐朝自由，其實唐朝的自由建立在意識形態寬鬆的基礎上，那種雍容的盛唐氣度，也是由此而來。但是這種事情只能出現在唐朝，後來的朝代都沒有學習的條件。因為經過幾百年的發展，儒家從漢朝的雲端已經跌落了，佛、道反而大力發展，儒、釋、道的地位達到一種平衡的狀態。只有這樣，才有李淵和武則天扶持佛、道的基礎，朝廷力量才扶持得起來。

可以說，唐朝成為世界帝國，是農業文明發展到頂峰以後，加上很多偶然因素產生的，根本無法複製，甚至無法模仿。

歷史的進程猶如長河，走過一段美麗的風景，就再也回不去了。

3

33 扒灰是一個形容亂倫的詞語，專指公公和兒媳之間發生性關係。

後世王朝不能成為世界帝國，還有很重要的一點，就是文明具有擴散性。

農業文明在中國產生以後，成就了漢唐的強盛，吸引了一堆「慕漢／唐人」，他們在中國學習到文明的精髓後，迅速擴散到落後的國家。比如日本連續幾百年派出遣唐使，把日本的文明推進了八百年。比如契丹在唐朝是游牧部落，但是宋朝的契丹已經建立起完備的國家，契丹君臣還會寫詩，文采風流一點也不比中原差。幾百年後的金國完顏亮甚至能寫出「提兵百萬西湖上」的豪放詩句。其他的如越南、朝鮮、吐蕃等國家也差不多。

也就是說，文明擴散到周邊國家以後，中國對鄰國的文明代差就沒有了。以後的宋明王朝再也不能像漢唐一樣，用文明代差碾壓周邊國家，而是不得不當作平等的國家來對待。後來的遼、金、元和清，不論組織力度或者文明程度，哪裡是匈奴和突厥可比擬的？

說到這裡，我們可以總結一下：

第一，中國產生農業文明，並且在唐朝達到頂峰，可以對周邊國家碾壓。

第二，歷史進程的演化讓唐朝的血液裡產生開放、寬鬆的基因。

第三，周圍國家好好學習，讓中國農業文明擴散到其他國家，導致後世再也沒有出現大殺四方的帝國。

這就是農業文明的歷史進程。中國正好趕上好時機，輝煌了一千多年，後一千年雖然在走下坡路，但依然能保持尊嚴。

當農業文明走到盡頭，工業文明興起以後，世界的格局全變了。曾經落後的英、美成為工業文明的主流，並且建立起工業文明的體系，走上了漢、唐曾經坐過的鐵王座。

曾經先進的中國，只能和當年的契丹與蒙古一樣，默默地學習、追趕工業文明體系。

揚州的心酸往事

1

一一六一年，金國皇帝完顏亮分兵四路南下，企圖一舉滅了南宋。一路走海道、攻四川、下湖北，完顏亮親統主力大軍，直撲長江三角洲。他此前早就立下過宏願，要「提兵百萬西湖上，立馬吳山第一峰」，成就不朽的功業。

理想很豐滿，現實卻很殘酷。完顏亮還沒有渡過長江，金國宗室完顏雍就在遼陽稱帝，致使前線軍心動搖。虞允文在采石磯大敗金軍，完顏亮也被前線將士絞殺。他什麼都沒有得到，只留下狼藉一片的江淮兩岸。

次年，二十三歲的辛棄疾奉命南下，代表北方義軍和南宋朝廷聯絡，希望抗金大業得到朝廷支持。辛棄疾在山東啟程，單槍匹馬穿越千里火線，經揚州渡過長江，最終抵達臨安。完成使命之後，他聽說義軍領袖耿京被叛徒所殺，怒髮衝冠。回到營地帶了五十多人衝進數萬大軍營地，擒獲叛徒張安國再度南下。這條千里火線，辛棄疾接連走了三趟。

四十三年後，辛棄疾出任鎮江知府，有感於多年前的熱血，以及混亂萎靡的時局，他登上北固亭感慨古今，寫下了〈永遇樂・京口北固亭懷古〉：

千古江山，英雄無覓孫仲謀處。

舞榭歌臺，風流總被雨打風吹去。
斜陽草樹，尋常巷陌，人道寄奴曾住。
想當年，金戈鐵馬，氣吞萬里如虎。

元嘉草草，封狼居胥，贏得倉皇北顧。
四十三年，望中猶記，烽火揚州路。
可堪回首，佛狸祠下，一片神鴉社鼓。
憑誰問：廉頗老矣，尚能飯否？

曾經春風十里的揚州城，如今只剩廢池喬木。

完顏亮南侵時，在江西生活的姜夔只有八歲。十五年後姜夔來到揚州，揚州依然滿目蕭然，不復繁華。城外遍地是野生的麥子，城內河水碧綠，泛著淒涼的寒光。夕陽西下，不見多少炊煙，唯有號角悲鳴。二十三歲的姜夔不勝感歎，在一片寂靜的鬼火中，填了一首〈揚州慢．淮左名都〉：

淮左名都，竹西佳處，解鞍少駐初程。
過春風十里，盡薺麥青青。
自胡馬窺江去後，廢池喬木，猶厭言兵。
漸黃昏，清角吹寒，都在空城。
杜郎俊賞，算而今重到須驚。

縱豆蔻詞工，青樓夢好，難賦深情。
二十四橋仍在，波心蕩，冷月無聲。
念橋邊紅藥，年年知為誰生。

一句「波心蕩，冷月無聲」，說盡了兵戈之後的無盡落寞。

2

自隋煬帝後，揚州迎來輝煌的時代。大運河連接南北，揚州便坐擁地利，成為貨物流通的必經之路。此後運河的貨船不絕如縷，兩岸的號子聲震耳欲聾，尤其是「安史之亂」以後，北方陷入藩鎮割據，長安的經濟來源基本上依靠江南。

繁榮的貿易成就了大唐江山，也滋養了河邊的城市。時人就誇下海口：「江淮之間，廣陵大鎮，富甲天下。」號稱大鎮不算，世人又打造「揚一益二」[34]的金冠，戴在揚州頭上。那時的揚州，不遜於如今的上海。

正因為經濟繁盛，軍政制約較少，李白才能送孟浩然「煙花三月下揚州」，劉禹錫才可以「病樹前頭萬木春」，張祜才甘願「人生只合揚州死」。最鍾情揚州的是杜牧，他到揚州做官，不努力工作，卻偏愛紅粉青樓，給揚州留下「春風十里」的雅號，臨別時還在懷念「卷上珠簾總不如」。

世事如雲煙。

34 編按：指唐宋時期的揚州富庶甲天下，益州是僅次於揚州的商業重鎮，「揚一益二」的說法出於北宋司馬光的《資治通鑑》。

黃巢兵敗之後，淮南節度使高駢割據揚州，因為信鬼神而大權旁落，部將畢師鐸謀反，並邀黃巢降將秦彥助戰。兩人聯合攻打揚州，城池周圍昏天暗地，此後廬州刺史楊行密加入戰局，爭奪江淮的最高霸權。

戰爭打了六、七年，死傷無數，「江淮之地，東西千里，掃地盡矣」。雲集揚州的商旅漕船，一哄而散。數百年繁華至此煙消雲散。

世事輪迴在揚州表現得特別明顯。揚州隨大唐而興，當國運衰敗時，又陷入刀兵之禍。盛世有多麼耀眼，亂世就有多麼淒慘。那些豪擲千金的商賈、杜牧留戀過的青樓佳人，無不在戰火中被毀滅，成為軍隊腳下的黃土。他們的名字無人知曉，卻給世間留下了千年遺憾。

當下一個輪迴開啟，曾經的苦難又被遺忘，大宋子民紛紛匯聚揚州，享受難得的盛世。歐陽修給揚州留下一座平山堂，蘇東坡最愛火紅的芍藥，車船如龍，風景如畫，揚州的繁盛一如大唐。直到宋徽宗迷戀花石綱[35]，等來金兵南下，而辛棄疾和姜夔面對破敗的城池，發出無聲的歎息。揚州的命運依然沒有止步。

元朝的揚州「廣大富庶」，然而歷經元末戰亂，朱元璋部將破城清點戶口，只有區區十八戶。浙江的張岱年輕時愛美食、好美婢，沒心沒肺浪蕩半輩子，清兵入關以後，史可法在揚州抗清。揚州城破，清軍屠殺十日，死者近八十萬人。清朝的曹寅家族出任江寧織造四十餘年，刻《全唐詩》做東南文人領袖，可謂富貴滿堂。最終，曹寅死在揚州，後人兩手空空回到京城。曹雪芹的滿腹心酸化為一部《紅樓夢》。

好似食盡鳥投林，落了片白茫茫大地真乾淨。

35 編按：宋朝運輸船隻的編組。通常十艘船稱一「綱」，宋徽宗時，專門運送奇花異石以滿足皇帝喜好的船隊，稱為花路綱。

3

世間最殘酷的事，莫過於把美好的事物毀滅給你看。

揚州城只是歷史輪迴的縮影，類似的事情還發生在每個地方、每個人的身上。大唐長安是世界最大的城市，據說有百萬人口，堪稱彼時的世界燈塔，每個去過長安的人都能吹一輩子。然而黃巢入長安見人就殺，號稱「洗城」，韋莊用親身經歷寫下長安的殘酷，「甲第朱門無一半」、「天街踏盡公卿骨」。

洛陽是大唐的東都，又靠近運河，繁華程度不比長安差，白居易等老臣退休後紛紛定居洛陽。但是朝廷為了向回鶻[36]借兵，把洛陽的財富和女子全部獻給了回鶻。沒錯，全城的財富和女子。

李白寫「雲想衣裳花想容，春風拂檻露華濃」時，身在長安，他的小迷弟杜甫也去過長安，寫的卻是「朱門酒肉臭，路有凍死骨」。烈火烹油[37]的地方，總是隱藏著不為人知的醜惡。

繁華名都是年輕人心中最美好的地方，他們高唱著「我在這裡尋找，也在這裡失去」，卻不得不向生活低頭。而那些不為人知的地方，或許有著不常見的美好。那些經濟不發達的地區，可能有不擇手段掙錢的人，但更多的是樸實的大媽，或者一輩子恩愛的老夫妻。你做夢都想逃離的老家，也一定藏著久違的溫暖，還有記憶中兒時的味道。這個世界沒有絕對的事情。

繁華的揚州可以一夜衰落，沒落的石家莊可以突然拔地而起。一線城市有流動的財富，可你很難看到一張輕鬆的臉，農村沒有舒適的生活，但你卻有機會感歎一下：「還是好人多。」

要體會這些，需要有一點共情心。因為我們腳下的每一寸土地，都有無數人的痕跡，多一點換位思考，你能感受到人間別樣的悲歡離合。

36 回鶻，維吾爾族的祖先。

37 烈火烹油，出自《紅樓夢》，指盛大富麗的場面。

農民起義的特殊使命

1

大一統王朝的末期總會有一場農民起義，這似乎已經成了一種定律，漢、唐、明、清都沒有例外。農民也不是吃飽了撐著，但凡有一口飯吃，有一間破屋子住，有幾畝瘦田耕種，基本上沒人有勇氣走上起義這條不歸路。農民起義總是有原因的，我們不妨來梳理一下。

一般來說，大一統王朝總是建立在一片廢墟之上，舊的利益集團被打破，生產力大大遭到破壞，人口也大幅減少。此時的新王朝就是一張白紙。朝廷手中有大量的土地可以用來分配，再加上人口不多，不論是賞賜功臣或者安撫自耕農，都是綽綽有餘的，甚至安頓好之後，朝廷還有大量土地。

這是充滿生機的時代。從功勳顯貴到販夫走卒，幾乎都能在利益重新分配中得到好處，大家臉上也洋溢著幸福的笑容。

社會也在重新塑造格局。新朝廷的人際關係比較簡單，還沒有建立起盤根錯節的社會關係。他們成為統治集團後，需要幾十年甚至近百年，才能和士紳、豪強等階層結成同盟，掌握全部社會資源。

這幾十年的時間差，就是一段真空期。在這段真空期內，社會階層是流動的，書讀得好可以很快做官，經商可以很快致富，他們不會被社會關係限制。農民有田種，讀書人有官做，朝廷財政良好，用不了幾十年就會迎來盛世，再過一段時間，馬上就會兵威海內。皇帝和大臣不用辛苦做事，只要按時上班打卡，太平盛世肯定會如期而至。

但是盛世之後，問題就來了。朝廷的開國勳貴延續下來，經過多年發展，他們的觸角早已延伸至社會的各個層面，從一枝獨秀變成一手遮天。地方上的士紳、豪強也發展成土皇帝，他們不僅是官府的盟友，也是更高一級大佬的下線。

從朝廷到農村，鋪天蓋地的大網就此形成。鮮活的空氣變得沉悶，流動的階層變得固化，活躍的經濟和財政也逐漸降溫，大家的日子都不好過。唯有大網中的既得利益者依然滋潤，並且會越來越臃腫。因為覆蓋天下的大網就像黑洞一樣，會把所有的資源、利益吸引過來，然後吞噬得一乾二淨。

王朝走到此時，一般都會有一場改革。這是財政大臣的專場。比如桑弘羊的鹽鐵專賣、兩稅法，王安石的變法，張居正的改革。所有的改革都是和既得利益者爭奪資源。成功的話，王朝可以延續百年；如果失敗，王朝的壽命也就進入倒數計時。

這時，多年積累的矛盾會迎來總爆發，大規模的農民起義也就排上了行程表。此時的農民生活艱難，朝廷早已沒有多餘的土地用來分配，而天下太平又導致人口增長，這就拉低了人均土地占有率。即便人人都有田，也不足以養活全家。

人人有田也僅僅是幻想，盤根錯節的既得利益者會兼併土地、霸占產業，把弱勢的農民逼到走投無路的境地。農民沒有田種，又不能留在家裡等著餓死，他們只能成群結隊地外出找活路，這就是不絕於史書的「流民」。史書的作者總是對他們很厭惡，但他們都是可憐人、受害者。

如果出現洪水、地震、大旱等自然災害，那麼走投無路的流民和災民連草根樹皮都吃不上，他們會等著餓死嗎？不會。流民、災民、饑民組成的隊伍會用最簡陋的工具，打開權貴富豪的家門，拿回屬於自己的那一份權益。

這就是農民起義！

2

在歷史的進程中，農民起義是不可避免的。但是他們有天然的局限性，很難開創新王朝。這句話不是蔑視，只是事實。第一代農民起義者幾乎都是底層的邊緣人，缺乏對社會的清醒認識，也受制於知識、眼界、閱歷等因素，不能發展新秩序。他們的唯一目的就是生存。即便起義領袖有朦朧的感覺，但也無關大局，他並不能改變起義隊伍的整體成色。比如黃巢進入長安後，想禁止軍隊搶掠，可是他一點辦法都沒有，史書上說：「巢不能禁。」這就是農民起義的局限性。

能建立新秩序的人，往往是舊時代的底層既得利益者，他們懂得治理地方，建立財政體系，收攏人心，這些都是技術活，農民軍幹不了。即使農民軍能出這樣的人才，也是大規模起義後，在生死搏殺中磨煉出來的，而這種經歷正好是第一代起義者沒有的。

劉邦、朱元璋等最終建立新王朝的人，都不是第一代起義者。他們或者脫胎於舊秩序，或者吸取第一代起義者的教訓，成功接過舊秩序的盤子，卻沒有舊秩序的包袱，然後開創新王朝，進入下一個輪迴。

那麼事情就很明白了，在歷史的進程中，農民起義的主要使命就是成為先鋒，打破利益集團的舊秩序。他們的血淚和榮辱，都是下一個盛世王朝的先聲。哪一次農民起義能夠完成這個使命，不論成敗，它都是一場成功的起義。如果沒有打破舊的利益集團，那麼不論後人如何評價，它都是失敗的。

3

一八四年，東漢王朝爆發了黃巾起義，後來的三國也以這一年為起點。但黃巾起義是失敗的。歷史書上說什麼「沉痛地打擊了封建統治階級」，說實話，我真的看不出哪裡沉痛了。所謂「八州並起」，看起來聲勢浩大，結果不到一年時間就被剿滅了，只剩下小規模部隊躲進山裡，苟延殘喘。他們並沒有完成自己的使命。

起義之前，東漢王朝是豪強的天下，起義之後，皇帝依然是那個皇帝，貴族依然是那些貴族，豪強依然是那些豪強，什麼都沒有改變。黃巾軍只是以幾十萬人的生命為代價，發出一聲怒吼，然後徹底沉寂。他們沒有從根本上動搖利益集團，反而為其掙脫了鎖鏈。那些三國前期的梟雄，無不是在剿滅黃巾起義的戰場上，走向歷史舞臺的中心。

悲慘嗎？本來是打擊豪強的，卻成為豪強的經驗包。正是爆發了黃巾起義，朝廷才會把權力下放到州郡，進一步加深豪強的勢力。張角三兄弟只是打開了潘朵拉的盒子，僅此而已。單純從農民起義的角度來看，黃巾起義是不合格的。

而唐朝末年的黃巢起義就不一樣了。在歷史書上，黃巢和他帶領的起義絕對是負分，但從事情本身而論，黃巢起義卻是一場成功的起義。雖然他到處流竄，沒有建立根據地，建立政權又失敗了，可延續千年的士族門閥卻終結於黃巢之手。所以如何評價黃巢，其實是立場問題，如果站在貴族的立場，黃巢當然是人渣敗類，如果站在平民的立場，你會怎麼想？

千年門閥體系終結後，宋朝的平民階層崛起。平民不再以出身決定命運，也不以姓氏判斷地位的高低，宋朝自由寬鬆的文化氛圍，和社會等級鬆綁有極大關係。雖然晚唐時期的門閥士族已經沒落，但等待他們自動退出是不可能的，總要有人站出來做最後一擊，這是歷史留給黃巢的使命。

僅從農民起義的角度看問題，黃巢圓滿地完成了任務。

4

農民起義還有次要的使命——緩解馬爾薩斯陷阱。這個術語是馬爾薩斯在《人口論》中的預言：「人口增長超越食物供應，會導致人均占有食物的減少，最弱者就會因此而餓死。」

仔細想想，歷代王朝末期不正是如此？

王朝經過幾百年的太平，人口一代又一代繁衍下來，成為人口統計上的漂亮數字，這是王朝興盛的見證。而土地上產出的糧食卻是有限的，不論稻米、穀子的畝產量是多少，總是有上限。一方面是可以無限增長的人口，而另一方面是有限的糧食產出。

我們不難發現，每個王朝末期的人口數量，幾乎都是當朝的最高峰，過不了多久，農民起義就會爆發，這並不是偶然。比如東漢桓帝時期有五千六百萬人口。唐末的帳面數字是三千多萬，再加上不受朝廷管轄的河北藩鎮、沒有納入戶口統計的流民，差不多也有五千多萬。

明末人口甚至達到一億。

此時的王朝人口極度繁盛，但是另一面卻是秩序崩潰、土地兼併。貴族豪強依然奢靡浪費，根據「二八定律」，王朝土地上百分之八十的收入被百分之二十的人口瓜分，百分之八十的人口在爭奪百分之二十的收入，那些弱勢群體豈不是要餓死嗎？

當吃不飽飯的弱勢群體越來越多，民間的戾氣就越來越重，一場突如其來的天災人禍就足以讓他們揭竿而起。農民起義引發連年爭戰，又會把更多的人捲入其中，大部分人都將死於戰爭、殺戮、饑荒，只有小部分人可以活下來。他們將在寬廣的土地上進入下一場輪迴。

這個難題沒有答案，也沒有解決辦法，所有人都在接受命運的裁決，死在亂世是正常的，活下來需要運氣。這無關是非、無關對錯，只是黑暗的生存法則。

有人說：「工業革命解決了馬爾薩斯陷阱。」沒錯，工業革命解決了農業社會的馬爾薩斯陷阱，但工業社會就沒有上限嗎？恐怕未必。

如今的世界依然處於工業社會的上升期，雖然遭遇到了產能過剩、能源枯竭和金融危機，但是還沒有遇到糧食危機，馬爾薩斯陷阱沒有消失。土地還是那些土地，工業革命提升了畝產量，但畝產量也不是沒有極限的。我們不能指望畝產萬斤的神話。未來會怎麼樣，只有天知道。

5

農民起義在史書上很不受待見。明朝末年的楊嗣昌[38]就說：「不作安安餓殍，尤效奮臂螳螂。」意思就是：你們這些農民不在家等著餓死，出來瞎折騰什麼？真是屁股決定腦袋啊，都要餓死了，還不讓人出來找活路，楊閣部的心可真大。

不過，楊嗣昌的話很有代表性。每一場農民起義都被史書批判，寫史書的人千叮嚀萬囑咐：「快看啊，他們是賊，要被罵死的，後人可千萬別學他們。」但換個角度看問題，收入被既得利益集團剝奪，他們在被逼無奈之下，想拿回自己的一份。有錯嗎？人口達到高峰，他們沒有飯吃，只是想活命而已。有錯嗎？農民起義具有天然的正義性。

是的，農民起義具有強大的破壞性，很殘忍也很愚昧，甚至很多領袖是變態、人渣，但不能因此而否認整體行動的無奈，對吧？更加殘酷的是，每當爆發大規模農民起義時，往往是權貴和農民一起完蛋，然後第三者坐收漁翁之利。就像一臺電腦運行緩慢、經常故障，使用電腦的人輕輕伸出一根手指，按下重開機鍵，一切重新開始。

人類太渺小，天地太廣大，我們在歷史中應該扮演什麼角色，才是每個人該好好思考的問題。

38 楊嗣昌：字文弱（1588—1641），明末兵部右侍郎，力主鎮壓農民軍。

第四章　帝王的權術

你看到的未必是真相，每個帝王都有兩張臉譜

江湖猶如荒漠，
沒有任何秩序，
萬千強人進場廝殺，
唯一可以依仗的只有能力和運氣。

虎氣和猴氣：大佬是如何煉成的

1

古往今來，有一種現象：書生型創業者一旦遭遇江湖型創業者，往往會敗得一塌糊塗。

劉邦剛出沛縣時，六國王族已經重新登上王位，然而僅僅幾年後，貴族在劉邦的打擊下竟無還手之力，彷彿提線木偶。在趙匡胤面前，李煜就是一個乖寶寶，這是又一次被虐殺。《水滸傳》中也是這樣，白衣秀士王倫本來是梁山大哥，後來卻被晁蓋、林沖等人輕而易舉地奪了山寨。看起來不可思議，但這才是社會運行的法則，懂得並能運用者成龍，否則只能成蟲。

書生有文化、講禮貌，大家都願意和他們一起玩，在文明社會中，書生也能掌握社會的話語權。可是一旦脫離熟悉的社會環境，他們就應付不了了。因為江湖和書生代表了兩種氣質：虎氣和猴氣……要想成就一番事業，這兩種氣質缺一不可。

2

江湖型創業者都經歷過什麼？

劉邦十幾歲就離家千里，跑到魏國向信陵君「拜碼頭」，回到沛縣後擔任亭長，和三教九流打交道，最後在芒碭山落草[39]。

曹操任性好俠，劉備是涿縣（今涿州市）的少年王，朱元璋是流浪漢兼明教徒，他們都是常年遊走在社會陰暗面的邊緣人，當主流社會的秩序輻射到這裡時，已經變得極其微弱，他們只能自求生存。遭遇不公正待遇無處伸冤，快餓死也沒有官府賑災，想出人頭地也沒有科舉，靠正常戀愛都娶不到老婆。這裡是一片人間荒漠。荒漠中沒有任何秩序，唯一能依靠的只有個人的實力。

想要出人頭地，個人能力就必須經得起試煉，孬種在一開始就被淘汰了，只有強者才能在江湖中立足。

再想往上走，就得收人心。怎樣展現魅力讓別人追隨、怎樣駕馭眾人、如何辨別忠奸、判斷每個人的能力大小、小弟抱團要架空自己怎麼辦，這些都是送命題，稍有不慎就會完蛋。為了生存，他們每一步都走得心驚膽戰……經過日積月累的磨煉，他們也變得越來越得心應手。

為什麼江湖總是講義氣、拜關羽？不是因為江湖人喜歡「追星」，而是因為江湖中沒有秩序，需要用一種潛規則來約束大家。江湖上萬千強人進場廝殺，能降伏眾人、傲立潮頭的，無一不是人中龍鳳。

在亂世成功者，都是龍鳳中的戰鬥鳳。千萬不要覺得：「啊，這些手段都好低級啊，我才不要學呢。」不管是企業或是官府，這些都是每個領導者的必備職業技能，如果你學不會或者不願意學，那就老老實實當平民吧。

那些書生呢？他們常年生活在正常的社會秩序中，從來沒有見識過江湖的殘酷，以為眼前的安穩就是世界的真相。因為各種秩序的束縛，他們往往是在秩序內解決問題，很少有接觸殘酷磨煉的機會。時間一長，書生逐漸適應了秩序內的一切。可是當亂世到來，社會秩序一步步崩塌，他們依存的「鋼筋、

39 指逃入山林做強盜。

水泥」也化為荒漠……長久的職業訓練和人生準則瞬間都失去了意義，而無秩序的江湖，恰恰是大佬的地盤。

當鋼鐵森林的猴子掉落在荒漠上，江湖大佬便化身為老虎，飽餐的機會就來了。猴子怎麼和老虎鬥？差了幾十年道行呢。

話說回來，老虎吃飽後也必須重建秩序，然後依靠秩序來運行規則，成為站在食物鏈最頂端的人。畢竟，荒漠不能長久。

3

書生有一種情懷，他們一定要給自己的行為找到理由，讓自己心安理得……可世上很多事都是沒有理由的，往往是無奈之舉。

社會秩序的長久鍛鍊，讓書生養成了謹慎的習慣，他們做事總是瞻前顧後、猶豫不決：錢夠不夠、計畫是否完美、能不能成功，對江湖大佬來說，他們根本不會考慮這些。能不能成功是以後的事，先上馬溜一圈看看，如果什麼都準備好了，機會早就錯過了。

秦末起義時，沛縣老鄉推舉蕭何做老大。蕭何是縣吏，他長期在秩序社會中生存，天下大亂已經有些不能適應，於是他主動讓位給劉邦。而劉邦早就習慣了刀頭舔血的日子：「好，我來。」這就是書生和江湖大佬的區別。

在各種創業環境中，書生領袖的情懷往往是很致命的。明明是亂世，大家都快餓死了，起兵造反只是想吃一口飽飯，他卻號召大家為君盡忠。

明明是開公司創業，目的就是賺錢，他卻想用新的商業模式拯救全人類，實現個人理想。明明是潛在的敵人，他卻念著過去的交情，不能狠下心來殺伐決斷。

高尚的情懷反而束縛了書生的手腳。江湖大佬沒有情懷，他們看準目標就會全力以赴，以猛虎下山之勢給予致命一擊。造反就要放下仁義，先吃飽飯再說。

開公司就是為了在守法的前提下賺錢，不講條條框框，賺到錢後再反哺社會。江湖大佬要有虎氣，自己要先吃飽了，才有力氣守護山林。

4

一般來說，江湖大佬具有大我格局，書生只有小我情懷。大我格局能覆蓋最廣泛的受眾。劉邦給所有立功的人封侯，並給農民賜田、減稅，把自己化為天下，那麼天下也就是我的。而項羽就特別摳，印綬磨平了都捨不得給別人。他局限在自己的小圈子中自得其樂，所以圈外的人都不和他玩了。

李世民把關東功臣、關隴門閥、胡人都視為自己人，所以他能打敗內外的敵人，開創貞觀盛世。李淵卻說：「開國之君，我的出身最高貴。」他親近的也是隋朝同事、親戚故舊，結果「玄武門之變」時，尉遲敬德對他絲毫不客氣。他要是不同意退位，八成也就拜拜了。

小我終究是在小圈子裡自得其樂，他們只能體會到最膚淺的樂趣，比如物質、金錢、美食等享受，但在人類的精神體驗中，這些都是最低級的快感，而格局小的人不知道什麼叫延遲滿足。

當劉邦結束亂世、還百姓太平、天下為尊時，那種巨大的成就感豈是項羽用官職、美女能體會到的？李世民平定四海後，被尊為天可汗，並讓突厥可汗在酒宴上跳舞，在這種功業面前，李淵的出身又有什麼可自喜的？

只有破除小我情懷以及小格局，擁抱更廣闊的世界，才能擁有虎氣。而猴氣與虎氣的結合，會產生強大的戰鬥力。

5

生活中經常有相貌平平的男人娶到貌美如花的女神，偏偏這個男人家裡不富有、存款也不多，身邊人都說：「好白菜讓豬拱了。」但凡事總有因果。這種男人身上通常有兩個共同點：臉皮厚，情商高。

臉皮厚就是能豁得出去，喜歡美女就先追了再說，不成功就再換一個重新開始，萬一成功，不就賺翻了？這就有了一絲虎氣。

反觀沒有虎氣的男人呢，明明條件挺好，但就是不敢去追求，心裡想著：萬一不成功多丟人啊？我是不是她喜歡的類型啊？想來想去，還是算了。

而情商高的人往往還會製造些小情調，今天給女神一個驚喜，明天還有新花樣，就連說話也總能說到女神心坎裡。人生如此刺激，女神又如何捨得割捨？這種男人就又有了一絲猴氣。

你看看，能把虎氣和猴氣融為一身的男人，連泡妞都無往不利。

創業者也是一樣的道理。虎氣能讓他縱橫荒漠，在失去秩序的時代擊敗所有對手，成為荒漠中唯一的肉食者。猴氣又能讓他在成功後重新建立起新的秩序。

用大我的格局來驅動理想，然後不折不扣地執行，就是一個有理想、有情懷、有執行力的人。這種人，在任何時代都能成功。

處於同一起跑線，他們比其他人更具有競爭力，如果不幸遇到這種江湖大佬，要不打敗他，要不就趕緊叫聲大哥。

司馬懿的野心

1

二〇一年，河南。剛成為基層小吏的司馬懿收到了一封從許昌發來的通知，曹操請他去府中任職。按照常理，司馬懿應該趕緊收拾行李，立馬去上任呀。可是他看了一眼，就毫不猶豫地把通知扔進了垃圾桶。因為提拔他的人是兗州魏種。如果就這麼去許昌上班，那他可就被綁到兗州派的戰車上了。「哼，苟延殘喘的派系，也配搭上小爺的前途？」

七年後，另一封通知落到了司馬懿手中，旁邊還寫著一句警告他的話：「再不來，就去收拾你了。」唉，曹老闆有話好說，我去還不行嗎？除了曹操的警告，更重要的是，這次的舉薦人是潁川荀彧。

潁川，這可是行走的金字招牌。因為在整個三國中，我們耳熟能詳的荀彧、荀攸、郭嘉、陳群等厲害角色都是潁川人。司馬懿的一切隱忍，不過是想給自己找一個高起點、硬靠山。於是三十一歲的司馬懿背著行李、坐著驢車來到了曹操的辦公室，正式開啟了自己的職業生涯。

2

身在職場，最重要的是跟對人。在曹操身邊寫企畫、送檔案之餘，司馬懿的最主要工作是陪曹丕讀書。有了這份情誼，等到曹丕和曹植爭奪接班人時，司馬懿也就沒有了別的選擇，只能在曹丕的前程上策馬狂奔。

不得不說，司馬懿的運氣真好。二一九年，在積累了十一年的經驗後，他被任命為太子中庶子。說實話，這個職位並不高。同期的諸葛亮馬上就成了蜀國丞相；比他大三歲的周瑜早已被載入史冊。這麼看，司馬懿實在是個失敗者。但是司馬懿不急，因為機會說來就來。

第二年，曹操去世了。不是比升官速度嗎？好啊，一不小心司馬懿就快上天了。僅僅五年時間，一個太子中庶子就成了魏國的「錄尚書事」。

嘖嘖，厲害。升官這麼快，除了司馬懿本身能力很強、曹丕很信任，潁川人的支持也是重要的助推器。

3

漢末三國時潁川人有多厲害？舉個例子你就知道了。

東漢桓、靈年間，太監和外戚輪流執政，搞得讀書人不能實現自己的政治抱負，所以他們就聯合起來搞事情。皇帝怎會眼睜睜地看著他們逼宮，所以就和外戚、太監聯手打壓，這就是東漢有名的「黨錮之禍」。

諸葛亮在〈出師表〉中說「未嘗不歎息痛恨於桓靈也」，指的也是這件事情。而在這件大新聞中，李膺、荀彧、杜密、賈彪等領袖都是潁川人，從此以後，潁川人就奠定了自己在士族門閥中的地位。

漢末天下大亂之後，潁川人又搭上了曹操的快車。荀彧是曹營的第一文臣，後勤、種田、收稅、商業都歸他管。荀攸、郭嘉、鍾繇、陳群，都一起在曹操手下混。所以在曹營，潁川人在文官領域說話極有分量，並以自身為核心，吸納了一大批其他地方的士族，形成了龐大的利益共同體。司馬懿能搭上這條線，想不升官都難，他又怎麼會在乎兗州人的拉攏。

4

那麼，潁川人就沒有對手了嗎？還真有，而且這個對手十分強大，就是曹氏親貴和寒門武將的聯盟。在曹操起兵之初，給予他最大支持的就是曹家和夏侯家：曹仁、曹洪、夏侯淵、夏侯惇，後來又培養出曹真、曹休、夏侯楙。

當然，僅僅依靠自家人是不夠的，還要吸收沒有出路的寒門子弟，於是張遼、徐晃、典韋、許褚都來了。他們與潁川人針鋒相對，長期掌握軍隊系統，其他人一概插不上手。

好了，棋盤上擺滿了黑白分明的棋子，幾十年來雙方都合作得很好。直到熬死了三代帝、后，雙方的領袖分別換成了司馬懿和曹爽。

矛盾終於來了。

5

二三九年曹叡病逝，留下大將軍曹爽和太尉司馬懿輔政。在政治上，排名的先後代表著權力、地位的大小，所以曹爽是排名第一的輔政大臣。

在取得權力、地位後，曹爽大力提拔的都是些什麼人呢？我們來看看名單吧：何晏、鄧颺、李勝、畢軌……雖然他們也都是所謂的官二代，但在以司馬懿為代表的門閥士族的眼裡，他們都是些上不了檯面的人。這些人不僅出身不高，人品也不行，甚至沒有獨當一面的人才。

二四九年，曹爽等人瀟灑了十年後，終於瀟灑不下去了。那一天，曹芳去拜謁魏明帝曹叡的高平陵，曹爽帶著禁衛軍護送隨行。這樣一來，洛陽城空空如也。已經被下了病危通知書的司馬懿一下子蹦起來。

司馬懿命令早已準備好的死士、軍隊搶占各大城門、皇宮，然後脅迫郭太后下達了「誅曹爽」的命令。在洛陽城外的曹爽怎麼也不會想到，不就是出去上個墳嘛，怎麼把自己也埋了？

6

門閥士族鬥爭了百年，終於在司馬懿的手中結束了。他們在袁紹的帶領下打敗了外戚和太監；他們跟隨曹操在亂世中大大擴展了生存空間；最後在司馬懿的帶領下親手消滅了曾經給予他們保護的曹氏家族。

如今美妙的生活正在向他們招手。他們首先要做的是，保障士族江山能夠延續下去，於是「九品中正制」被徹底執行。曾幾何時，才能出眾、品德高尚的寒門子弟也能獲得較高的品級評價，獲得出任高官的資格，而現在是「上品無寒門，下品無士族」了。

你努力半生的成果，人家出生就有了。藉由制度的設置，徹底將未來的張遼、徐晃們隔絕在森嚴的權力城堡之外。

然後呢，經濟利益也要被瓜分。自東漢時期就興起的私家莊園被士族進一步擴大規模、產業升級。他們封山育林，將圍牆內所有東西都當作自己的產業：土地、湖泊、牧場，乃至人口。如果你問他們：「你家裡有礦啊？」他肯定會不屑地回答你：「有啊，很值錢嗎？」

奴隸在莊園裡吃著最簡單的東西，做著最苦、最累的活，用一生的默默無聞襯托起所謂的「魏晉風度」[40]。士族生來就有高官做、有美食吃，一輩子過著無欲無求的生活，偶爾玩耍一下就被稱為風度？

40 編按：指魏晉時代的名士風，時人任情恣性，超然絕俗，嚮往自由，不受禮教約束的作風。

誰信誰傻。

以百分之九十五的人所處的社會階層，如果穿越回去，只會在莊園中勤勤懇懇地耗盡一生。最後一招才是士族的撒手鐧——教育。他們根本不需要外出求學，因為當地最好的學校就在他們家中。在造紙術並不發達的魏晉時代，僅有的竹簡都被士族搜羅到莊園內，內部流通、內部教學。這招釜底抽薪，就是為了讓所有的官職都只能從士族子弟中選取。

壟斷知識遠比壟斷官職、經濟更可怕，這才是殺人於無形的軟刀子。壟斷知識的結果就是壟斷輿論。士族發明了一項高雅的運動，說得好聽點叫「清談」，其實就是扯淡。什麼打麻將、撲克牌，那都是下里巴人玩的，我們高等人只玩「清談」。打個比方：兩人面對面一坐，開口就是先有雞還是先有蛋。你說先有雞，我說先有蛋，然後辯論三天三夜。要不就是燒餅好不好吃之類的……反正就是些扯淡的話題，誰扯得好誰就有前途，能當大官指點江山。這可是士族專屬的高雅活動。

7

士族權貴壟斷了社會資源，不需要努力就能靠血統做高官，不需要工作就有別墅、鑽石、法拉利，人生的美妙莫過於此。有野心的司馬懿帶著士族冒險一擊，贏來了他們從來不敢想像的利益。

在漢朝時被打擊的士族，現在只要幾個家族一商量，就能搞定一切。曾經支撐了強漢人才來源的中產階級，被權貴擠壓得沒有了生存空間。至於稅收主要來源的寒門，大部分已經被士族納入莊園，成了奴隸。

朝廷沒有權威、沒有人才來源，甚至沒有稅收來源，於是只能靠士族的打賞過日子。這恐怕是司馬懿在洛陽意氣風發時沒有想到的結局。可這口鍋您還得背好，別甩。

8

司馬懿帶著士族美滋滋地過上富貴的生活，那占人口百分之八十的寒門怎麼辦？在風平浪靜的時候，他們默默無聞地做著奴隸。可稍有風吹草動時，這個沉默的群體就會爆發出驚人的力量，選擇兩條完全不同的道路。

幾十年後，司馬懿的子孫為了爭奪皇位爆發了「八王之亂」。表面上看是一群司馬氏的人在互撕，可在這場大亂中充當中堅力量的，卻是平時毫無出頭機會的寒門精英。只有打破既得利益的階層，他們才能在碩大的蛋糕上舔一口。當「八王之亂」把中原打到赤地千里時，寒門精英只能選擇第二條路——移民。

他們能夠選擇的只有匈奴、鮮卑等少數民族，他們終於不用再做奴隸了。如果工作業績出色，還能升官發財，也就是說，晉升管道被打通了。

士族封死了寒門對美好生活的嚮往，他們就會用腳投票。畢竟，吃不飽飯的理想都是耍流氓。

9

三二四年，在北方混不下去的晉朝早已習慣了南京的杏花春雨。一天，晉明帝司馬紹問溫嶠：「我朝是如何一統天下的，你跟我說說，看看有什麼經驗可以借鑑？」

一想到這事，溫嶠就很難為情，不知如何開口。就在這時，「王與馬共天下」的王導開口了：「溫嶠還年輕，不懂往事，我來說吧。」然後他就從司馬懿創業開始說起，經歷背叛曹氏、屠殺名士、奢侈腐敗，一直說到司馬紹面紅耳赤，趴在床上不肯起來。司馬家族的往事，連子孫都聽不下去了：「如果真是這樣，那晉朝的國祚又怎會長久呢？」

10

長久以來，司馬懿和曹操都被放在一起討論。

曹操是怎麼做的呢？二一九年，曹操征劉備失利後回到洛陽，在這裡他下達了一道匪夷所思的命令：「重新修繕洛陽北部尉的衙門。」堂堂魏王親自關注洛陽北部尉的衙門好不好，是何道理？

如果仔細往前推幾十年，你會發現，曹操的第一份工作就是在這裡。在這裡，他設立五色棒專打權貴豪強，就連大太監蹇碩的叔叔都死在五色棒下。

夕陽西下，曹操又想起四十五年前的那個下午，一個心懷理想的青年，意氣風發地走馬上任。從此以後，他一生都在鬥權貴，扶寒門，勸農桑，他只想讓貧寒百姓能夠吃飽穿暖，有知識的青年能實現自己的理想，他希望那些占據社會資源又不幹好事的權貴能再少一點。

但個人的力量終究有限，任憑曹操再怎麼努力，結局都沒能改變。在桓、靈年間的「黨錮之禍」中，心懷理想、為了正義捨生的有志之士終究是不在了。屠龍者終成惡龍，英雄的子孫都成了他們當初誓死要打倒的人。

隋煬帝：生而為人，請你善良

1

六一六年七月，大隋的東京——洛陽。隋煬帝楊廣帶著親信心腹乘坐豪華遊輪前往江都，名義上是旅遊，其實是逃命。楊廣躺在柔軟的錦褥上眉頭緊鎖，他在思考一個人生的終極難題：「手裡明明握著一把好牌，怎麼就要破產了呢？」

楊廣此時的心情非常低落。他做了一個讓人意想不到的決定：「我死以後，哪管洪水滔天。」遊輪來到江都碼頭，並沒有像以往一樣，有人山人海的熱心老百姓來迎接。楊廣的心情出奇平靜。「既然你們不來，那我只能親自上門了。」他命令王世充搜尋江南美女、美酒、美食，因為只有在極致的享樂中，他才能暫時忘卻世間的痛苦。

於是，我們看到了一幕奇觀——天下造反越是鬧得歡，楊廣在江都玩得越歡。蕭皇后看不下去了：「陛下，要振作。」可他的男人早就不在乎了，每日沉溺在自己營造的幻境中苟且偷生。偶爾清醒時才會看著銅鏡中的那張臉，說出自己的心裡話：「好頭顱，誰當斫之？」這麼好的腦袋，不知將來讓誰砍了去？

看著楊廣變成這副模樣，蕭皇后氣得一連問出了好幾個為什麼：「為什麼你要做這樣錯到極致的事情？」、「為什麼你選擇用如此愚蠢的方式來逃避現實？」、「為什麼，為什麼？」

自古創業艱難，散盡家財卻只需一瞬間。

2

按照正常情況，楊廣是沒機會繼位的。他是家中次子，從小就被寄予了厚望——做爹爹的好兒子，當哥哥的好幫手。至於楊廣的夢想是什麼，重要嗎？

五八一年，楊堅把小外孫從皇位上拎起來，自己一屁股坐了上去。他把「隨國公」的封號改為「大隋」。楊堅想讓五個兒子都能獨當一面，於是，十三歲的楊廣被封為晉王，負責鎮守太原；二十歲時統帥三軍南下長江，一統天下；二十二歲被調任揚州總管，撫慰江南。

年紀輕輕就出任封疆大吏，心情不好還能去皇宮串門，跟皇帝喝茶、談笑，該知足了吧？但楊廣不知足，他在等待機會，因為他還想往上爬。

3

命運的大門露出一縷縫隙，那是野心進來的地方。楊堅的性格有些多疑，他總是覺得有人想害自己，所以一有不滿意的地方，他就會借題發揮。太子楊勇一不小心就撞到了槍口上。某年冬天，楊堅出門旅遊，於是大臣們就到東宮去朝賀。

楊堅一回來就傻眼了：「太子這是啥意思？」玻璃心的大叔永遠有操不完心。於是他轉頭就把楊勇給廢了，一起送給太子的還有一份《退休指南》。

「誰讓我一時不痛快，我就讓他一世不痛快。」而楊廣想做太子，還需要兩個女人的輔助。

獨孤皇后一直嫌大兒子太浪蕩，那麼，五個兒子中，她到底喜歡誰呢？於是就有了這樣一個終極命題：中國大媽到底喜歡什麼樣的男孩子呢？答案很簡單：有顏值、有才華的小鮮肉。

楊廣就是這樣的一枚小鮮肉，「美姿儀，少聰慧」。按照現在的標準，大概就是智商一八〇，一路當學霸、校草，走過青春歲月，然後在二十歲前拿到博士學位，成為青年學者……這樣的花樣美男，哪個大媽不喜歡？

楊廣的另一位輔助是妻子蕭氏。她知道丈夫有野心，於是打好輔助，積極配合。公公不喜歡奢侈，她就勤儉持家；婆婆不喜歡妖嬈，她就素面朝天；丈夫注意影響，她就謹言慎行。

沒有蕭氏的配合就沒有楊廣的輝煌。他在登基以後哪怕再荒唐，也始終對蕭氏恭敬有加。所以啊，夫妻和睦的祕笈永遠不是感情、廚藝，甚至不是性，而是事業的重合度、孤獨時的陪伴啊。

4

楊廣的本質其實是一個詩人。

六〇四年，楊堅兩眼一閉就去了。太子楊廣頓時失去約束，繼承皇位和萬里江山。彼時，大隋是全球市值第一的帝國。論人口，楊堅留下了八百九十萬戶，而「貞觀之治」也不過三百萬戶，直到「安史之亂」前夕才恢復到這個數字。也就是說，唐朝六代帝王也沒能超過楊廣。

論財富，楊廣繼承了天文數字的遺產。貞觀六年，馬周在一份工作報告中說：「隋家真乃土豪。李密占了洛口倉[41]就能稱霸；王世充搶了洛陽就可以稱雄；長安的倉庫至今還被國家所用。」此時距離楊堅去世已經二十八年。

論形勢，大隋朝打遍天下無敵手。在文臣武將的苦心經營下，突厥、契丹、吐谷渾都戰戰兢兢地歸

41 編按：隋朝的糧倉，可容納糧食兩千四百萬擔，是當時全國最大的糧倉。位於今河南鄭州。

順，此時的大隋頗有「國際警察」的風範。

但歷史就像拋物線，到達頂點就開始下降，楊廣碰壁了。從此以後，楊廣變了。他要利用國家豐厚的資源實現自己偉大的夢想，如果財富不能流動起來，怎樣才能活絡市場經濟呢？於是，他動用幾百萬人來開鑿大運河。

暮江平不動，春花滿正開。
流波將月去，潮水帶星來。
夜露含花氣，春潭漾月暉。
漢水逢遊女，湘川值二妃。

這兩首〈春江花月夜〉是楊廣在下江南時寫的，好像是在炫耀：「感覺自己棒棒的，心情美美的。」於是，他親自去開拓西方市場。

肅肅秋風起，悠悠行萬里。
萬里何所行，橫漠築長城。
豈台小子智，先聖之所營。
樹茲萬世策，安此億兆生。
……

不是我好大喜功，實在是自古以來的領土不能放棄。就讓我把事情做完吧，為中原百姓打造一座鐵桶江山。於是，他要把不服從的敵人徹底消滅。

白馬金具裝，橫行遼水傍。
問是誰家子，宿衛羽林郎。
……
徵兵集薊北，輕騎出漁陽。
集軍隨日暈，挑戰逐星芒。
……
本持身許國，況復武力彰。
會令千載後，流譽滿旗常。（出自〈白馬篇〉）

六一一年，楊廣開啟了「三征高句麗」的大工程。在他的計畫中，百萬大軍一旦到達前線，高句麗一定會哭著投降。結果隋軍每年都會收到「高句麗之旅」的單程票——有去無回。

5

一千四百年來，中國人對楊廣的評價很統一：壞透了。而最近十年，卻有一股翻案的風潮：楊廣是個好皇帝，只是刁民不懂事。

那麼，事實究竟是怎樣的呢？我們不妨來拆解一番。

論親情，他不是一個好家長、好長輩。楊勇被廢去太子位後，四年後就被新皇帝楊廣賜死。他的十個兒子都被流放、毒死，沒有一個活下來。

就算對自己的兒女，楊廣也頗為刻薄。六一六年，楊廣帶著團隊下江南，隨行的只有蕭氏和南陽公主，其他孩子則留在北方，兒子成為諸侯的傀儡，女兒則成為勝利者的戰利品，楊家兒女何其悲哀。

論治國，他沒有愛民的慈悲心。無論是修長城、築洛陽、挖運河、出邊塞，都是動用幾百萬人的大工程。然而不幸的是，對這些外出打工的平民百姓，楊廣不僅欠薪，還奪命。工程結束後，有一半的人活下來就不錯了。

論做人，他缺乏最基本的誠信。六一五年，楊廣北上巡視邊塞，結果被突厥人包圍在雁門。整整一個月都沒能衝出去，也沒有人來救援。虞世基便說：「請陛下重賞將士，停止征遼東。」楊廣說：「好，就聽你的。」

但突厥撤退後，他卻忘記了原先的許諾。他不僅沒有獎勵勤王的功臣，反而開啟了第四次征遼東，「由是朝野離心」。

他是一個極端自我的人。他有才華、有志氣，想要做出一番驚天動地的大事業，並且有付諸實踐的勇氣和魄力。他也確實做出了前無古人的偉大功業。浩蕩的大運河至今仍然是重要的水道之一，使分離三百年的江南重具中國之心，而日本唯一對中國稱臣的時期，就是隋煬帝在位年間。

但世界上總有一種人，他們覺得自己高人一等。他們把自己的理想強加在其他人身上，偏執地認為自己是宇宙唯一的真理，容不得別人有半點質疑。在他們的眼裡，自己的理想才是唯一高尚的，別人的「老婆、孩子、熱炕頭」只是庸俗的理想。

他們只看到自己的欲望，卻忽略了大眾渴求的溫暖。在生活中，這種人幾乎沒朋友。在歷史中，他們成了暴君。

6

六一八年，楊廣死於江都。蕭皇后用床板打了一副棺材，才將不可一世的丈夫草草安葬。那個地方，在如今的揚州雷塘。

二〇一四年我曾經專門去了隋煬帝陵。從大門口走進去，雖然神道[42]兩邊種滿松柏，陵墓也被修葺得整整齊齊，我卻感覺冷颼颼的。偌大的陵園只有兩個人，一個活著，一個死了。我一步步往前走去，離他越來越近時我就在想：「一會兒到他身邊時，跟他說些什麼呢？」

走完神道，我卻在墓碑旁看到一些意外的東西：一束鮮花、一籃瓜果、三炷清香。看到這些東西時，方才胸中的塊磊突然就放下了，我不再對曾經的大人物感到緊張，也明白了歷史究竟是什麼。當站在隋煬帝陵前時，我什麼都沒有說，鞠了三個躬後就轉身離開。現在想來，我最想說的應該是：「生而為人，請你善良。」那是對陵墓中的楊廣，對送花、敬香的遊客，亦對我自己。

42 古代帝王墓前一條筆直寬廣的通道。

武則天為何喜歡小鮮肉

1

自古以來，美男子就有「以身伺人」的傳統。他們的身材凹凸有致，堪比國際超模。情商高，口才一流，不論跟他們聊什麼，都能讓你如沐春風。更絕的是，他們還很有文化。琴棋書畫、詩詞歌賦雖然都不太精通，遠遠當不了專家，但勝在博學。做一個花瓶，綽綽有餘。

作為手藝人，他們把身體開發到極致。比如武則天的兩個男朋友：張易之、張昌宗。

武則天對兩個男朋友特別好，剛認識沒幾天就隨手送了幾幢大別墅，還配了豪車、美酒、服務人員。至於心形禮盒、金杯等等，更是不計其數。

那些努力奮鬥的男人，其實是看不起這類人的：「我們辛辛苦苦在工地搬磚，也只能勉強維持生活，他們憑什麼呀？」但歷史告訴我們：市場才是決定資源配置的無形之手。

2

六九七年，武則天已經七十四歲了。說實話，她這輩子不容易，從一個天真的少女，一路鬥正室、滅異己，成功坐上皇帝的寶座。這個過程說來容易，實行起來卻極其艱難。

李世民去世後，沒有生育子女的武則天被送入感業寺，成為一名尼姑。想想，二十六歲的弱女子，入宮十二年，結果當了尼姑。換作是你，你會不會崩潰？

好不容易勾搭上小鮮肉李治，卻被天下人嘲笑。人們議論紛紛：「武媚娘不守婦道為哪般？」、「金錢能買來婚姻，但能買到愛情嗎？」、「叛逆者李治！」。

好不容易當上皇帝了，又有數不清的背叛、造反和陰謀，心累、心累、真心累。每當夜深人靜時，武則天都覺得空虛、寂寞、冷。能迅速彌補空虛的就是熱鬧，所以晚年的武則天喜歡開宴會、喜歡小鮮肉、喜歡放縱，其實她想要的，只不過是一份熱鬧。

這份熱鬧是一劑止痛藥，能讓她布滿裂痕的心暫時緩解疼痛，但藥效一旦過去，疼痛會再次發作。怎麼辦呢？藥不能停啊。而這個任務，結髮夫妻卻不能勝任。

那麼多的苦難一路走過來，說不定他比你更滄桑，兩人渾身都是刺，抱在一起不僅不能取暖，還會把對方紮成篩子。中年的夫妻已經成為戰友，而武則天如今連戰友都沒了。

讀歷史的時候我們會發現，很多創業成功的大佬都喜歡小鮮肉。比如劉邦之於戚夫人、武則天之於張氏兄弟，除了自身的欲望以外，「吃藥」的原因大概占了一半。

3

如果說武則天是創一代，那麼太平公主則是富二代。她們母女倆有一個共同點——都喜歡小鮮肉。愛美之心人皆有之，這也沒什麼奇怪的，只不過太平公主的動機與武則天有所不同。她從小讀貴族學校，坐私人豪華馬車，住在戒備森嚴的皇宮，天之驕子說的就是這樣的孩子。

太平公主擁有人間最高的享受，但她並不快樂。她就像關在籠子裡的金絲雀，就算鑲金邊、嵌瑪瑙、喝瓊漿玉液、吃山珍海味，她也仍然是失去自由的金絲雀。她擁有極致的享受，卻得不到自由。

什麼場合說什麼話，宴會上穿什麼衣服，甚至每一個微笑、每一個手勢動作，都是有講究的，絲毫亂不得。對於太平公主和那些貴婦來說，她們能輕易得到天下人羨慕的富貴，卻唯獨得不到普通人揮霍的自由。她們就像是戴著面具的人，早已迷失了真實的自己。

於是她們就產生了「報復性消費」。太平公主雖沒有人身自由，但她有的是錢，她可以用錢買到另類的自由。比如滿衣櫃的華服、大批的小鮮肉。

張昌宗就是在這時被太平公主看中的，太平公主非常滿意，然後就推薦給母親武則天。獨樂樂不如眾樂樂嘛。

世界就是一個交易所，你得到什麼就必然會失去什麼，而人生中的每一次交易，都已在暗中標好了價格。

4

那麼，身處其中的小鮮肉算不算人生贏家呢？恐怕未必。

張昌宗、張易之兄弟高高在上，憑藉女皇的恩寵權傾朝野，封國公、做高官、住豪宅、擁良田，讓無數男人忌妒。就靠一張臉，這少奮鬥了多少年啊？武氏子侄、宰相、尚書等人紛紛上門伺候，嘴裡說著「張大人好」，手還忙著給他們掀轎簾：「哎喲，小心碰頭，慢點兒。」

趨炎附勢之人永遠只看到眼前的光鮮，但張氏兄弟心裡有多苦，只有他們自己清楚。武則天年紀大了，時間也不多了。大樹倒了，最先被壓死的就是依附在樹上的蛀蟲。即便他們長得白白淨淨，又能口吐蓮花，但又有什麼用呢？沒人會需要他們。他們並不能創造真正的價值，只能做大樹的點綴，將來被啄木鳥吃掉之後，牠們打著飽嗝說一聲「感謝大樹」，而不是感謝蛀蟲。

這個道理，張昌宗、張易之也懂。武則天病重時，他們每天都會聚在一起討論，時刻準備幹一票大的，但最終他們什麼也沒有做成。

七〇五年，武則天被逼退位，張氏兄弟被斬。出來混，遲早是要還的。

5

七〇五年，洛陽。發動「神龍政變」的張柬之、敬暉等人把張昌宗、張易之的同黨帶到天津橋邊，讓他們一排排跪在那裡。手起刀落，那一刻，張柬之恐怕在想：「哼，你也配？」

張昌宗、張易之不配，可是張柬之有資格。政變結束後，他們五個領頭人都被封王，成為朝廷大佬，而武則天依然是被供奉的老祖宗。所有人都有自己的位置，因為這是他們努力奮鬥換來的，誰也奪不走。而那些想走捷徑的人早已被淘汰。

世界依然屬於奮鬥者。

藝術家趙佶

1

一一〇〇年正月，宋哲宗駕崩。由於沒有子嗣，由誰接班就成了頭等大事。宰相章惇提出了兩個人選：申王和簡王。申王是宋神宗的兒子，但是眼睛不好。簡王是宋哲宗的親弟弟，一母同胞。

主持政事的向太后沒有孩子，所以她有自己的顧慮：「申王的五官不正，三觀能正嗎？如果選簡王，那個女人不就生了兩位皇帝？」絕對不能忍。於是，向太后決定選一位自己喜歡的皇子繼位，他就是宋神宗的第十一子——端王趙佶。章惇一看就急了：「端王輕佻，不可以君天下。」但其他幾位大臣曾布、蔡卞、許將都是察言觀色的行家，紛紛表態支持太后的英明決定。就這樣，十九歲的趙佶登基為帝，後世稱之為「宋徽宗」。

趙佶初登帝位就給自己定下了一個目標：「因王安石變法而興起的派系鬥爭要盡快結束。」他發布了一系列命令、做出了一系列表率，積極展現了新朝新氣象，讓天下人為之側目。

同年三月，詔宰臣、執政侍從官各舉可任臺諫者，這是積極要求自我監督。

四月，詔范純仁等復官，蘇軾等徙內郡居住。

八月，詔諸路遇民有疾，委官監醫往視疾給藥。

卻永興民王懷所進玉器，這又是以身作則、整頓風氣。

當時宋朝的政治圈分為新舊兩種：支持「王安石變法」的大臣稱為新黨，提倡「祖宗之法」的大臣則是舊黨。以上是趙佶做的小事，新舊兩黨自然會鼓掌叫好。但一旦涉及自己的身家性命，即便是皇帝，他們也不會允許趙佶胡來。宰相曾布就對趙佶說過：「手心手背都是肉，陛下要採納雙方最好的意見，千萬不能加入黨爭啊。」

趙佶當然不會親自下場，因為他找了一個叫蔡京的代理人。蔡京是一個典型的官場老油條，他知道如何與皇帝打交道，也知道什麼事情能吸引趙佶，最絕的是，他給自己的定位是「狗」，就像後來的嚴嵩、和珅一樣。絕對忠心於皇帝，又能鎮壓反對派。對於這樣一個理想的人選，趙佶還有什麼不滿意的呢？

一一〇二年，蔡京被任命為宰相，他秉承皇帝的意志在朝廷拉攏自己人、打壓反對者，而趙佶卻高高在上，成為裁判，制定遊戲規則。這樣一來，他就能從繁雜的朝政中抽身，而不被黨爭左右。他有了大把的時間來繪製「大宋盛世」的藍圖。

這張藍圖的名字叫「豐亨豫大」。

2

大宋新政的第一把火是福利事業。宋朝一直有福利政策為窮苦家庭提供不定期的救助，但真正將這項福利擴大到全國的則是趙佶和蔡京。

一一〇二年八月二十日，大宋所有的州縣都接到命令：「立刻在當地建立安濟坊，為窮人看病。」為了防止基層偷懶，安濟坊還專門獎勵和提拔官員。如果一年中病人死亡率低於百分之二十，那麼主管的官員就能拿到五十貫的年終獎金。

二十天後又設立了居養院，這是向窮人提供衣、食、住的機構。只要是寡婦、鰥夫或孤兒，都能在這裡領到一份口糧和救濟金。

一一〇四年，漏澤園創立，這項福利給予窮人最終的關懷。每個去世而無地埋葬的人都會被送到這裡，每個墓碑上都會寫明死者的名字、年齡，還會贈送一副棺材和三尺深的墓穴。宋神宗曾說：「此子有福壽，且仁孝。」真是知子莫若父。

年輕的趙佶對窮人有一種憐憫的慈悲。一一〇二年八月二十日，另一封奏疏也擺在了趙佶的案頭。蔡京說：「陛下，除了辦福利，還得興教育啊。」他建議在各州、縣開辦學校，把教育普及到大宋的千家萬戶。

哪個皇帝不希望多培養人才？於是一場「辦教育」的活動轟轟烈烈地展開。為了鼓勵興辦學校，朝廷規定了縣學的人數：大縣五十人，中縣四十人，小縣三十人，招不滿學生就扣俸祿。有了朝廷的財政支持和精神鼓勵，無數學校在大宋拔地而起。太學尤其是重點培養對象。

幾年後太學生達到二十一萬人，每年要消耗三百四十萬貫銅錢，而太學生又被劃分為三個等級，只要「品學兼優」達到最高級，就能直接參加考試，並授予官職。在科舉外，趙佶打通了另一條人才晉升的管道。

3

生在帝王家，如果想保命，就得「玩物喪志」，喝酒、蹴球、收集書畫，怎麼敗家怎麼來，以示對皇位爭奪沒興趣。其他兄弟是不得已，趙佶卻是真喜歡，以至於在繼位前，他就成了小有成就的青年書法家。

剛開始，他學習的是黃庭堅。直到有一天，朋友送來一幅唐朝薛曜的代表作——〈夏日遊石淙詩並序〉，他只看了一眼就喜歡上了這種鐵筆銀鉤的書法。

在繼位後，趙佶又博覽宮中的珍貴藏品，眼界逐漸開闊，於是他把不同的風格融入薛曜的書法中，並結合自己天生富貴的氣質，終於融百家為一爐，形成極具個人風格的「瘦金體」。

中國人歷來講究藏鋒內斂，趙佶卻偏偏要鋒芒畢露，他開創的「瘦金體」撇如匕首，捺如切刀，其書寫意境猶如美人謀殺親夫，雖冷酷，卻有一種別樣的美感。現存於臺北故宮博物院的《穠芳詩帖》，就是趙佶的得意之作。

穠芳依翠萼，煥爛一庭中。
零露霑如醉，殘霞照似融。
丹青難下筆，造化獨留功。
舞蝶迷香徑，翩翩逐晚風。

這幅作品既是詩又是書法，其第二句甚至可以想像成一幅畫。將詩、書、畫融為一體的，除李煜外，趙佶是第二人。宋元年間的書法家趙孟頫曾評價瘦金體：「所謂瘦金體，天骨遒美，逸趣藹然。」

這種瘦挺爽利、側鋒如蘭竹的書法需要極高的涵養和心境來完成，後世學習「瘦金體」的人多如泥沙，但能得其精髓者卻寥若辰星。為什麼呢？我覺得是骨子裡缺少一種雍容的貴氣。

4

與「瘦金體」相契合的是趙佶的工筆畫。細瘦如筋的長筆畫，在首尾處加重提按頓挫，再取黃庭堅的中宮緊結四面伸展之法，頗有瘦勁奇崛之妙。他首創的工筆花鳥畫，力求「形神兼備」。

為了做到「形似」，趙佶常到皇家花園去寫生，其勤奮程度，恐怕連今天去考藝術專業的學生都要自歎不如。為了做到「神似」，他每次在畫鳥兒時都不畫眼睛，直到全部完工後，才用生漆為鳥兒點睛，這就是「生漆點睛」。用生漆為鳥兒點睛後，眼睛就比其他部位略微突起，顯得靈動而有神韻。

中國畫向來都講究「意境」，而不重寫實，但趙佶卻將工筆畫發展創新，形成一套嚴謹的技法，從此，工筆畫成為中國畫的重要流派。

一一一五年的一次宴會上，趙佶畫了一對鴨子走在池塘邊，並向大臣展示。大臣看完都驚呆了：「皆起立環觀，無不仰聖文、睹奎畫，讚歎乎天下之至神至精也。」雖然是奉承，但不可否認，趙佶的繪畫水準早已登峰造極。

比如《竹禽圖》，畫中鳥兒的色彩很淺，胸部羽毛以工筆畫的手法細緻地描繪出來，並以生漆點睛。而竹葉則是一種明亮的綠色，雖然還是冬天，但葉尖已經突出新芽。藝術史家方聞說：「這是一個幽居深宮的皇帝遠避塵囂的美好幻想。」

5

所謂「豐亨豫大」的富強安樂景象，文化也是重要的一環。在「辦教育」的大潮中，趙佶在京師還設立了幾所專科學校，都置於國子監的管理之下，有畫院、書院、醫院、算院……而他傾注心血最多的就是畫院。

畫院的入學考試堪稱「中國最早的藝術專科考試」。趙佶親自出題，然後由考生作畫，只要趙佶說「好」，就可以順利成為天子門生。比如：「野水無人渡，孤舟盡日橫。」大部分考生的畫都缺乏意境，有的畫了一艘小船停在岸邊，有的畫了烏鴉站在船篷上。而趙佶老師最欣賞的卻是一幅「人臥舟尾圖」。

人在船尾斜躺，手中握著一支笛子，其意是遊船的人很閒，有情趣。

比如：「竹鎖橋邊賣酒家。」奪冠的作品並沒有直接畫出小酒館，只畫了一面旗，上面寫著「酒」字，而這面旗又在竹林之中若隱若現。可見考入畫院不僅要求專業過關，還得有悟性。

畫院的學習時間是三年，課程有宗教藝術、人物、山水、鳥獸、花竹、建築等課程及《論語》、《孟子》等文化課。

優質的生源、全面的教育，造就了傑出的人才。一一一二年，十八歲的王希孟展現出非凡的天賦，於是趙佶決定親自指點他筆墨技法。僅半年，王希孟的水準就突飛猛進。第二年王希孟就畫了一幅《千里江山圖》進獻給皇帝，此外還有畫《清明上河圖》的張擇端、畫《萬壑松風圖》的李唐。畫院就這樣培養出了一大批傑出的畫家。

6

某個夏日夜晚，趙佶做了個夢：「大雨過後，天空洗練，只剩下一片天青色讓人心醉。」第二天起床後他就寫下一句詩：「雨過天青雲破處，這般顏色做將來。」這就是大名鼎鼎的汝瓷[43]。

要想燒出純淨的天青色瓷器，就得控制好釉裡的鐵元素，而鐵元素極其善變，溫度過高就會發紫，而溫度太低就會發灰，只有控制好溫度和氧氣，才能燒製出天青色。

日子一天天過去，汝窯的工匠嘗試了無數種方法才成功。可即便如此，每個窯爐一次也只能燒製出十幾件瓷器，可見其珍貴。汝瓷青如天、面如玉、聲如磬，一經面世就成為瓷中「貴族」，當時的達官

43 汝瓷，始燒於唐朝中期，盛名於北宋，位居宋代「五大名瓷」之首，因產於當州市而得名，形成過「汝河兩岸百里景觀，處處爐火連天」的繁榮景象，在中國陶瓷史上占有顯著地位。

貴人無不以擁有一抹「天青色」為榮。

二〇一七年十月，一件汝窯天青釉筆洗[44]在香港拍賣，最終以二點九四億元成交。跨越千年，依舊如此保值。

一一一七年，趙佶決定在開封東北再建一座花園。工程歷時五年，修成後非常豪華，趙佶將其命名為「艮岳」。其周長只有十里多，但天下奇花異草、佳木怪石全囊括在這一方小天地之中，就連建築的名稱都要與眾不同、富有詩意：「蕚綠華堂、承嵐、昆雲亭……」

那些從江南各地運來的「花石綱」也都有了各自的名字：朝日升龍、望雲坐龍、萬壽老松、雷門月窟……其中規模最大的建築叫壽山，那是早已成為道君皇帝趙佶與神仙溝通的地方。

一一二二年，趙佶專門寫了一篇文章紀念這項國家工程的竣工：「因而徽宗萬機之餘徐步一到，不知崇高富貴之榮。而騰山赴壑，窮深探險，綠葉朱苞、華閣飛陛、玩心愜志、與神合契，遂忘塵俗之繽紛，飄然有淩雲之志，終可樂也。」

在他看來，努力奮鬥二十年，大宋的盛世終於來臨了。還有如「艮岳」一般的超級國家工程，可不是一片「豐亨豫大」的神武景象嗎？

7

陳寅恪說：「中華文明歷數千載之演進，造極於趙宋之世。」而宋朝的文明巔峰又在徽宗一朝。作為藝術家，他把簡約素雅的氣質融入書法、繪畫、工藝、園林之中，引領了中國乃至周邊國家千年的審美

44 筆洗是一種傳統工藝品，屬於文房用具，是用來盛水洗筆的器皿，以形制乖巧、種類繁多、雅致精美而廣受青睞，傳世的筆洗中，有很多是藝術珍品。筆洗有很多種質地，其中瓷筆洗最為常見。

觀。作為皇帝，他和大臣推動的社會福利、人文關懷、教育理念，無一不是現代社會的先驅。

如果時間停止在一一二二年，趙佶將名垂千古。可歷史就像雲霄飛車，玩的就是刺激。僅僅五年，就已是斗轉星移、滄海桑田。一一二七年，金兵俘虜趙宋皇室三千餘人北上，還沒走到五國城，不少人就死在了路上。「靖康恥」成為中原人永遠不能忘卻的傷疤。

其實大宋朝是可以不亡國的。金兵包圍開封就一定會亡國？幾百年後蒙古人也經常去北京跟嘉靖皇帝打招呼，明朝不是照樣硬挺了一百年，這事又找誰說理去？況且，在金兵包圍開封時，各路勤王兵馬都紛紛趕來，城中的糧食、軍備也一應俱全，為什麼會在一夜之間亡國？

這一切都是因為「缺乏擔當」和「父子失和」。趙佶缺乏擔當，所以在金兵南下之初他就傳位給兒子，自己帶著親信跑去江南。直到金兵北歸，他又跑回來爭權。

大宋新皇帝趙桓的心情也可以理解：「大難臨頭，您老人家跑路了。等天下太平後，您又回來坐享其成，這麼欺負人？」於是，由趙佶「缺乏擔當」造成了「父子失和」，直接影響了宋朝對金兵的應戰策略。大臣黨爭、皇帝猜忌、勤王兵馬的進退失據，皆起因於此，甚至還出現了「城頭跳大神」的鬧劇[45]。

一念之差，國破家亡。

有人說：「如果宋徽宗生於普通人家，就是一名天才藝術家。」這句話對，也不對。如果生於普通人家，趙佶的藝術天賦必然會得到釋放，但成就可能相當有限。沒有無盡的財富供其揮霍，沒有天生富貴的氣質，沒有「醒掌天下權」的閱歷，很可能不會有後來的瘦金體、花鳥畫、園林等藝術大作。他很可能成為一名「忍把浮名，換來淺斟低唱」的浪蕩才子。

45 此指金兵圍困開封城時，宋欽宗聽信神棍郭京，郭京宣稱他可以用「六甲法」練就神兵退敵，開城門出兵後卻被打敗，郭京又說要帶著人去城外作法才有效果，結果他藉機出城逃跑，金兵也因此攻破開封。

然而當他生於帝王家，用自己的天賦和學識在萬里江山上作畫，給中國留下最絢麗、最令人嚮往的偉大作品，卻又因為自己的軟弱和自私，親手將這一切埋葬。「豐亨豫大」就像他的「瘦金體」一樣，冰冷、殘酷，卻蘊含著一種淒美。

千載之下，唯有一聲歎息。

官場沒有真正的兄弟

1

二〇〇年，曹操和袁紹在官渡對峙，誰都不敢掉以輕心。「官渡之戰」在相當程度上決定了北方的歸屬。當時的袁紹雄踞四州之地，相當於現在的河北、山東和山西，而曹操只有河南和安徽、江蘇的一部分。

在「官渡之戰」中，袁紹擁有地緣、人口和財富等優勢，兵微將寡的曹操只能疲於奔命。最艱難的時候，曹操甚至寫信給荀彧：「文若，我太難了，不如撤兵回許都吧，只要關起門來，我還是一方諸侯，我實在不想拚了。」

荀彧捧著竹簡看完後，生氣地說：「袁紹南下與你決戰，如果扛不住，就沒有以後啦，還關起門來，做夢去吧。主公是最厲害的，加油，好好幹。」

曹操吐槽之後，心情好多了，重新打起精神。兩個月後，他的機會來了。

許攸是袁紹和曹操共同的朋友，他們幾乎同時創業，由於袁紹出自「四世三公」的大家族，許攸毫不猶豫地投奔了袁紹。至於曹操，誰在乎呢。

就像很多兄弟一起創業的公司一樣，公司做大之後，小夥伴以元老自居，處處要求特殊待遇。《三國志》記載，許攸自恃資格老，不停向袁紹要錢、要地位，而袁紹卻不能滿足，於是許攸生出反心。反正曹阿瞞也是朋友，我去投奔阿瞞。也有一種說法是許攸的家人犯了罪，被抓進鄴城監獄，許攸覺得受到侮辱，大怒之下，隨即南下投奔了曹操。

曹操什麼反應呢？拊掌大笑。

剛入曹軍大營，許攸就給老朋友獻了一計：「袁紹的糧草都在烏巢，阿瞞啊，快去燒了那些糧草，不出三天，袁紹必敗。」

於是，曹操選拔精銳步騎五千人連夜去放火。糧草沒了，袁軍喝西北風啊？袁軍大將張郃等人立刻投降，袁紹也兵敗北歸，一場沒有希望的「官渡之戰」就此逆風翻盤。兩年後袁紹病死，再兩年後，曹操攻破鄴城。

按理來說，攻破袁紹的第一功臣是許攸，沒有許攸獻計，也就沒有偷襲烏巢等一系列行動。可他的老毛病又犯了，剛進鄴城，許攸就騎在馬上大大咧咧地對曹操說：「阿瞞兄，要是沒有我，你能進入鄴城嗎？」慶功宴上他也不分場合：「曹阿瞞，你該怎麼謝我啊，普通賞賜可不行。」曹操嘴上笑嘻嘻，心裡卻頗不以為然。

沒過多久就有人告發了許攸，結果許攸被關進監獄，一刀殺掉了事。

這段故事歷來有多種解讀。什麼許攸不懂做人、什麼曹操拉不下面子……但是都不夠深入，我覺得可以這麼看：「不論在袁紹陣營或是在曹操陣營，許攸都依仗身分提出過分的要求。」

曹操也不是心胸狹隘之人，如果許攸是在只有兩人的密談裡表功，曹操肯定不會說什麼，就算有意見，也會藏著。可許攸仗著交情跟曹操邀功請賞，這是以私犯公。曹氏、夏侯氏的將領和曹操的關係更好，如果都這麼做的話，那豈不是亂套了？將來還怎麼帶人？

私交是私交，公務是公務，交情可以私下談，但公務一定要光明正大。那些創業公司發展到一定規模，清理掉那些談交情、倚老賣老的兄弟之後，才能獲得進一步的改良，也是同樣的道理。

2

曹操並不孤單，因為類似的事情劉邦也做過。西元前二〇九年，剛剛從沛縣起義時，「布衣將相」依然是草臺班子，連一身好衣服都沒有，誰也不知道自己的前途在哪裡，甚至連劉邦自己都不知道，明天是不是還能活著。

這樣的條件是當時創業者的標配，大部分人都在混日子，大口吃肉，大碗喝酒，談笑之間稱兄道弟。由於拉不下臉，職位晉升和利益分配往往根據交情以及和上級的關係遠近來劃分。

但劉邦不一樣，還在沛縣時他就定好了賞罰標準，就算是之前再好的兄弟，也要在賞罰標準下提拔、晉升。業績不合格的人，互相看過光屁股也沒用。

比如樊噲，戰碭東斬首十五級、攻城先登斬首二十三級、破李由斬首十六級……記載得清清楚楚、明明白白，一路從舍人升為開國功臣。

比如夏侯嬰，和蕭何一起攻破胡陵，賜爵五大夫，破李由賜爵執帛，因為和秦軍作戰勇猛賜爵滕公。凡是追隨劉邦的功臣，升遷路徑大抵如此。不是說之前關係好就能隨手封官，張口閉口「兄弟在一起開心就好」，而是公是公，私是私。與其說劉邦的兄弟都厲害，不如說不厲害的兄弟都被他淘汰了。是，漢初開國功臣都和劉邦的關係好，但也正因為公私分明，晉升管道清晰，大家才有奮鬥的動力。而那些稱兄道弟的團隊，紛紛消散在歷史的長河。

漢朝建立後，劉邦經常請客吃飯。開國功臣喝了酒，忍不住要爭功，甚至到了拔劍決鬥的地步，劉邦坐在主位上看得心裡煩透了。

叔孫通是儒家弟子，他看出了劉邦的苦惱：「陛下不必憂慮，只要制定禮儀，大家就不會如此了。」經過制定、彩排等一系列操作，此後不論上朝或飲酒，大家都謹守君臣禮儀，不再談兄弟感情。

劉邦滿意得一塌糊塗，並說了一句話：「今天我才知道帝王的尊貴。」你看看，要是公私不分，領袖連最基本的尊重都體會不到。

3

孔子在《論語》中說過：「唯女子與小人難養也，近之則不遜，遠之則怨。」倒不是說女子和小人如何，其實在人際交往中很多人都是這樣。許攸就是「近則不遜，遠則怨」的典型。

自我修養極好的君子畢竟是少數，尤其在職場中，上下級之間一旦談交情，往往就意味著要突破某些原則，要用檯面下的手段來達成目的。因為光明正大的途徑太難，或者耗時太長，所以談交情更有利於走捷徑。捷徑走多了，領袖身邊往往就會形成小圈子，大部分資源都被小圈子瓜分，那些圈外的人得不到利益，他們也會抱團取暖。

而用潛規則聚攏的小圈子往往是最不牢靠的，一旦有風吹草動，猢猻們馬上作鳥獸散，根本不用指望他們有任何留戀。

而團隊由私交而互相抱團也是走向沒落的開始。比如電視劇中的土匪，什麼大當家、二當家，最終都難逃滅亡的命運。其實劉邦也是土匪出身，但他最終卻成了器。其中的根源，引人深思。

再延伸一點。那些平時不怎麼聯繫的親戚一旦找上門和你談交情，往往就是要借錢，如果你讓他寫借條、算利息，他馬上會說：「都是親戚，你怎麼這樣？」因為寫借條、算利息是公，他不願意付出代價，所以才談交情、攀親戚，謀劃潛規則嘛。

以前經常有人找我借錢，其實我也窮得要死，但又礙於關係拉不下臉，只好把錢借出去。借就借吧，可是很長時間都要不回來。後來我就學聰明了，想借點小錢沒關係，但是數額稍多就必須寫借條，並且要簽字、按手印。我不管對方是不是打算按時還錢，甚至可以不催對方還錢，但我一定要有具法律效力的東西來掌握主動權。慢慢地，找我借錢的人果然少了，但是朋友之間的交情並沒有因此而減少，該吃該喝喝，真的輕鬆了好多啊。

如果仔細觀察，你會發現那些事業有成的人往往都是公私分明。而這點在領導者身上特別明顯，說到底，領導者的上限就是團隊事業的上限。

光緒之死

1

一百一十年來，光緒皇帝的身上有這樣幾個標籤。

第一個標籤是純粹的變法者，無私無家，一心為公，彷彿什麼事情都可以為理想和目標讓路。這個標籤是康有為和梁啟超手動貼上的。

第二個標籤是懦弱的楞頭青。在這個標籤下，光緒又變成了剛愎自用、懦弱而魯莽的年輕人，在甲午戰爭和戊戌變法中一意孤行，簡直是天字第一號大傻瓜。

第三個標籤則來自當代。由於已經過去一百多年，某些人把光緒皇帝進一步符號化，把自己的意志強加到光緒身上，想像變法成功後又會如何，這種態度是借光緒的嘴說自己的話。

我一直覺得，上至皇帝，下至百姓，都是有血有肉的人，他們的七情六欲也是共通的。普通人遭遇的境況光緒也會遇到，而作為皇帝，他又有著常人難以體會的折磨。

這篇我想跟大家聊的是光緒的幾個側面小故事，脫離歷史的宏大敘事，也許我們能重新認識這個人。

2

首先是光緒和慈禧的母子孽緣。

一八七四年，二十歲的同治皇帝去世，官方說法是死於天花，但更多人相信，年輕的皇帝是外出嫖娼感染梅毒而死。大清的江山總要有人來繼承，慈禧作為親生母親，她顧不上哭天搶地，而是立刻召開了立嗣會議。

宗室王爺和軍機大臣都參加了此次會議。這種事情總要經過一番爭奪，說不定還能撈到一份擁立之功呢，他們中有的主張立年長的王爺，有的主張立恭親王的兒子。

對於慈禧來說，這些人都不適合，不論從親情或權力角度，立誰為帝都會對自己不利。她真正心儀的人選是醇親王的兒子載湉，而醇親王的福晉是慈禧的親妹妹，也就是說，載湉是慈禧的親外甥。

對慈禧來說，這份血緣關係是宗室諸王、貝勒中最近的，再加上醇親王沒有野心，載湉年紀又小，容易培養、引導，簡直是天選之人。慈禧太后一錘定音，事情就這麼定了。第二天，內務府官員到達醇王府，迎接載湉入住紫禁城養心殿，祭奠完同治皇帝之後，載湉便登基稱帝。

一八七五年，大清改元光緒。

平心而論，慈禧對光緒不錯。由於年紀小，他的肚臍裡總是潮濕有水，慈禧不厭其煩地一遍一遍用手帕擦。我相信，此時的慈禧是有溫情的，她把對同治皇帝的母愛以及喪子之痛，全部用到了光緒身上，並把他當作自己的親兒子來養。

孩子晚上喜歡踢被子，她就細心地蓋好；每當天氣變化，慈禧也特別注意給他加減衣物，生怕光緒著涼感冒。這些瑣事對普通人來說很正常，但在皇宮中卻是很難得的，一般的皇子、王爺都有奶娘照顧，親生母親往往只能簡單地陪伴，根本沒有機會親自照料。

慈禧以太后之尊親自照料光緒，如果說沒有感情，那一定是騙人的。

只從「培養感情」的功利角度來看也不對，人又不是機器，哪能做到冷冰冰的沒有一絲情感。慈禧是女人，而且還是個喪失孩子的母親，她自己都說：「常臥我寢榻上，時其寒暖，加減衣衿。」應該是溫情和功利兼而有之吧。

到了該讀書的年齡，除了師傅教授以外，慈禧還親自教光緒識字，一字一句地為他讀四書五經，生怕沒有盡到做母親的責任。

光緒也很爭氣，特別喜歡讀書。站著讀、坐著讀、躺著讀，用「手不釋卷」來形容也不為過，誰家的孩子如此好學，父母都能高興得拉平臉上的皺紋。而離開母親的光緒也極其依賴姨母兼養母的慈禧，他膽子小，每次聽到雷聲就會往慈禧懷裡鑽。

那些年，母子二人的感情很好。慈禧對光緒傾注心血，一方面是發自內心的母愛，一方面是功利地培養帝后感情，還有一方面是為身後事做準備。

但是希望有多大，失望就有多大。正因為她對光緒寄予了無限希望，所以在得知維新黨人想「圍園劫后」時，她才會有那麼大的反應。養了二十四年的兒子居然想殺母親，慈禧傷透了心，這種想法一出現，帝后的感情也就土崩瓦解了，更別指望身後事。於是就有了後來的廢帝、幽禁等事情。

那麼光緒到底有沒有「圍園劫后」呢？據學者茅海建考證，光緒皇帝對康有為、梁啟超策動的袁世凱兵變一點都不知情，只是康有為、梁啟超和譚嗣同私下聯繫過袁世凱。直到慈禧從頤和園回到紫禁城，袁世凱害怕，才向榮祿告發了此事。根據這一結論，光緒真是鐵打的背鍋俠。但是對慈禧來說，光緒重用康、梁變法，又召見袁世凱，你們都私下串聯了，說自己不知情，誰信啊？既然如此，寧可錯殺，也不可放過。

當然，光緒也有很激進的一面，如果沒有這場「烏龍事件」，他的處境會好很多，畢竟變法是家事和國事，一切都可以商量，而「圍園劫后」卻是碰到慈禧的底線。

3

其次是珍妃。珍妃是官員長敘的女兒，和她一起進宮的還有姊姊瑾妃，雖然是親姊妹，但兩人外貌卻有很大的差別。瑾妃姿色平庸，宮裡的太監和宮女都在背後叫她「月餅」，而珍妃的長相出眾，性格也十分乖巧、討喜，這種性格的女孩往往情商也很高。她們知道什麼該做什麼不該做，說話的時候也總能讓人如沐春風，即便長得不太好看，人緣也不會差，何況在遺留下來的清宮照片中，珍妃也算是顏值擔當了。

進宮那年珍妃十四歲，光緒十九歲。比姊妹倆先進宮的是隆裕皇后，她長得不好看，身材瘦弱而且不挺拔，最重要的是，她性格也不好。隆裕皇后的性格應該是內向型，在外人面前她不多說一句話，因而給不了光緒家庭般的溫暖和撫慰。不僅光緒不喜歡她，她也始終沒有走入姑姑慈禧的心裡。

珍妃得寵全是靠同行襯托。光緒剛親政時，珍妃就一直陪在他身邊，處理完政務之後兩人就一起寫字、下棋，甚至連吃飯也在同一張桌子上。光緒吃一口，然後餵珍妃一口，還要問：「你是我的什麼？」答：「我是你的小可愛呀！」咦，這「狗糧」不要太甜。

當太監把帝妃的親密事告訴慈禧後，老太太居然沒有生氣，反而開懷大笑：「即便貴為皇帝，也會忘記自己的尊嚴啊。」

這種態度和後來判若兩人，基本可以看作是母親對兒媳婦的寵溺，甚至有一種趕緊抱孫子的期待。慈禧顧慮到小夫妻的情緒，去頤和園時還專門把不得寵的隆裕和瑾妃帶走了，讓他倆過二人世界。

除了性格討喜，珍妃還有一項技能。她在廣州長大，晚清的廣州已經是繁華的商業城市，所以珍妃對西洋貨很感興趣，尤其是攝影。攝影在晚清屬於高科技，很多人還在擔心攝影會奪走魂魄時，珍妃已經帶著攝影機在宮裡拍照了。

她拍照的地點不限，物件不限，養心殿、景仁宮都可以拍，光緒、太監、宮女都是她的拍攝對象。珍妃硬生生把威嚴的皇宮搞成了旅遊景點。當時的光緒一心想要變法，他看到中西結合的珍妃怎能不喜歡？簡直就是「只是看了你一眼，就已確定了永遠」。

真正讓珍妃走下坡路的，是她參與賣官。「攝影窮三代，單反[46]毀一生」，珍妃的拍照事業是個燒錢的活，只靠每月三百兩俸祿根本不夠，再加上對太監、宮女的例行打賞，珍妃感覺自己快要窮瘋了，於是她在堂兄、禮部侍郎志銳的攛掇下，參與了朝中的賣官活動。

這是一條龍的產業鏈，志銳在各地尋找客戶，然後由太監打聽有什麼空缺，進一步談攏價格，最後由珍妃向光緒吹枕頭風，這簡直是推廣產品的行銷範本。

珍妃的臥室裡有一個帳本，上面詳細地記錄了官職買賣的價格和名單，收錢多的有四萬兩，少的也有幾千兩。後來東窗事發，慈禧劈頭蓋臉就問：「你怎麼不知道祖宗家法呢，到底是誰教你的？」而珍妃的回答也很衝：「此太后教之。」

唉，被寵溺過頭的年輕人，智商總是很感人。

一八九四年十月二九日，珍妃、瑾妃一同被降為貴人，第二年又重新升為妃，這個時間點很有意思。珍妃被降為貴人時正是中日甲午戰爭最激烈的時候，帝黨主戰，后黨主和，鬥法激烈得一塌糊塗。在這樣的背景下，珍妃的過錯就成了慈禧打壓光緒的一枚棋子，直到《馬關條約》簽訂後，后黨重新占據上風，珍妃姊妹才被重新升為妃。

珍妃的命運是和光緒綁在一起的，甲午戰爭中是棋子，戊戌變法之後，母子關係破裂，珍妃也被打入了鍾粹宮北三所。兩年後，八國聯軍侵華，慈禧太后在西狩之前讓太監把珍妃推入了井中，而此時的

46 編按：指單鏡頭反光相機，即單眼相機。

光緒還不知道自己心愛的人已經死去。

4

然後輪到愛學習的光緒。光緒的好學已經是眾所周知的。光緒登基第二年慈禧就派翁同龢、夏同善做光緒的老師，分別教授讀書和寫字，另外還要學習滿文、蒙文和騎射。這樣坐著讀、站著讀、躺著讀，光緒就一直這樣在親政前讀了十三年書，清朝皇帝中，就屬他受到的教育最好。

稍微大點以後，光緒除了刻苦學習傳統的四書五經外，還對西洋的一切新鮮事物產生了興趣，音樂盒、電話機、火車都是光緒的心頭好，他甚至還學過英語，經常派太監到京城的街上買書，什麼天文、地理、生物等書籍全部帶回宮裡，一度把街上的中文翻譯書籍買光了。其超前意識比當時的大多數人都強，西方傳教士何蘭德曾評價：「光緒是第一個身坐龍椅而臉向未來的人，他的主要目標，是擁有和掌握那些讓洋人在他的子民面前耀武揚威的技術的每一個方面。」

戊戌變法失敗後，光緒被幽禁，偶爾有鐘錶匠會接到宮裡的活，把要修理的東西帶回店裡維修。有一次光緒交給他一隻破損的音樂盒，並在滾輪周圍做了標記，讓他去掉原來的舊釘子，在標記的地方重新插入新釘。

反正你是皇帝，想怎樣就怎樣吧。工匠萬萬沒想到，按照光緒的方法重修音樂盒，居然響起了一首中國樂曲，他不禁感歎：「高手，這是高手。」

那段幽禁歲月，光緒沒什麼事做，上朝時說話也沒人聽。慈禧不在乎他，大臣也不願理他，閒來無事光緒就悶在房間裡讀書。世界各國的法律、財經、宗教等書籍他都讀得通透，直到一九〇八年，他的書桌上還擺著《理財學》。

晚清政壇恐怕沒人比光緒的西學修養更深厚，而且他不是在裝樣子，他是真的在學，光緒曾經向慈禧的女官德齡公主吐槽：「我有意振興中國，但妳知道我不能做主，不能如我的志。」

當初變法時大學士孫家鼐勸他：「若開議院，民有權而君無權。」光緒直接說：「吾欲救中國耳，若能救國，則朕無權何礙。」有這般自廢武功的勇氣，能說他是懦弱之人？顯然不是。

最後說說光緒之死。

眾所周知，光緒皇帝是非正常死亡，這一點幾乎沒有異議。光緒和慈禧的死亡時間只相隔一天，世上哪有這麼巧合的事情。一九〇八年十月，光緒確實病了，但到了十一月病情突然加重。據名醫屈桂庭在《診治光緒帝祕記》中記載，光緒皇帝去世前三天不停地在床上亂滾，大喊肚子痛得不得了。十一月十四日傍晚，光緒皇帝去世。當天晚上，慈禧太后接溥儀入宮繼承大統，自己進位太皇太后，第二天下午，慈禧在儀鸞殿去世。

二〇〇八年，經過法醫、學者對光緒頭髮的鑑定，發現其體內的砒霜成分過高，證實光緒皇帝死於砒霜中毒。當年能給皇帝下毒的，除了慈禧，再沒別人。那麼，慈禧為什麼要毒死光緒呢？

我們都知道，在權力場中爬得越高，越在意身後的評價以及政治遺產的延續性。如果出了任何差錯，不是自己人寫史書，一輩子就白幹了，那些跟著自己混飯吃的一大批猢猻也要垮臺。

既涉及自己的蓋棺論定，還有無數人的實際利益，因此選一個聽話的接班人就顯得很有必要。漢武帝選來選去，最終選擇了年僅八歲的劉弗陵，乾乾淨淨，沒有黑歷史，不會有任何抹黑老爸的動機，而「不類己」的長子劉據可就不一定了。

乾隆剛繼位時，為了拉攏老臣，他把雍正的嚴刑峻法撕得七零八落，一舉推翻了老爸的政治遺產，雍正泉下有知，估計棺材板都要蓋不住了。

而慈禧也是類似的目的，原本光緒是合格的接班人，但是鬧翻以後，兩人的矛盾就越來越大，幾乎到了生死相見的地步，這種局面顯然不能託付身後事。試想一下，假如光緒不死，他會怎麼做？恐怕慈禧的執政合法性會立刻被推翻，雖然礙於孝道不能明說，但總會找到其他的代罪羔羊。基於這個理由，諸位大臣為了身家利益及合法性，會迅速聚攏到皇帝身邊，形成一股選邊站的潮流，而慈禧太后的執政合法性消失後，下一步一定是清理后黨，提拔自己人，這樣的局面，慈禧怎麼可能想不到。

她絕對不會讓類似的事情發生。那麼，實力強橫的后黨不會退出，只能拉著光桿司令光緒一起走，兩人同時去世之後，過往的恩怨也就了結了。慈禧選了溥儀做皇帝，並且讓載灃做攝政王、隆裕太后垂簾聽政，再次形成互相制衡的局面。安排好之後，她才算嚥下了最後一口氣。

至於載灃為了替兄長光緒報仇而罷免袁世凱，那是不可避免的後續。總之，慈禧的身後事辦得挺妥當，只是可惜了光緒。

6

總體來說，光緒皇帝是個善良、勤奮、好學的年輕人，他有理想和熱血，但由於缺乏長期的世事閱歷，導致他不夠穩重，但其可塑性很強。可惜光緒剛得到歷練的機會，就遇到了戰爭和變法，僅憑深宮裡的經驗，還不足以整頓國運。

這不是光緒一個人的悲劇，更是時代的悲劇。

一百一十年來，後人說起光緒都是充滿惋惜，其實不僅是惋惜光緒，更是惋惜日落西山的國運，以及後來的艱苦歲月。於是光緒匯聚了後人的溫情，慈禧則匯聚了後人的憎恨和唾罵。但他們都是末日江山的局中人，只能在原有的框架內打轉，無法超脫時代的局限。

愛也好，恨也罷，他們只是為了自己的利益，拿著手中的牌走一步看一步罷了。用古龍的話說：「江湖人的悲劇難道真的都是他們自找的？」身不由己罷了。

順治皇帝寫過一首〈歸山詩〉，其中有一句「為何生在帝王家」，對光緒而言，也只能說一句「為何生在帝王家」。

清朝順治、光緒這兩個年輕皇帝雖然沒有說過同樣的話，內心卻有著相同的感慨。順治由攝政王得國，光緒身後則由攝政王亡國。還真是巧合。

第五章　將臣的命運

謀家謀國謀天下，萬般皆難

這個世界沒有真正的英雄，
只有披荊斬棘過關斬將的凡人，
只有強大的內心，
才能戰勝世間的苦難。

韓信的六張臉譜，每一張都精妙絕倫

1

明朝學者茅坤曾編寫了一本《史記鈔》，他在書中封了六位神仙：文仙，司馬遷；詩仙，李白；辭賦仙，屈原；酒仙，劉伶、阮籍；而最為人津津樂道的兵仙則是韓信。他的理由是這樣的：「破魏以木罌，破趙以立漢赤幟，破齊以囊沙，彼皆從天而下，而未嘗與敵人血戰者。」

總體來說，韓信總是能發揮主觀能動性，利用地球母親的褶皺皮膚來打敗敵人，從來不猛打猛衝。從此以後，韓信在「國士無雙」的名聲之外又加上了「兵仙」的稱號。

不僅是名字被擺上神壇，他的形象也變得越來越模糊，只剩下幾個成語陪伴在身邊，以供群眾在街頭巷尾議論紛紛：國士無雙、胯下之辱、多多益善……

一個從平民崛起的大將軍，一個橫掃半壁中國的無敵統帥，一個左右天下走向的諸侯王，一個被後世景仰的兵仙，他到底是怎樣的一個人？韓信：「我足足有六張臉譜，每一張都精妙絕倫。」

2

韓信還未成年時他的母親就去世了。儘管秦朝的環境保護政策很好，保留了許多山清水秀的風水寶地，但韓信依然沒有看上眼。他背著母親的遺體來到了一處荒地，鄭重其事地把母親埋在了荒地的中心位置，這倒不是韓信占有欲強，而是他有一個夢想：將來要用一萬戶人家為母親陪葬。一萬戶，按人口算是五萬人左右，而韓信要讓他們死後都埋在這裡，在另一個世界伺候自己的母親。

在階層格外森嚴的年代，這是國家級大人物才能有的待遇，可見韓信當時的野心有多大。但仔細想想，能夠事業有成的人心中都有一股氣，這股氣支撐著他們度過艱難歲月，也幫助他們在平庸的年代依舊充滿信心，在巨大的挫折面前可以咬牙挺過去，在暗無天日時可以埋頭苦練「內功」，在機遇來臨時可以迅速抓住。

這股氣就叫作希望。只有胸懷希望的人才能戰勝歲月的折磨，迎來光芒萬丈的朝陽。韓信就是一個對未來充滿希望的人，為了讓情懷落地，他必須要有足夠的實力。

母親去世後，成為孤兒的韓信依舊苦讀不輟，只不過他只喜歡讀兵書。走在路上看，回到家裡看，閒來無事時他還會在沙地上指畫山河。把所有的時間都投入這個業餘愛好，導致他根本沒有其他技能，種田、經商統統不會，就連小吏的隊伍也不歡迎他。

沒有收入來源，也得吃飯吧？韓信決定去朋友家蹭飯，一連蹭了好幾個月，朋友的老婆就嫌棄他了，從此對他大門緊閉。說實話，有韓信這樣的蹭飯朋友，換作是我，我也煩。好在淮陰縣（今淮安市淮陰區）的水資源豐富，縱橫交錯的河道裡有無數的魚類，那就去釣魚吧。一個小夥子沒有任何生存能力，只能靠釣魚為生，河邊洗衣服的大娘都替他害臊。有位大娘實在看不下去了，於是拿出自己的飯遞給他：「小夥子，吃吧，你正是長身體的時候。」

韓信默默打開飯盒，赫然發現一隻大雞腿，瞬間感動得鼻子發酸：「大娘，將來我發達了一定好好報答您。」

這就是韓信的第一張臉譜：不屈。即便身陷泥潭也絕不辜負生活，即便是一根狗尾巴草，也要笑出朵花來。不屈服於當下的平庸，只向希望的陽光奔跑。

3

西元前二〇九年，陳勝在大澤鄉打開亂世的枷鎖。原來六國的貴族趁勢舉兵回應，其中最有影響力的是項梁。韓信苦學多年的軍事知識終於等來了用武之地，什麼也不說了，在項梁的軍隊經過韓信家鄉時，他帶著自己的寶劍參加了起義軍。

韓信沒有項羽的貴族出身，也沒有劉邦的長袖善舞，所以他的起點很低。但金子總會發光，在那個文盲遍地的年代，能識字就是了不起的知識分子，更何況還是懂兵法的專業人才。所以韓信的職位一步步地提升，他的眼界、經驗也在一步步地積累。

他見過前線最慘烈的廝殺，也見過最無奈的生離死別。他親手殺過無數的敵人，知道軍隊該如何取勝；他經歷過項梁戰死的定陶之戰，知道主帥的錯誤判斷會給軍隊帶來多大的損失。豐富的理論知識結合無數的實踐經驗，讓韓信發生了質的變化：他逐漸具備了一名偉大統帥的素質。

隨著工作業績的提升，韓信在項梁戰死後成為項羽的執戟郎中[47]。眾所周知，在領導者身邊工作是最吃香的，將來隨便安排一下，就能過上美滋滋的日子。但那是對普通人而言，而韓信不是普通人。他經常利用工作之便向上司建議：「我覺得那裡可以打一下，肯定能贏。」、「你這個決定不對，會付出很大代價。」、「唉唉唉，項羽你是不是傻？」

哪個上司能受得了這樣的屬下，人家也是要自尊心的好不好，所以等待韓信的，只有項羽的白眼與呵斥。韓信心裡也苦啊，明明是正確的意見，為什麼你就聽不進去呢？可鍾離昧聽進去了，一個執戟郎中能夠得到軍隊大將的賞識，可見此人有幾把刷子。

47 編按：一種古代警衛，為帝王或宰相、將領看守宮門，屬中下級武官。

項羽的傲嬌氣質在滅秦後發展到了極致。二十六歲的年輕人，經過短短三年時間就打敗了幾十萬敵人，成為滅秦的主力，真正掌握了時代的話語權，膨脹是在所難免的。

韓信在項羽的軍營裡再也找不到自己夢想的歸宿，於是他做了一個偉大的決定——跳槽。是的，我用了「偉大」這個詞。在項羽功業最輝煌的時候敢於轉身說拜拜，這是需要巨大的勇氣和魄力的。而韓信作為項羽的身邊人，能夠放棄到手的高薪和身分從頭開始，這份勇氣和魄力足以稱得上「偉大」。

這就是韓信的第二張臉譜：勇氣。他不再追求苟且的生活，而是真正為自己的價值而活。如果不是自己想要的人生，他轉身就走，絕不帶走一個銅板。

4

在後世兩千年裡，人們對韓信的評價有統一的標準：「目光短淺，對劉邦抱有天真的幻想。」當我們翻開史書就會發現韓信的一個基本信念：「君以國士待我，我以國士報之。」而這種信念是貫穿春秋戰國時代的基本價值觀。

從項羽集團裸辭後，韓信來到了劉邦的隊伍中。有才華的人到哪裡都會被賞識。這次賞識韓信的是劉邦的老鄉夏侯嬰、蕭何，他們像獻寶一樣爭著把韓信推薦給劉邦。

當時劉邦剛剛被項羽趕到漢中，八成心情不太好，對夏侯嬰、蕭何的推薦也沒怎麼放在心上。這時，潛藏在韓信心中的「國士夢」復甦了：「既然你看不起我，那我也看不起你，告辭了。」在一個月黑風高的夜晚，他牽了一匹馬就走了，打算尋找下一個機會。蕭何是真的欣賞他，聽說韓信撒腿跑了，他連報告都來不及打，就上演了一齣「月下追韓信」。

這可把劉邦嚇壞了：「蕭何要是跑了，我跟誰一起打江山？」蕭何告訴他：「韓信是國士無雙，你一定要拜他為大將軍。」好吧，好吧，看在你的面子上，我就大方一次。從此以後，韓信一躍而起，成了漢軍的大將軍。

由一介布衣之身，因君主的賞識而成就高位，這種模式是不是很熟悉？沒錯，管仲、張儀、蘇秦、樂毅等人都是以這種方式登上高位、建功立業的。

韓信追求的只是君臣平等對話的姿態。

劉邦的登壇拜將讓韓信感動得熱淚盈眶，他決心用滿腔的抱負為劉邦的江山畫出最美的顏色。短短四年的時間，出陳倉、定三秦、滅魏、擒趙、破代、降燕、伐齊，直至垓下全殲楚軍，為劉邦打下了大漢帝國的半壁江山。

西元前二〇三年，剛剛打下齊國的韓信寫了一封信給被困滎陽的劉邦：「齊國實在太狡詐了，不如設立一個代理齊王，才能鎮得住。我覺得自己有這個能力，要不我試試？」劉邦一看這封信差點被氣死：「我被困在這裡，就盼著你來救命呢，你倒好，居然趁機要脅我。」

一件事引發出利益糾紛中兩個人的態度：劉邦要的是大一統帝國的郡縣制，韓信夢想的是春秋戰國時的封國制。

這也是韓信的第三張臉譜：尊嚴。你看得起我，我就看得起你；你以國士待我，我就以國士報之；我為你打江山，你就得給我回報；君臣間可以平等相待，而不能讓臣成為畏畏縮縮的奴僕。

5

劉邦選擇迎接撲面而來的時代變革，擁抱秦始皇開創的大一統帝國制度，而韓信選擇留在他夢想中的歲月，君臣如朋友，合則留，不合則去。他要挺直腰板、堂堂正正地活在天地之間，不為功名利祿而低三下四。

正因如此，韓信可以在攻下齊國後理直氣壯地伸手向劉邦要齊王的爵位，他的理由很簡單：「我為你建功立業，你就要給我封土地，自古以來就是這樣。」他可以在擁兵幾十萬時拒絕項羽的拉攏，放棄三分天下的宏圖大業。他的理由仍然只有一個：「劉邦對我好，我不能背叛他。」

站在我們的角度來看，劉邦和韓信都沒錯，他們不過是在社會轉型的大時代中做出了各自的選擇罷了，而這也是韓信的第四張臉譜：掙扎。

讀懂了韓信，也就讀懂了曾國藩、李鴻章、袁世凱，甚至王國維、陳寅恪，讀懂他們在大時代中的渺小與反抗，以舊社會的規則闖蕩新社會的蒼涼與無助。

讀懂了劉邦，也就讀懂了秦始皇、孫中山，讀懂他們以一己之力迎接新時代的勇氣和雄心。

6

韓信並不是謙謙君子，他也有私心。西元前二〇二年，劉邦帶兵趕到垓下，他想像中「千軍萬馬來相見」的壯觀場面並沒有出現，因為韓信、彭越都知道：「項羽要完蛋了，這是最後一次瓜分地盤的機會。」在得到劉邦明確劃分地盤的承諾後他們才帶兵前來，在垓下給了項羽最後一擊。

連著被要脅兩次，劉邦要是不憤怒那就不是劉邦了。西元前二〇一年，也就是平定天下的第二年，劉邦藉口去雲夢澤度假，邀請韓信來喝酒，結果一見面就把韓信給五花大綁，度假也取消了，一行人直接回了長安。

劉邦盯著韓信的眼睛說：「有人告你謀反。」韓信冷漠地回答：「敵國破，我也該死了。」回到長安後，劉邦還是把韓信給放了，並給了他一個「淮陰侯」的爵位。如果他能安分守己，也許還能活下去，但他的「國士夢」又復甦了：「我對你這麼好，你居然坑我。你不仁，就別怪我不義。」

這是韓信的第五張臉譜：幼稚。他自始至終都沒有搞懂這個時代的規則，還是一廂情願地活在自己幻想的世界中。

這之後他的反應是「常居怏怏」。幹啥都不高興，覺得世界上所有人都拋棄了他。出去逛街不小心拐到了樊噲家裡，人家好心好意地用隆重的禮節迎送他，他居然來了一句：「淪落到跟你為伍，真是笑話。」

跟樊噲生悶氣也就算了，問題是他還真打算謀反。劉邦的老部下陳豨被任命為代國相國，在赴任前他去跟韓信告別。他倆手拉著手在花園中漫步，韓信說：「你去的地方遍地是精兵，如果你要造反，陛下一定會親自去討伐你。到時候我在長安做內應，一定能夠成大事。」

陳豨素來相信韓信的才能，這項計畫他一口就答應了下來，剛去代國他就反了。劉邦果然親自帶兵去平叛，韓信在長安也準備採取行動，沒想到卻被家奴告發了。

人證、物證俱在，那就別想跑了。呂雉和蕭何想了個主意：「告訴韓信，劉邦打勝仗回來了，要請你來吃飯。」為了假戲真做，蕭何還親自去請他：「身體有病也撐著去吧，走個過場。」

這下子好了，進宮就別想再出去。這個親手把他推上高位的人，又親手把他推下了地獄。

韓信的第六張臉譜就是任性。恃才傲物的是他，目空一切的是他，不識時務的是他，不懂政治的還是他。

其實，對韓信來說，最大的敵人就是他自己。

7

這個世界沒有誰是真正的英雄，在成長的過程中必然會遭遇無數的挫折，這時你才會知道，要實現心中的夢想有多艱難，以及這個世界的苦難有多恐怖。也只有到這時你才會知道，只有自己內心強大，才能戰勝所有敵人。

有時人生的差距就在這裡，跨過去成龍，退回來成蟲。那些鼓足勇氣邁出第一步，超越苦難、戰勝敵人的人，我們都稱之為英雄。

韓信以布衣之身闖蕩世界，在人命賤如草的亂世，憑一己之力戰勝了貧困的生活、低下的起點、渺茫的前程、強大的敵人，即便他有一肚子的不合時宜，即便他有不識時務的迂腐，即便最終身死族滅，但韓信依然配得上「英雄」的稱號。

九百年後，杜甫寫了一首評價「初唐四傑」的詩：

王楊盧駱當時體，輕薄為文哂未休。
爾曹身與名俱滅，不廢江河萬古流。

這首七言絕句用來評價韓信，也恰好適合。

懷才不遇的賈誼

1

西元前一七三年，長安未央宮宣室殿，昏暗的燭光照映著兩張年輕的面孔。賈誼：「陛下，我想死你了……」漢文帝：「賈誼，你受苦了。」

漢文帝看著賈誼蒼白的臉龐，心疼得快要落淚。賈誼看著漢文帝期待的眼神，萬般感慨。那天晚上，賈誼和漢文帝促膝長談。從北方的匈奴談到長沙的百越，從東方的藩王聊到長安的朝廷，從儒家的改革講到宣室的鬼神。兩人聊啊聊，越說越起勁，漢文帝不知不覺就把屁股下的墊子往前挪了挪，連賈誼的唾沫星子噴他一臉也不在乎。

天亮了，漢文帝伸了個懶腰：「三年不見，我以為學問比你強，沒想到你還是這麼優秀。」面對如此優秀的賈誼，他鄭重其事地為賈誼安排了工作：「梁王是我最喜歡的小兒子，你去當他的老師吧。」說完他拍拍賈誼的肩膀，鼓勵他好好幹。賈誼傻眼了：「不留我在長安嗎？」

2

賈誼十八歲時就非常有才氣，他隨手寫出的文章就能造成洛陽紙貴。有一天河南太守吳公登門拜訪：「小夥子，跟我混吧，我看好你喲。」堂堂的二千石年俸的官員親自來請，還有什麼好考慮的呢？

賈誼用濃重的河南話說：「中。」

風華正茂時，賈誼已經開始了輝煌的人生旅程。吳公在處理公務時經常會歪著頭問他：「小賈，你怎麼看？」上司原本只是想考考他，沒想到賈誼張嘴就來：「我覺得應該……」吳公一聽：「嘿，有道理，就這麼幹。」

如果你懷疑一個小孩子怎麼會懂這麼多，那你肯定沒見過賈誼努力的樣子。世間從來就沒有天才，只有努力不息的有志之人。

吳公在辦公室忙碌時，賈誼在熟讀文件和資料；官員到基層調查時，賈誼親眼看見了窮苦百姓的生活；當別人洗澡睡覺時，賈誼還在秉燭夜讀，揣摩學問。

三年的時間已經讓這個青澀的洛陽神童經歷了一場鳳凰涅槃，此時的賈誼早已成為胸懷天地的青年才俊。

3

西元前一八〇年，漢文帝繼位。坐在老爸傳下來的龍椅上，他感覺自己志得意滿，於是立刻下令：「對天下郡縣進行政績考核。」結果吳公治理下的河南郡名列第一。

此時的漢文帝剛剛被大臣推舉上皇位，急需培養自己的親信、嫡系。於是吳公被上調朝廷，成為九卿之一的廷尉，賈誼也水漲船高，順勢被吳公推薦給了漢文帝。

命運的安排就是這麼奇妙，二十四歲的漢文帝和二十一歲的賈誼在茫茫人海中相遇，心臟怦怦地狂跳：「是他，是他，就是他。」他們即將上演一齣「君臣相知」的戲碼，而觀眾就是滿朝的文武大臣，免費送票，不看還不行。

這時的賈誼官職不高，還只是個博士[48]，但身在漢朝官場，只要能力好，恰好上司又想提拔你，升官就是一轉眼的事。

漢文帝經常心血來潮拿出一套方案、一道題目交給博士們討論，別的博士都傻了：「完全沒有準備啊，連招呼都不打，做事怎能這樣啊？」可如果做什麼都要提前準備好，黃花菜都涼了。在同事抓耳撓腮之時，賈誼鎮定地站起來，對上司提出的問題抽絲剝繭，然後給出精闢、新鮮的答案。一次、兩次、三次……賈誼持續刷新著自己的紀錄，給漢文帝成噸的驚喜。

優秀的賈誼讓漢文帝產生了一個錯覺：「這將是與我終生相伴的賢臣，我們一起討論學問、分析國情，直到天下大治的那天把酒言歡。」於是，賈誼的官職一次次地提升，只用了一年時間就成為一千石年俸的太中大夫。這時賈誼才二十二歲。

少年得志，又深得皇帝信任，這讓賈誼產生了一個錯覺：「無論我做什麼事都不會有人敢反對。」當時的漢朝創立才二十多年，制度還很不健全，藩王林立，皇權不振；諸侯滿朝霸占要津；商人橫行，糧食減產；禮儀不全，毫無秩序……這些事關國家長治久安的問題有人看到了，但不敢說；有人能做，但不願意去做，大家都秉持著「多一事不如少一事」的原則，只求保住自己的職位和薪資。但賈誼不一樣，他看到了就必須要說出來。

西元前一七八年，賈誼給漢文帝寫了一封信，叫〈論積貯疏〉：「現在炒作糧食的人太多了，必須給予打擊。」、「吃飯的人多而種田的人少，將來糧食從哪裡來？」、「平時不積累糧食，災荒、打仗時怎麼辦？」漢文帝一看，說得太對了，照辦。

賈誼打鐵趁熱，繼續發表意見：「國家制度不行啊，要進行全方位改革。」、「有爵位的功臣都應該

48 古代負責教學的一種官名。秦漢已有，為掌議論政事及禮儀的官員，漢武帝後專掌經學傳授，晉以後一般都設在太學或國子監中。

回到封地去，做個鄉村土豪就行了，絕不能活到老，幹到老。」

完了，這話一說出來，殺傷力就太大了，瞬間有無數支暗箭瞄準了他。

4

有爵位的功臣統統回到封地，這是讓周勃、灌嬰等老臣放棄權力，全部退休養老，他們跟隨劉邦風裡來雨裡去才掙到爵位，冒著生命危險發動了一場政變才拿到了今天的權力和地位。資歷、地位、軍權都握在手裡，連漢文帝都得讓著他們，賈誼一介書生還能翻起大浪來？

唉，畢竟還是太年輕。老臣們開了一個內部會議，然後開始反擊：「賈誼是個不知輕重的年輕人，愣頭愣腦的就想指點江山，我們絕不答應，皇帝你看著辦吧。」

功臣都發怒了，漢文帝能有什麼辦法？他只好把賈誼貶到荒蠻的南方去，讓他擔任長沙王的老師，這樣既能讓他躲避功臣的迫害，又可以增加他在基層工作的歷練，只要時機成熟，君臣二人就可以繼續聯手，大展宏圖。

有時，暫時的退讓是為了更好地歸來。

西元前一七六年，二十五歲的賈誼收拾行囊，走出巍峨的長安城，他默默地向長沙方向走去，一言不發。他實在想不通：「為什麼正確的意見卻要被打擊？」、「為什麼錯誤的政策就是不能改掉？」

是的，賈誼的意見都是正確的，但那又能怎樣呢？世界並非由所謂的「正確」組成，而是由活著的人說了算，只要符合大部分人的利益，錯誤也可以是「正確」的。賈誼不明白這個世界的複雜，他只有滿腹的才華和敏感的內心。

他沒有看懂漢文帝對他的期許，以為自己被打入了冷宮，前途無望。從那以後，那個意氣風發、指點江山的大才子，成了怨天尤人、自憐自艾的失意人。

路過湘江時他想到了投水自盡的屈原，同樣是忠心耿耿，同樣是報國無門。「我和屈原好像啊，嗚嗚嗚。」於是，賈誼寫了一篇〈吊屈原賦〉。

在長沙時，他正在屋子裡想心事，突然一隻貓頭鷹破窗而入。「啊，這是不祥的鳥啊，我要死了嗎？嗚嗚嗚。」於是，賈誼又寫了一篇〈鵬鳥賦〉。

在長沙整整三年，他除了吐槽就是哀傷，彷彿已經到了世界末日，這樣的性格真的不適合混社會。

賈誼只能承受成功的榮耀，卻不能適應挫折的磨礪。在漢文帝召他回長安時，他一度以為自己要東山再起，興奮地與年輕的皇帝秉燭夜談，但當他得知自己要再次被派到地方擔任梁王的老師後，一顆火熱的心瞬間變得冰涼。

三十年前也有一個這樣的人在中華大地上縱橫馳騁，他的名字叫項羽。得意時意氣風發，失意時又變得垂頭喪氣，他們好像不知道，只有能掌控自己情緒的人，才能掌控自己人生的成敗。

5

賈誼的性格存在很多問題。春風得意時目中無人，承受挫折時自怨自艾，才華橫溢卻不辨形勢，這些都可以做成一頂頂高帽子給他戴上，但不可否認的是：在他覺得人生無望時，依然記得「鐵肩擔道義」的夢想。

在梁國，賈誼除了教導梁王讀書外還要思考很多問題。匈奴經常入侵、諸侯王權力太大、朝廷制度不全，這些困擾著大漢帝國長治久安的問題，在一個又一個日思夜想之後，在他的筆下化作一篇雄文——〈治安策〉。

這篇文章有多厲害？簡單說吧，西漢時就已經出現的社會弊病，潛伏著還未爆發的問題，他都看得一清二楚，並且提出了切實可行的解決辦法。他還分析了秦朝成功和失敗的原因，寫下了〈過秦論〉，送給皇帝和朝廷作為借鑑。

> 秦孝公據崤函之固，擁雍州之地，君臣固守以窺周室。有席捲天下，包舉宇內，囊括四海之心，併吞八荒之意。
>
> ……
>
> 一夫做難而七廟墮，身死人手，為天下笑，何也？仁義不施而攻守之勢異也。

這篇文章有多厲害？賈誼是第一個系統分析秦朝成敗的人，他總結出的結論影響了後世兩千年的統治者，直到現在都還在我們的語文課本上。

曹丕說：「文章者，經國之大業，不朽之盛事。」歷史上符合這一評價的人和文章還真不多，而賈誼恰好是這一小群人中站在金字塔最頂端的那個。這樣的人，足以配得上「國士無雙」的稱號。

現在提起「賈誼」這個名字，往往還是會和「懷才不遇」掛鉤。是的，他在短短三十三年的人生中得罪權臣、有志難伸，終究沒能實現「治國平天下」的理想。後來梁王墜馬而死，他覺得有負漢文帝的託付，最終鬱鬱寡歡而亡。

但他驚豔的才華和璀璨的文章，將一個強盛帝國的理想留在了每一個讀書人的心中。此後的幾十年，三代君王和無數英雄前赴後繼，把他看到的國家痼疾、社會痼疾全部剷除，並將漢文明跨越長城的封障，推到四海去。

直到今天，我們都有一個響亮的名字：漢人。當我們為「文景之治」、「漢武開邊」興奮不已時，不能忘記那個早已遠去的指路人——賈誼。
這又何嘗不是偉大的事業？

三國合夥人：荀彧的生死劫

1

讀三國，荀彧的名字最容易被讀錯。我當年就一口一個「狗或」，現在回想起來，恨不得找個地縫鑽進去。

後來知道了荀彧名字的正確讀法，又去詳細瞭解了他的生平，發現荀令君活得蠻憋屈的，算是在夾縫中掙扎的人生。他少年時就被譽為「王佐之才」，只要努力上進、好好發展，將來一定是當宰相的人。

後來，潁川荀彧名滿天下。袁紹很欣賞他。彼時袁紹是新崛起的軍閥，占據了最富庶的冀州，坐擁幾十萬大軍，顧盼自雄，所有人都看好他的前途。而荀彧此時也逃難到冀州，袁紹經常設酒宴拉攏他：「我有冀州在手，將來招攬烏桓、鮮卑為外援，又有士族支持，何愁大業不成。」、「文若啊，來跟我幹吧。」

這些條件都是伸手可見的，當時沒有人能拒絕。荀彧的很多朋友、同學都追隨袁紹，希望能混個一官半職。可是荀彧不在乎，他不在乎做什麼官、每個月有幾根大黃魚[49]，他腦海中構思的是治國方略能不能實現。

想給天下治病，袁紹是辦不到的。於是荀彧南下投奔了實力弱小的曹操，他要和曹操一起實現自己的抱負。

49 民國時上海俗稱十兩重的金條為「大黃魚」，折合今天的重量是三百一十二點五克。

此時，他們還是一樣的人。

2

荀彧不是單純的謀士，如果把曹氏集團看成公司，他既是創業元老，又是合夥人，手中握有大量原始股份。沒有荀彧，也不會有曹操。

曹操剛創業時沒什麼資本，無非是曹氏、夏侯氏兄弟等武將和草創的軍隊，完全看不出有什麼成就大業的預兆。正是荀彧幫他一手建立了班底。比如荀攸、郭嘉、陳群、鍾繇、司馬懿等重臣，基本上都是荀彧親自帶進組織內部，介紹給曹操的。

或許一開始他們都不信任曹操，但因為相信荀彧，所以他們選擇了和曹操在一起。別人問：「這個閹宦之後行不行啊？」荀彧說：「老曹是個有本事的人，我們一起輔佐他吧。」

正是潁川精英紛紛來投，才讓曹操脫胎換骨，把草臺班子打造成豪華戰艦，而荀彧也成為文官之首。他們是合夥人，不是上下級關係，而荀彧的「王佐之才」也讓曹操能專心軍事。

一九六年，曹操迎奉漢獻帝並遷都許昌，他讓荀彧出任尚書令，相當於漢朝總理，後來他幹了很多年。

之前聊過，漢朝的問題在於士族、豪強兼併土地和人口，導致朝廷沒有穩定的稅收和兵員。對於漢朝的疾病，曹操懂，荀彧也懂，關鍵是，他們的治療方案是一致的。這是合作的基本條件。所以曹操的一系列改革政令，幾乎是荀彧一手操辦的。屯田、整軍、招撫流民，荀彧事無鉅細，都辦得妥妥貼貼。

中原戰亂的年代是他們合作的黃金歲月。曹操帶著家族子弟兵在前線打仗，荀彧帶著潁川士族穩定後方，一旦缺糧、缺兵了，荀彧就能源源不斷地送過來。官渡之戰時曹操有點兒撐不住了，想要撤退。

荀彧寫信說：「不能撤，再堅持一下就勝利了。你是最棒的，加油。」結果曹操果真勝利了。能搞後勤，能出謀劃策，能激勵動員，這麼好的合夥人哪裡去找？

3

荀彧還是曹氏集團的形象代言人。曹操雖做過太尉，家族是鐵打的豪門，但畢竟是閹宦之後，在上流社會依然會被人嘲笑成土包子。但荀彧不一樣，他的叔叔們號稱「荀氏八龍」，荀爽更是有「神君」之稱，不論是名望還是家族人脈，都被荀彧一一繼承了下來。或許有人會看不起曹操，但絕不會有人看不起荀彧。

有了荀彧的輔佐，曹操的「奉天子以令不臣」才能獲得利益最大化。如果連士族都不認同，所謂的天子也就成了雞肋。

那「奉天子以令不臣」到底是做什麼呢？擁兵自重的軍閥是絕不會在乎的，這把利劍的真正目標是各地諸侯麾下的士族豪強，而三國的一切動靜都與士族豪強有關。

比如袁紹能兵不血刃地進入冀州，就是河北士族充當帶路黨。劉表能迅速穩定荊州，是贏得了蔡、蒯兩家的支持。

得士族者得天下。奉天子以令不臣，與其說號令的是諸侯，不如說是用天子的名號和士族統一戰線。既然是這樣，曹操就只能抓大局，但真正操作這條線的，依然是荀彧。

有多少人是為了潁川士族才投入曹營的，又有多少人是因為荀彧才追隨曹操的，恐怕大家都說不清楚。

這就是荀彧的合夥人地位。主理內政、統戰外部。更重要的是，曹氏集團內部也和他有著千絲萬縷的關係，曹操真正能信得過的，恐怕就只有武將了。

二把手做到此時已經是很危險了，更何況他們的理念也出現了分歧。

4

荀彧和曹操合作的基礎是給大漢的江山治病療傷，一旦明確目標就奮勇向前。曹操在這條路上一去不回頭，屯田制只是治標，為了治本他不惜打擊士族，扶持寒門，最後又想用法家替代儒家，得罪了天下人心。統一天下無望時，曹操的野心又極度膨脹。

他有錯嗎？沒有。功業達到曹操的地步，誰又能沒點兒野心呢？而歷來權臣除了再進一步當皇帝外，鮮有能善終的。再說，江山本來就是人家打下來的，如果沒有曹操，天下不知幾人稱帝，幾人稱王，他想再進一步，完全沒問題。這是私心。

從公心而論，曹操想稱公稱王再稱帝，他是不是想用皇帝的權威把改革成果制度化呢？不能說他沒有這樣的心思。可是荀彧不接受啊，他從漢朝的舊秩序中走來，所見所聞都是四百年漢朝發生的一切，歷史的慣性讓他顯得保守，他和大多數人一樣，沒有推倒重來的勇氣，而一旦推倒重來，最大的受害人其實是他自己。

潁川士族賴以維持的根本恰恰是漢朝的舊秩序，那些敵對勢力的統戰分子也是因為依靠漢朝舊秩序才有對話的管道。曹操卻想一條路走到底，把一切都堵死。再說，曹操大力提拔寒門，又何嘗不是擔心他的威望和地位呢，他不可能不清楚。

荀彧只是管理人，他借助舊秩序成就一生功業，而舊秩序又牽絆著他不能和曹操一起攜手開創新世界。不論曹操的對錯，那個年代的人誰不是在摸索、試探呢？荀彧明知道舊秩序有問題，卻只能接受改良，不論私心或是公心，他都不能橫下心來另起爐灶。

這是荀彧的宿命，他只是管理者、執行者、二把手，而曹操才是領袖，他要的是能靈活調動天下人的權力，不受任何羈絆，而不是被派系和情誼所牽制，即便他也只是嘗試。

曹操即將稱魏公時，荀彧看到的是一生理想的破滅，他夾在曹操和舊秩序之間進退兩難。向前無路、回頭失岸，人生的艱難莫過於此。

二一二年，荀彧在壽春（今安徽壽縣）憂憤而死，因為他生無可戀。

5

荀彧死了，他一手打造的潁川士族集團再無能力與曹操抗衡，只能跪倒在鐵王座下山呼萬歲。曹操也失敗了，他最終也無力抗衡歷史的慣性。除了屯田還在繼續發揮作用，其他的都失敗了。法家沒有替代儒家道統，寒門也沒能出現穩定的晉升管道，偶爾的幾次求賢令又能發揮多大效果？只有他們留下的潁川士族和曹魏親貴依然享受著花花世界。

作為潁川士族的第一代掌舵人，荀彧的名聲很好。無論「冰清玉潔」或者「荀令留香」，後人都把最美好的詞彙贈予了他，然而荀彧的彷徨和無力又有誰真正在乎？他只需像一塵不染的日月一樣高高掛在天上，只是精神符號而已。

王安石：人生總要有一種執念，去撐起歲月

1

一〇六二年，四十二歲的王安石已然人到中年。每天下班後，同僚們嘻嘻哈哈地走向勾欄瓦肆[50]，他卻默默收拾好破舊的公事包，拖著一身疲憊回到庭院深深的家中，守著人老珠黃的糟糠之妻。

王安石身為封建官吏，逛青樓、喝花酒、養小妾都是很正常的，可是在女人的問題上，他有一個偉大的理想：一夫一妻制好啊！當同僚們討論春香和秋雅誰的腿長時，他一句話都插不上，與身邊的人格格不入。

王安石倒是無所謂，可是他老婆急了。吳夫人悄悄用三年的積蓄買了個小妾給他，打算給老公一個驚喜，結果老公卻給了她一個驚喜。王安石原封不動地把小妾退了回去，長歎了一口氣：「我老婆能寫詩，『待得明年重把酒，攜手，哪知無風又無雨』[51]，這才情哪是花瓶能比的？」

當人人都沉醉在燈紅酒綠的世界裡時，只有王安石執拗地在自己的領地裡潔身自好。「執拗」成了他一生的標籤，就像一把利刃，劈開布滿荊棘的人生。

---

50 瓦肆是隨著宋代市民階層的形成而興起的一種遊樂商業集散場所。瓦肆又稱「瓦舍」、「瓦子」。取名「瓦舍」是勾畫其特徵，與建築無關。

51 編按：王安石之妻，時稱吳夫人，出身書香世家，能詩善文，此處所引為〈約諸親遊西池〉其中名句，為人所傳誦。

2

時間回到二十年前。二十二歲的王安石伸長了脖子看著皇榜，他一眼就看到了自己的名字，第四名。今日金榜題名，終不負多年寒窗苦讀。

去吏部報到之後，他轉身就離開了繁華的京城，走向大宋的地方州縣。二十年中，他走遍淮南、鄞縣（今寧波市鄞州區）、舒州、常州，歷任判官、知縣、通判、知州，老老實實從基層做起，依政績提拔。其實他一直都有機會入朝為官，在淮南節度判官的任職期滿後他就可以透過朝廷的考試進入朝中，然後慢慢熬資歷，慢慢接近高層，一旦有機會就可以獲得大力提拔。可他偏偏不去，而是執拗地去了浙江的鄞縣做知縣，在這裡，他一做又是五年。

所有人都在想：「這人是腦子有病吧？」王安石知道自己沒病，他知道自己要的是什麼。歷來的官員都在走捷徑，拉關係、送禮、找靠山，又有誰真正關心當官是為了什麼？老百姓的需求、官府的職責、朝廷的利益才是官員應該恪守的本分，而不是個人的俸祿和前程。

他執拗地在地方基層歷練，從最小的職位起步，一級一級地往上爬。二十年來，他修過水利，開過荒田，治過洪澇，鬥過豪強，提拔學子，為民做主。

大宋朝中像他這樣閱歷豐富的官員屈指可數，而能忍受貧窮堅守信念的，除他之外再無第二人。

3

一〇五〇年，王安石在鄞縣任滿後回鄉探親，途經杭州時他遊覽了城外的飛來峰，當他跨過灌木叢和奇潭怪石後終於到達了山頂。放眼望去，湧動的浮雲下是壯麗的大好山河，這樣的美景不經艱苦卓絕的攀援怎能看到？一首〈登飛來峰〉脫口而出：

飛來山上千尋塔，聞說雞鳴見日升。
不畏浮雲遮望眼，只緣身在最高層。

對王安石來說，為了看到人生最美的風景，他願付出畢生心血。

在鄞縣他施行了公糧借貸。春夏青黃不接時，農民的生活是最艱難的，去年的糧食已經吃完，今年的新糧還沒有收穫，於是王安石把官府糧倉裡的存糧借給農民，讓他們在秋收之後歸還，並保證只按市場最低的利息計算。這樣一來，農民有了救濟的口糧，官府也增加了收入，唯一不高興的就是地主、豪強。這種方法後來被推廣到了全國，並被稱為「青苗法」。

一〇六一年，王安石出任工部郎中。新官上任的第一把火他就提議：官府親自下海做茶葉生意，吃相太難看，不如讓茶商去經營，官府收稅就好。從此以後，茶農得實惠，茶商得利潤，官府得稅收，皆大歡喜。

王安石被稱為「拗相公」，可謂恰如其分。他執拗地潔身自好，執拗地行走天下，執拗地打破陳規，只是為了執拗地成就更大的目標——變法。

4

都說宋朝富可敵國，可王安石卻只看到了一個字：窮。那麼有錢的大宋朝，錢都花到哪裡去了？

要籠絡天下的讀書人，就得擴大科舉和官僚，這要花錢吧？要防止災年時農民造反，就要把他們招募到軍隊裡來，這要花錢吧？還有給遼、西夏的歲幣，官員的高薪，大手筆的賞賜，黃燦燦的銅錢就像水一樣被花出去了。直到宋神宗接班以後，他拿到的帳本上只寫著一句話：「百年之積，唯存空簿。」一百年來，基本是月月光、年年光，沒什麼存款。宋神宗欲哭無淚，合上帳本嘟囔一句：「這幫敗家祖宗！」

一〇六八年，宋神宗召見王安石。二十多年來的地方經歷和改革政績讓王安石名滿天下，宋神宗對這次會面有著特別的期待。屁股還沒坐熱，王安石就「開炮」了：「天變不足畏，祖宗不足法，人言不足恤。」

為平定五代十國亂世的祖宗之法早已不適應經濟發達的時代，必須重新制定規矩。年輕氣盛的宋神宗一拍大腿：「好，這就是我想做的事，幹吧！」

兩年後王安石出任宰相，開啟變法的大幕。一項又一項法令從開封發出，在全國的州縣實施了。青苗法、均輸法、市易法、農田水利法、保甲法、保馬法、置將法，甚至還有改革科舉的法令，以後考試不用寫詩，改成讀經典、寫文章啦。

王安石變法主要是加強政府對市場經濟的干預，用「看得見的手」支配經濟運作。幾百年後，這套方法有了一個響亮的名稱——凱因斯主義。

比如，「市易法」就是朝廷出錢收購暫時賣不出去的東西，在市場需要時再賣出去。比如，「青苗法」就是朝廷對農民的小額貸款。至於「保甲法」，就是民兵組織，直到民國時還在使用呢。

變法是王安石向世界發出的一封戰書，等待他的是撲面而來的驚濤駭浪。其中有官場宿敵、昔日好友、頂頭上司、親信戰友。王安石就像一葉扁舟，在驚濤駭浪裡孤獨飄搖，守著他的執拗一往無前。

5

「王安石變法」的本質就是劫富濟貧，用「看得見的手」掠奪地主豪強的財富，再分配給朝廷和貧民，闖過去輕裝前進，退回來大限可期。變法就是拿所有既得利益者開刀，沒人反對才是真的有鬼了。

一〇七〇年，司馬光寫了三封〈與王介甫書〉，並要求王安石廢除新法，回到祖宗之法的正確道路上來。王安石一封〈答司馬諫議書〉把司馬光逼到洛陽去修《資治通鑑》。還有言官、御史罵王安石，說變法成了主要工作，「大奸似忠，禍國殃民」的高帽子也被送了出去，他不戴還不行。

一〇七四年，在新法施行四年後，王安石迎來了沉重的一擊。那年天下大旱，災民流離失所，災情被「有心人」繪製成《流民圖》送給宋神宗。看到這幅畫，年輕的皇帝一下就傻眼了：「說好的國富民強呢？說好的天下晏然呢？這就是朕的江山，朕的子民？」

王安石錯了嗎？沒有。變法有錯嗎？也沒有。可是老百姓非但沒有受到實惠，反而被基層官員強制攤派完成任務，生活得更加艱難，又遭逢大旱災，遍布天下的流民走向城市、鄉村，發出無聲的抗議。宋神宗實在受不了這樣的「壯觀」場面，只好廢除新法，罷免王安石。

如果說來自官場的打擊還可以稱「勝敗乃常事」，那麼來自親信、戰友呂惠卿的背叛就是往王安石的心窩上插刀子。

在離開京城之前，他奏請呂惠卿和韓絳代替自己。可他剛到江寧沒多久，自己親手提拔的呂惠卿為了保住權位，就借「鄭俠案」、「李士寧案」來打擊王安石。心酸、痛苦都不足以形容王安石此刻的心情，此時的他心如死灰。

雖然第二年王安石又被召回朝廷做宰相，可滿腔熱血已不再。由變法引起的新舊黨爭、皇帝的動搖、親信的背叛，無一不讓這個執拗的漢子心力交瘁。在從江寧去京城的路上，他就萌生了退意：

京口瓜洲一水間，鐘山只隔數重山。
春風又綠江南岸，明月何時照我還？

千年來世人都說這首〈夜泊瓜洲〉寫得好，尤其是「綠」字用得傳神。可是他們哪裡知道，這點睛的「綠」字也是王安石用執拗換來的，他足足改了十幾次。

詩詞可以用執拗來換，變法卻不能用執拗來換，王安石能做的，也不過是「盡人事，聽天命」。

6

一〇七六年，王安石第二次被罷相，離開畢生為之奮鬥的變法事業，他把家搬到了金陵，領著一份俸祿卻不工作，實際上處於養老狀態。他吃著金陵的鴨血粉絲和鹽水鴨，心裡想的卻還是變法的事情。人在心在，人不在，心也在。

一〇八五年，宋神宗去世，司馬光執政後盡廢新法。不論好的、壞的、不好不壞的，只要是新法，全部作廢。當聽到效果十分明顯的「免役法」也被廢除後，王安石喃喃自語：「亦罷至此乎？」第二年，心如死灰的王安石也隨變法去了。

登臨送目，正故國晚秋，天氣初肅。
千里澄江似練，翠峰如簇。
歸帆去棹殘陽裡，背西風，酒旗斜矗。

彩舟雲淡，星河鷺起，畫圖難足。
念往昔，繁華競逐，歎門外樓頭，悲恨相續。
千古憑高對此，謾嗟榮辱。
六朝舊事隨流水，但寒煙衰草凝綠。
至今商女，時時猶唱，後庭遺曲。

這是王安石在金陵閒居時填的一首〈桂枝香〉，意思就是：宋朝沒有記取歷史教訓，好了傷疤忘了疼。時隔整整五十年，北宋滅亡。

7

千年來，人們對王安石的評價毀譽參半。變法時被人罵得狗血噴頭，死後更有人把他和王莽、賈似道相提並論：「惟王莽、王安石、賈似道三人歷任未必可行，而皆以擾民致亂。」、「國家一統之業，其合而遂裂者，王安石之罪也。」

變法打亂了北宋百年來的安穩局面，更重要的是，變法得罪了所有的既得利益者，要想保住自己的利益，他們必須把變法踩到狗屎堆裡，再貼上一張告示：此路不通。

雖然變法有弊端，比如官員為求政績考核而強制攤派，比如宋神宗的支持不堅定，但可以肯定的是，王安石變法的年代是兩宋最輝煌的歲月。

天下三十二個糧倉被填得滿滿當當，在西北戰場一掃疲態，有了「熙河開邊」[52]，積累的財富一直用到宋徽宗時期。

然而北宋滅亡，卻把亡國的罪名推給去世幾十年的王安石，這是什麼道理？按照這個邏輯，北宋國力孱弱是不是要推給石敬瑭，誰叫他把燕雲十六州賣給契丹的？

這就是不思自己努力，偏要找外部原因。所以我更傾向梁啟超、曾公亮和黃庭堅對王安石的評價：「荊公之時，國家全盛，熙河之捷，擴地數千里，開國百年以來所未有者。」、「若乃於三代下求完人，惟公庶足以當之矣。」、「餘嘗熟觀其風度，真視富貴如浮雲，不溺於財利酒色，一世之偉人也。」

在浮華的世道中，有人選擇醉生夢死，有人選擇現世安穩，而真正偉大的人，往往選擇把自己化為利刃，刺破泡沫。哪怕最終失敗又如何？

人的一輩子會遇到無數的挫折和誘惑，但仍要執拗地選擇正確的方向，不回頭地一路走下去，用自己的善念推著靈魂向前走，去做一些對得起光陰和歲月的事情。

千載之後再讀王安石，我能感受到的是來自光陰深處的饋贈。

52 編按：指北宋年間一連串開拓邊疆的軍事行動。

曾國藩：一個家族是如何崛起的

1

中國是一個家族社會，這一點毋庸贅言。在由家族組成的社會裡，一個人要想有所成就，必然需要借助家族的力量。家族力量強，起點就高，家族力量弱，成就就有天花板。每個人能做的，要麼借助家族的力量更上一層樓，要麼是從頭做起，帶出一個家族。

那麼，一個家族又是如何崛起的呢？我們不妨拆解一下曾國藩的家族，以說明這個問題。

2

一個家族要想崛起，首先在地理位置上說，要生在一個好地方，或者搬到一個好地方。我說的「好地方」，不是特指「北上廣」[53]這種繁華的城市，而是人文、環境都比較好的地方。為什麼這麼說呢？因為每個地方都有其特殊的屬性，這是多年歷史積澱形成的，完全不由個人意志決定。

比如古代的榆林、大同、遼東都是武德充沛的地方，因為靠近內蒙古草原，對這裡的人來說，人生不經歷幾次戰爭是不完美的，所以這些地方是優質軍人的沃土。如果你喜歡讀書，或者想靠讀書、科舉

53 編按：指北京、上海、廣州。

起家，那麼在這些地方基本沒戲，你很可能連「縣級優秀教師」的稱號都得不到。

長江以南的環境富裕、安逸、太平，成為千百年來出讀書人最多的地方。再仔細分析下去，每個省、市、縣的某些地方，雖然比不上一些繁華的城市，但相對來說，擁有當地最優質的資源就是所謂的好地方。

比如明清時代的山西，很沒存在感吧，還不照樣有「祁太平」等晉商發源地，晉商土氣的富裕，使跟著孔祥熙回山西的宋靄齡大為震驚。

所以你在看名人傳記或族譜時，總能發現一個固定的模式：××公在××時遷來此地。他們和孟母三遷一樣，都是在自己能力所及的範圍內，選擇資源最優質的地方。

曾國藩家族的始祖是曾孟學，他在清朝初年「卜居定業」，才在湘鄉縣（今湘鄉市）定居下來，傳到曾國藩已是第九代。算算時間，已經過去兩百年了。

曾孟學「卜居定業」，其實就是在找適宜居住、發展的好地方，而在農業時代，居住在山清水秀、沒有頻繁洪澇災害的地方，可不是安居樂業嗎？

說到這裡，就有第二個關鍵問題：家族傳承。這點真的很重要。不知大家有沒有發現，最近幾十年崛起的很多富豪，在他們發家致富以後，想把家裡的親戚也帶出來一起做，結果發現親戚都是「豬隊友」。不是合夥掏空公司，就是仗著跟老闆是親戚，為非作歹。到頭來，這些富豪還是只能單打獨鬥。

因此，在未來家族的歷史上，他們不是把家族發揚光大的人，而是家族的創始人，這就屬於沒有家族傳承。如果一個家族每代都有做官、讀書、經商的人，那麼培養出來的孩子必然是優質的，畢竟掌握著優質資源，用資源砸也能砸出一身本事。

所以，一個家族有了數代人的積累，有了各種資源的傳承，抓住機遇出貴子的可能性就大大增加，而沒有積累和資源傳承，出貴子則是碰運氣的偶然事件。

比如曾國藩在湖南辦團練時，他把曾國潢、曾國華、曾國荃、曾國葆等兄弟都帶出來了，個個都精明幹練，工作能力出類拔萃。正是至少三代人的耕讀傳家，才能培養出這些優秀的子弟，碰到機會才可以抓住，成為晚清第一家族。

再說說太平天國的洪秀全。洪秀全攻入南京後把好幾個家族成員都封為王，他也想過讓他們獨當一面，結果一個能打的都沒有，真是典型的「豬隊友」。

這時太平天國和清朝還沒有分出勝負，如果真想培養，還是有機會的，但洪秀全發達之後卻帶不動其他人。所以說，一個家族要想崛起，生在好地方只是起點，每代人努力奮鬥是過程，任何地方出差錯都要從頭再來。

你說一個家族崛起難不難？

3

家族經過幾代人的原始積累，就有機會更進一步，提升一點社會階層和個人地位。那從事什麼職業才能提升家族的社會階層呢？

從政和學術。我們的教科書上有很多歷史名人，孔子、老子、秦始皇、霍去病、戚繼光、張居正、曾國藩等等。仔細看一下，凡是被寫入教科書的名人，基本上都是官員或學者，從來沒有一個商人因為賺的錢多而被正經寫入教科書的。

為什麼會這樣？因為政治和學術是公共職業，不是任何人可以將其私有化的。一個官員，不論你權力有多大，地位有多高，終究會有退休的一天，到那時，權力和地位就要交給接班人。哪怕是可以世襲的皇帝，也從來沒有哪個朝代萬年不朽。「王侯將相，寧有種乎」，絕對不是一句空話。

由於政治是公共職業，官員做幾件好事便會被稱頌好久，這種榮譽感不是商人用錢能買到的，而官員又是掌握生殺大權的人物，從而又能讓人感到畏懼。榮譽感加畏懼感，便是從政的優越性。

學術是拓寬人類認知邊界的職業，但凡能在學術上有一點點成就，必然能在史書上留下濃重一筆。比如司馬遷被漢武帝用了宮刑，他擦掉眼淚寫出了《史記》。日後山河破碎，朝代更替，但後世的王侯將相依然把《史記》奉為圭臬，提起太史公都要頂禮膜拜。司馬遷用學術在每個人的心頭開疆拓土，建起了一個永不破滅的王國。

與之相同的，還有蔡倫改進造紙術、沈括編撰《夢溪筆談》、王陽明發展心學……他們都是用學術書寫歷史，這就是學術的公共屬性。如果說官職難以世襲，那麼學術更不能世襲，因為在所有的職業裡，學術更講究個人的能力與天賦。同樣一門知識，會就是會，不會就是不會，所有的世俗關係都不能替代。

學者能留給子弟的只有名聲。而且一旦學者有學術突破，他面臨的將是造福全人類，這才是無上光榮的大事業。國家和社會怎麼可能不尊重學者？學者的社會地位怎麼可能不高？哪怕是現在的商業社會，只要聽說誰家孩子考上博士了，馬上就另眼相看。如果這個博士將來從事的也是學術工作，那麼他將來傳承給孩子的資源是不是就不一樣了？這樣兩代人下來，一個書香門第不就出來了，家族原始積累也就算完成了。

所以曾國藩等士大夫家族都是學而優則仕，仕而優則學，政治、學術兩開花，就算家族由於政治鬥爭而暫時沒落，但憑藉優秀的學術功底，遲早會有翻身的一天。而商人恰恰是私人職業，基本上沒有什麼公共屬性。

現在很多人喜歡拿「財主修橋補路」說事，但我們要知道，商人修橋、補路沒有強迫性，他願意自然是好事，不願意的話誰也不能強迫。公共和私人的分界線在於是不是被強迫為人民服務。

政治和學術的天然使命就是為人民服務，商業的天然使命是賺錢，這才是公共和私人的區別。

但是經濟基礎決定上層建築。無論是靜下心來做學問，還是不受誘惑為人民服務，都要有經濟基礎做保證，因此，在一個家族崛起的路上，一代人經商努力賺錢也是必須要做的事情。可以說商業是家族崛起的前提，但政治和學術才是根本。

4

如果一個家族已經走過原始積累階段，並且在商業、政治和學術上都有所發展，那麼他們下一步該如何保持地位，甚至更上一層樓？聯姻。中國也好，外國也罷，婚姻永遠是家族中最穩固的關係，將來再生下一個身懷兩家血脈的孩子，那麼這兩家的關係就算永遠綁在一起了。

不管你願不願意承認，血脈才是最堅固的利益堡壘。窮小子難娶白富美，普通女孩難嫁高富帥，原因就在於自身擁有的價值無法和對方做等價交換。白富美或者高富帥的家族幾代人數十年的努力，憑什麼白白送給窮小子和普通女孩呢？

所以曾國藩的子孫後代聯姻的都是紹興俞氏、義寧陳氏等名門望族，紹興俞氏就是臺灣「國防部部長」俞大維的家族，義寧陳氏就是陳寅恪的家族。這才是頂級家族的門當戶對。

當然，有人是可以找到捷徑的。宋朝科舉發展起來以後，就有「榜下捉婿」的傳統，只要你書讀得好，考中進士，長得也不是太抱歉，就有大家族的管家把你拖回家去，劈頭蓋臉就問：「相公前途無量，我家小姐待字閨中，敢問相公有意否？」

要是進士說「好」，那麼當天晚上就能拜堂入洞房，簡直是人在榜下站，妻從天上來。短短一天時間，前程和老婆都有了。

現代社會沒有科舉了，但是有大學。不管多麼厲害的家族，孩子總要讀大學吧，而且是讀頂尖的好大學。大學的四年時間，基本上是平民精英、世家子弟唯一產生交集的時期。於是很多特別優秀的平民精英在大學期間遇到同樣優秀的世家子弟，兩人互相欣賞，畢業後結婚生子。這個平民精英就算進入關係網了，從此打下了畢生事業的基礎。

看起來是癩蛤蟆吃到天鵝肉，對吧，但前提就是，這個平民精英真的特別優秀。長得好看、知識豐富、能力特別強、情商特別高……這些都是優秀的能力，足以得到異性的青睞。

5

我們之前說的，是家族崛起的普遍模式。一般來說，按照這種路子走，做到中產階級就差不多了，想百尺竿頭更進一步，就需要特殊的機緣。

所謂特殊機緣，只能是時代變化。如果沒有太平天國起義，曾國藩的最大成就，大概就是二品京官，在滿人橫行的清朝，曾國藩能否做到總督還不一定，更別提封侯了。

左宗棠基本上是個鄉紳。然而太平天國起義，暴露出八旗和綠營的無能，這才有了清朝重用漢人的策略，曾國藩的湘軍才有機會成立。

左宗棠、彭玉麟、李鴻章等人，無不是抓住太平天國的風口，才成了時代的弄潮兒。

每次時代變化，都要淘汰一批舊勢力，但總有那麼一批不甘人下的強者，會抓住機緣成就一番事業。而能否抓住機緣，完全要看過去幾代人的積累程度。

有人說：「兒孫自有兒孫福。」這話不錯，誰都管不了兒孫的事情，他們的福禍都是自己的事，但一代人有一代人的責任。你不盡到自己的責任，就是把責任推到下一代，你這輩子沒有完成的事情，孩子們就要重複你走過的路。

這個世界是接力賽，從來不是百米衝刺。要是每代人都想著「兒孫自有兒孫福」，那麼當下一個時代變化到來時，你的兒孫還是沒能抓住機緣，那還談什麼改變命運呢。抓住機緣能不能成功是一回事，能不能抓住又是另一回事。有些人趕上時代變化，莫名其妙就成功了，回過頭來再看，自己都不知道為何，不禁感慨：都是運氣，都是運氣啊。

對，都是運氣。但好運氣不會降臨到每個人身上。

6

說了這麼多，可能大家都絕望了，家族崛起如此艱難，普通人難道就沒機會了？

那倒也不是。任何時代的階層都不是絕對固定的，個人和家族也是流動的，沒有哪個家族能永遠站在舞臺的中心。

俗話說富不過三代，也是有道理的。官員退休，人走茶涼；學者去世，後繼無人；商人經歷波折，更是家常便飯，這些都可能是一個家族衰落的起點。畢竟，能把家族發揚光大的都是厲害角色，子孫後代很難有他們的能力和機緣，想保持住家族的地位是很難的，所以強人的子孫後代，每代人都要比上一代降一級。而那些接替他們的，就是逐漸崛起的新家族。

很多人覺得不公平，其實大可不必。我們之前看到的暴發戶太多，於是提高了整個社會的閾值，以為暴發戶是常態，現在走到社會轉型的十字路口，很多人還沒完全轉過來。

慢慢地大家就會知道，上一代人走完三代人的路是非常態，按部就班用三代人走完之前一代人的路，才是常態。

遊戲規則變了。人永遠不能改變社會，只能適應社會，到什麼山頭唱什麼歌，什麼時代做什麼事情。

因為這個世界從來沒有絕對的公平，只有相對公平。我們能做的，只有在相對公平裡得到公平。

不過話說回來，家族是把雙刃劍。歷朝歷代想徹底抹平的，就是各種盤根錯節的家族勢力，而每個平民精英的最大理想，卻是用自己的努力，成就一個輝煌的家族。

李鴻章：卿本佳人，奈何做賊

1

一八四三年，一輛馬車緩緩駛出合肥，向北而去。二十一歲的李鴻章接到父親的書信，要他去北京學習，利用優質的教育資源準備第二年的鄉試。

江淮的蒼翠逐漸轉變為燕趙的荒涼，李鴻章的心情卻越來越激動，一扇嶄新的大門就要向他打開，而門裡是平日只聞其名的理學大家曾國藩、經濟學家王茂蔭……大清國四萬萬人口，能得到這樣機遇的，又有幾人？

他下定決心：「此次進京，定要立功名，建大業，方才不負天生七尺之軀。」在顛簸的馬車上，他寫下了十首〈入都〉。其中被傳誦最廣的是第一首：

丈夫只手把吳鉤，意氣高於百尺樓。
一萬年來誰著史？三千里外欲封侯。
定須捷足隨途驥，那有閒情逐野鷗。
笑指蘆溝橋畔路，有人從此到瀛洲。

少年的雄心壯志躍然紙上。第二年，李鴻章中舉人後就拜入了曾國藩門下，學習「經世致用」之學。

他從沒想到，在辭章、考據之外，還有如此學問。

一八四七年，李鴻章再次走入考場，一舉中進士。這一年，他才二十五歲。從此以後，他一路平步青雲，走入歷史的旋渦。

榮華富貴、煊赫滿堂源於此，生前身後的毀譽參半，也源於此。

2

一八五三年，太平軍攻克安慶。李鴻章慫恿安徽老鄉呂賢基：「太平軍在安徽肆虐，前輩應當護衛鄉梓，我替你寫奏摺。」

不久後，咸豐皇帝便任命呂賢基為「安徽團練大臣」。這時的呂賢基已經五十歲了，他本不想管這事，沒想到被趕鴨子上架，於是氣得大罵：「你小子害我，哼，你也別想跑。」於是，一老一小統統投筆從戎。

很多人以為，李鴻章是橫空出世，然後定上海、平撚軍、統領千軍萬馬遙控朝政，其實哪有那麼簡單？三十一歲的李鴻章帶著剛剛招募的士兵，打仗毫無章法，「專以浪戰為能」。不講究方法、策略，先打了再說。但任何事想要做好，唯有一條路：「無他，唯手熟耳。」

整整五年，李鴻章一直跟著前輩作戰，邊觀摩邊學習，直到親手實踐，他才最終明白了軍隊和戰爭。從最初的浪戰到總結經驗教訓，一步步學習深化，最終形成適合自己的方法論。這是進入新領域的唯一法門。

一八六〇年，太平軍攻破江南大營，上海形同孤島。早已成為湘軍幕僚的李鴻章被曾國藩派去組建淮軍，然後東進救援上海。

一個幕僚想要組建軍隊，可能嗎？其實也不難。他找到的第一個人叫張樹聲，此人曾是李鴻章父親的幕僚，後來自己辦團練，配合李氏父子作戰多年。他聽說李鴻章回到安徽創建淮軍，於是馬上帶人投靠，然後又親自出馬說服了潘鼎新、吳長慶、劉銘傳等人，帶領部隊投靠李鴻章。他們不是李鴻章的朋友，就是其父的門生、舊交，也就是說，李鴻章把他的親朋好友都拉來了。在廬州府，李氏父子一呼百應。

一八六二年二月，李鴻章率領九千淮軍馳援上海。當時的上海已經是遠東最繁華的城市，但上海的官紳卻有些崇洋媚外。他們紛紛慷慨解囊，進獻洋人，希望他們能充當上海的保護傘。而看著千里遠來的淮軍，「皆笑指為丐」。

不顧危險前來救援，卻被同胞看不起、嘲笑，甚至在背後編段子調侃，李鴻章怒了，他決定用勝利讓這些人閉嘴。為鼓舞士氣，他親自走上第一線與士兵共同作戰。只用了不到半年時間，九千淮軍就和太平軍打了三場惡戰，三戰三捷。這讓那些看不起他的人徹底閉上了嘴。

3

李鴻章屢敗太平軍，又在上海把軍器全部換成洋槍洋炮，戰鬥力在清軍中首屈一指。這樣的人物，自然不缺官做。

一八六二年，李鴻章被授予江蘇巡撫；一八六四年，清廷封李鴻章為一等伯，賞雙眼花翎；一八六五年，李鴻章出任兩江總督；一八六七年，李鴻章官升湖廣總督、協辦大學士；一八七〇年，李鴻章調任直隸總督兼北洋大臣，成為洋務派首領，也是清朝八位封疆大吏之首。

四十八歲的李鴻章一步步走進權力的中心，他終於實現了「著史封侯」的少年夢想，可他也變了，變得不再是曾經的自己。

少年時的李鴻章，頗有「五千年終於等到我上場」的氣概。無數夜晚的孤燈苦讀，無數戰場的血肉橫飛，無數官場的明槍暗箭，他都闖過來了。

肆虐江南的太平軍為他提供了一個廣闊的舞臺，讓他得到了前輩沒有的機會，也在清廷建立了漢人不曾有過的功勳。李鴻章的前半生是一部奮鬥史。然而當人生走上巔峰後，他卻變成了當初自己最痛恨的人。

4

首先是軍隊的任性。電影《投名狀》中的龐青雲說：「入城以後，一半財富是軍餉。」李鴻章的淮軍也是如此。

一八六二年，淮軍剛到上海時沒有經費，每頓飯吃的只有糙米和鹹菜。直到打了勝仗後，搶到的「金釵銀寶堆案，高數尺」。此時的淮軍有錢到什麼程度？他們不在乎軍餉有多少，反正有別的門路。不論有多少戰利品，每個士兵都要給上級軍官一份「孝敬」，每個軍官又會給李鴻章「孝敬」，大家有錢一起賺。

在李鴻章的縱容下，淮軍上下都成了富豪。「廬州府屬合肥、廬江、舒城等縣，軍功地主每縣多者近千，少者也有數十人。僅舒城一縣就有軍功地主三百人以上。」

其次是對平民的屠殺。如果說搶掠財富在封建社會是普遍現象，那麼屠殺平民則是挑戰了人類的道德底線。

淮軍攻破江陰後，張樹聲派士兵把守四座城門，強占城內的財富和房產。如果有百姓回到自己的房子，士兵會說：「現在歸我了，我賣給你。」人在屋簷下，誰敢不低頭？但當百姓把自己的房子再買一次後，士兵只願意讓出一張床的位置。你住了，讓兵大爺住哪？

顯然，一座城池已經滿足不了淮軍的胃口，常州、無錫、蘇州、上海一帶，都是他們的活動範圍。「自常以東及松郡道路，剽掠無虛日，殺人奪財，視為應然。」

李鴻章的家族是世代耕讀傳家的寒門，到其高祖父時才「有田二頃」，其父李文安中進士後，家族才逐漸顯貴。當他縱容淮軍屠殺平民時，不知是否想過：那些人就是當年的自己，自己的祖先也和他們並無二致？

5

在晚清，最熱門的事業就是「洋務」。一八六三年，李鴻章委託英國人馬格里在上海創辦洋炮局，這是他一生創辦洋務的開始。從此一發不可收拾。

江南製造局、金陵機器局、天津機器局、輪船招商局……中國近代的四大軍工企業中，李鴻章一人就創辦了其三。

出任直隸總督兼北洋大臣後，他的眼界更加開闊。中國第一家近代化煤礦——開平煤礦；中國第一家電報總局——天津電報局；中國第一條準軌鐵路——唐胥鐵路；還有上海機器織布局、津沽鐵路、漠河金礦等民用企業[54]，其商業布局涉及礦業、鐵路、紡織、電信等當時的高科技領域，說他是「近代工業之父」也不為過。

為了培養近代化的工業人才，李鴻章又興辦教育。天津水師學堂、天津電報學堂、天津武備學堂、天津醫學堂。他還專門選拔青年赴美留學，在下一代人的心中播下「開眼看世界」的種子。在那個年代，

54 編按：指生產民用產品的企業，主要相對於軍用企業而言。

李鴻章是引領古老中國走向近代化的船長。

論眼界，沒有人比李鴻章更加開闊；論能力，沒有人比李鴻章更會做事；論實力，沒有人比李鴻章更能左右帝國。歷史把李鴻章放在了最有利的位置上，而他卻辜負了歷史賦予的重任。

有人給李鴻章算過一筆賬：「家資逾千萬，其兄弟子侄私財又千萬餘元。」李鴻章去世前後，清朝的財政收入近億兩，而其家族的財富是清政府一年收入的百分之二十。可怕嗎？然而最可怕的是，李氏家族的財富大部分都來自「洋務」。

梁啟超在寫《李鴻章傳》時就考證過：「招商局、電報局、開平煤礦、中國通商銀行，其股份皆不少。」甚至南京、上海等地的當鋪、銀號，也大多都是李鴻章的家產。他所創辦的企業中的重要職位也都由親信擔任，一舉一動都要秉承李鴻章的法旨。

事實上，李鴻章是洋務企業的太上皇。作為晚清大型企業的高階主管，那些親信是如何報答李鴻章的呢——送乾股。李鴻章到底拿了多少分紅，永遠沒有人清楚，但其長子李經方在一九三三年寫了一份遺囑，其中有這樣一句：「吾自少至老陸續存入一銀行之款不計其數，數十年來本利未嘗計算，亦不知若千萬。」

其女李菊耦嫁給張佩綸時，李鴻章隨手給了一些嫁妝，有字畫、古玩、金銀等，後來這些嫁妝供養了張家幾十年。據張愛玲[55]的弟弟張子靜回憶：「至少在一九三五年，他（指父親）在虹口還有八幢洋房。」這是李鴻章去世幾十年後，財產分給子孫已被攤薄的數字，他在世時的財產，說一句「富可敵國」也不冤枉。

李鴻章有能力做事，也有資格帶領中國走入近代化，可是他卻用國家之命脈構建自家之榮華。用「卿

55 編按：張愛玲為張佩綸的孫女。

本佳人，奈何做賊」來評價他，不知是否合適？

6

世界名人對李鴻章的評價可謂極高。日本首相伊藤博文說：「大清帝國中唯一有能耐，可與世界列強一爭長短之人。」德國海軍大臣柯納德稱他為「東方俾斯麥」。因為在當時中國能看清世界局勢、與外國列強交流的，除李鴻章外，再無第二人。

一八七一年七月二十九日，李鴻章處理完「天津教案」後，又與日本簽訂了《中日修好條規》。從此以後，與外國簽約就成了他的專利。中國挨多少次打，他就簽過多少次條約。客觀地說，在弱勢的晚清做權臣，是沒有多少選擇餘地的，那些喪權辱國的條約，即便李鴻章不簽，也會有別人簽。

弱國無外交。對於國家的軟弱，李鴻章恐怕是感受最深的，於是他主張大力發展海軍，甚至不惜放棄一百六十萬平方公里的新疆。站在李鴻章的角度想想，其實也可以理解：「國家預算有限，要花在刀刃兒上，保大海，保京師。」弱國就是如此，根本沒有談論尊嚴的資格。

一八八八年，號稱「亞洲第一」的北洋水師成立。慈禧、光緒、李鴻章都很高興：「即便不能稱雄亞洲，用於自保也綽綽有餘了吧。」

幾年後，日本就給了他們一個「驚喜」。一八九四年，中日甲午戰爭爆發。強大的北洋艦隊困守劉公島近一個月，最終因孤立無援而全軍覆沒。歷來的結論都是：翁同龢掌管的戶部不撥軍費，慈禧太后修建頤和園又挪用了一大半，導致沒有錢來購買新船、新炮彈。

那麼，事實究竟是不是如此呢？二〇〇三年，獲「國務院特殊津貼」的學者戚其章在〈翁同龢以軍費掣肘北洋說辯正〉中寫道：「北洋艦隊的軍費不屬於戶部管理，而是直屬海軍衙門。修建頤和園，也是從內務府撥錢。」

事實上，李鴻章在甲午戰爭失敗的壓力下，卸任直隸總督兼北洋大臣時，光北洋的銀庫裡就留下了九百萬兩白銀。只不過，李鴻章及其親信把這筆鉅款當作是私產，捨不得用。

還能說什麼呢？不過是一聲歎息罷了。

7

李鴻章是個充滿矛盾的人物。在「三千年未有之大變局」[56]中，他單槍匹馬闖蕩江湖，攻太平、辦洋務、掌朝政，玩弄天下局勢於股掌之間。從個人來說，可謂極其成功。如果在其他時代，這樣的人物必將名垂千古，被後世稱為「一代賢相」。比如李德裕、脫脫[57]……他明明已經開眼看世界，知曉天下潮流的方向，卻依然固執地在古老的道路上越走越遠，甚至下限遠遠低於前輩。於國家民族而言，可謂極其不合格。

梁啟超在《李鴻章傳》中的結論是：「當十九世紀競爭進化之世，惟偷一時之安，不務擴養國民實力，而僅拾泰西皮毛，遂乃自足。然則其時其地所孕育之人物，止於如是，固不能為李鴻章一人之咎也。故：吾敬李鴻章之才，吾惜李鴻章之識，吾悲李鴻章之遇。」

在其位而不謀其政，有能力而不盡其責，掌大權而謀取私利。總說「一代人只能做一代人的

56 編按：出自一八七四年李鴻章向同治皇帝上的奏摺內容，其中「三千年未有之大變局」指強敵已從過去的北方陸地轉變為東南方海域，其入侵的速度極快。

57 編按：李德裕是晚唐名相。脫脫是元末政治家、軍事家，亦名托克托、脫脫帖木兒。

事」[58]，可是相比李鴻章而言，我更欣賞「十年飲冰，難涼熱血」[59]的左宗棠。

世間最有意思的事，就是小人物為大佬化妝。李鴻章兄弟在合肥有將近六十萬畝土地，十幾萬農民靠租他們的土地維持生活。假如現代有人成為佃農中的一員，辛苦勞動一年依然吃不飽、穿不暖，回到四面漏風的破屋裡，喝著自家釀的濁酒，卻依然喃喃自語：「哎，李中堂也不容易，心疼大人。」你覺得，他是不是也很有意思？

58 編按：八國聯軍攻打中國之際，梁啟超拜見時值暮年的李鴻章，希望發動革命，李鴻章回覆：「一代人只能做一代人的事」予以婉拒。

59 編按：出自梁啟超《飲冰室全集》，意思是不管遇到什麼困難挫折，熱情都無法被澆滅。

第六章　才子與佳人

人生跌宕，難掩心中溫情

千百年來，
英雄豪傑都消散在時光深處，
唯有大青山下的青塚佇立無聲。

不是每個女子，都是竇漪房

1

竇漪房大概從沒想到，自己有一天會成為皇后。在她年幼時，父親以釣魚為生，用微薄的收入來養活她和她的兩個兄弟。沒有工作、沒有靠山、沒有闊親戚，出生於這樣普通家庭的竇漪房，平凡得沒有一絲波瀾。

那時候他們家最大的歡樂就是，太陽西下時父親拎著幾條大魚滿面笑容地回來。他的廚藝不太好，但做出的魚湯卻鮮美無比，這是一個父親背負著沉重的生活壓力，親手給孩子們傳遞著明天的希望。還有什麼比一家人開開心心地團圓更重要呢？

看著孩子們一天天長大，父親覺得有一團烈火在心中燃燒：「每天的勞累都是值得的。」但生活總是喜歡開玩笑。父親在釣魚時溺水而亡，再加上母親早逝，竇漪房和她的兩個兄弟從此失去了經濟來源，全靠親戚的接濟過日子。一個貧窮卻溫暖的小家庭，就這樣被糟糕的生活拆分得支離破碎。

此時的竇漪房內心有多苦，我不願去想。但生活就是這樣，在你最開心的時候，冷不防澆一盆冷水。在你最難過的時候，又適當給一點甜頭。你沒有辦法選擇要還是不要，只能接受命運的安排。

2

竇漪房漸漸長大了，苦難的生活並沒有摧毀她，反而賜給了她漂亮的臉蛋。

有一天，呂太后派人四處張貼招聘廣告，條件很優厚：包吃、包住、包穿衣，只是工作地點在長安皇宮。對於此時的竇漪房來說，只要能吃飽穿暖，什麼樣的工作她都可以嘗試。

經過報名、海選、面試，她順利拿到了呂太后的錄取通知，從此告別弟弟，離開四面通風的小屋，走向未知的前程。

如果生活就這樣過下去，也許未央宮[60]裡只會多一個竇嬤嬤，每日端茶倒水，洗衣做飯，老了以後就坐在大殿門口，回憶年輕時的往事：「當年在呂太后身邊做事的時候……」可呂太后並沒有給她混日子的機會，她打算挑選一批宮女送給那些藩王。你問去做什麼，不做臥底難道是去吃白飯呀？而且每人五個，不准拒絕。竇漪房因為歷次考試的成績都很優秀，不幸也被選中。

可憐的竇漪房，剛在集團總部找到一份好工作，就被派往分公司長期出差。經過打聽，她發現有一批人是被派往趙國的。趙國好啊，那裡離老家清河郡很近，如果能去那裡，每年休假還可以回家看看弟弟，於是她趕緊跑去找上頭負責分配的人，好言好語地請求：「一定要把我分到趙國去，謝謝您。」

她大概把幾個月的薪資都送出去了，但我們都知道，上頭的承諾聽聽就好。竇漪房的請求果然被忘記了，臨出發時她才知道自己被分配到了代國的隊伍裡。這時聖旨都已經下達了，她不去也得去。竇漪房灰心喪氣地來到代國，心情跌到了谷底。像她這樣沒有實力的女子就像一根野草，她的心思、理想、感情根本沒有任何人會在乎，即使死了，也不會有人知道她曾經來過這個世界，以及她曾深愛的人。

60 編按：西漢正殿，皇帝的居所及政令的中心，未央宮是漢宮的代名詞。

3

有時我們又不得不感歎：「命運真的很奇妙，一個偶然的瞬間就會改變很多人的命運。」

來到代國以後，竇漪房見到了代王劉恒。一個是沒有實力的藩王，五個是呂后派來的女子，該怎麼做，劉恒心裡很清楚，只有深深的寵愛才能堵住她們的嘴，不在背後打自己的小報告。

時間久了，劉恒確實生了很深的情，但是只針對竇漪房。他倆閨房裡的事情司馬遷也沒有記錄下來，所以就導致了這段資料的缺失。但是據我分析，最大的可能是在某個清冷的夜晚，劉恒想起長安那個巨大的身影，感到對未來命運深深的恐懼，但竇漪房用自己經歷過的挫折和女性特有的溫柔告訴劉恒：「不要怕，即便殺頭，我也陪你。來，抱抱，摸摸頭。」這一刻，劉恒的腦海中飄來八個字：「糟了，是心動的感覺。」

以後的十年裡，劉氏的藩王一不留神就被呂太后殺掉了，而那把屠刀說不定什麼時候就會落到劉恒的頭上。朝不保夕的日子裡，只有竇漪房在那裡充當他的樹洞。除了感情的陪伴，她還為劉恒生下了一女兩男，成為王宮裡第二位生下孩子的女人。母以子貴，一個農家女子就這樣被命運的大手推動，偏離了人生的軌道。

西元前一八〇年，呂太后病逝。陳平、周勃、灌嬰等大臣發動政變，一舉扳倒掌握大權的呂氏家族，迎接輩分最高、實力最弱的劉恒來長安繼承了大漢皇帝的寶座。這就是名揚千古的「漢文帝」。蹊蹺的是，就在劉恒當上皇帝的前後，代王后和她的四個兒子接連去世。

對劉恒來說，這是不能言說的痛苦；對竇漪房來說，這卻是難得的機遇。她的兒子劉啟就這樣成了皇長子，並被立為太子。竇漪房母憑子貴，成了大漢帝國的皇后。

有人說，竇漪房的命太好了，什麼好事都讓她遇上了，但他們從來沒想過一個問題：「與她同時去代國的其他四個女子，以及代王宮裡的其他女子為什麼沒有爭取到機會？」

貧民女子想要嫁得好，除了天生的美貌和運氣，更重要的是，要有能與丈夫共患難的品德和能力。美麗的面孔千篇一律，有趣的靈魂萬裡挑一。

4

農村女子成為帝國的皇后，這在歷史上屈指可數。可歷史也告訴我們：得到富貴以後，考驗才剛剛開始。

竇漪房成為宮女以後，就再也沒有跟老家人來往。即使是做代王妃的那十年，她也沒有求劉恒幫自己找親戚。當她成為皇后時，弟弟竇廣國還在做別人的奴隸，還是竇廣國跟主子到長安出差時才聽說新皇后姓竇，是清河郡觀津人，他一琢磨：「我姊姊當年不是去當宮女了嗎，現在皇后跟我同鄉又同姓，不會就是她吧？」這才試探著寫了一封信，來認姊姊。

竇漪房收到信後，跟劉恒一起召見了竇廣國，詳細詢問一些細節。畢竟，皇家的親戚也不能亂認。

竇廣國一來就痛哭流涕：「當年姊姊走的時候還去鄰居家借來米湯給我洗頭，然後又借了點米飯，看著我吃完才一步三回頭地離開，嗚嗚嗚。」那時的竇廣國才五歲，這麼隱祕的事情，沒有第二人知道了。沒錯，親姊弟無疑。

摸著弟弟飽經風霜的臉，竇漪房不禁悲從中來，姊弟倆抱頭痛哭。此時，劉恒才照顧了下小舅子，賞賜給他很多的田產、錢財和別墅，讓她哥哥竇長君也搬到了長安來住，竇家人這才算沾上了皇后的光。在劉恒當皇帝的二十三年中，除了例行的賞賜外，竇漪房從來沒有主動為娘家人爭取過半點利益。

為了不讓兄弟仗勢欺人，竇漪房還在周勃等人的建議下，挑選飽學的先生與他們同吃同住，希望能讓他們也學點知識，成為知書達理的君子。

身處泥潭時，她像一株狗尾草一樣努力地活著，只要不死，就要做一個溫暖人心的小太陽。富貴逼人時，她卻像一株含羞草，努力收斂著光芒，不爭不搶，享受著現世安穩。

正因為不爭不搶，所以誰都挑不出她的錯，劉恒不行，其他爭寵的嬪妃也不行。即使在她年長色衰、生病眼瞎之後，她皇后的地位還是穩如泰山。

5

回想竇漪房的前半生會發現，她成功的關鍵是修心。身為皇后，會有無數人來巴結，她必須分清楚誰是真心的朋友，誰是虛偽的騙子。有親戚來投奔，她必須維持親戚的關係，但又不能常年養著他們。而她最大的困難是如何遏制自己暴富的心理，像從前那樣平靜地生活。

有這樣強大的內心修養，就算不當皇后，她的人生也不會差到哪裡去。憑她的人品和智慧，即使在鄉間也是受人尊敬的竇阿姨。出門買菜，一路都有人打招呼，鄰里糾紛也都願意請她來調解，丈夫喜愛、孩子仰慕，又何嘗不是完美的人生？

王昭君，你幸福嗎

1

西元前三十六年冬，關中大雪紛飛，飄落在紅色的宮牆上斑斑點點。一個瘦小的身影踩著小碎步，沿著牆腳走過，手中托盤上擺著送給貴人的點心，她不停地把飄落的雪花全部吹走。她叫王昭君，十七歲，已經入宮兩年。

來到皇后居住的椒房殿外，她把托盤交到太監手上，看著太監小心翼翼地送進去。她可以想像到，裡面將會上演的情景。

未央宮最不缺的就是阿諛奉承，王昭君轉身往回走，不停向雙手呵氣，並用力搓揉著。雙腳在半尺深的雪地裡走過，鞋子和裙角早已濕透。

紅牆、白雪、女人……那個瘦小無助的身影，真讓人心疼。

2

就在此時，一名身穿紅色戰袍的騎兵在宮門外翻身下馬，從懷中掏出一封奏摺，交給了門口的守夜人，封面上赫然寫著：「定了！西域的跳梁小丑已被英勇漢軍斬首！」

「捷報、捷報……」

不久，宣室殿[61]群臣畢至，手臂粗的牛油蠟燭將殿內照得亮如白晝，龍椅上的漢元帝能看清每個人臉上的皺紋。

冬天最爽的事，莫過於坐在窗邊吃著熱騰騰的火鍋，再燙一壺綠蟻酒，看著大雪紛飛，人間樂事也。皇帝和大臣以大無畏的精神來加班開會，當然不是吃飽撐著，而是真的出大事了。兩個月前，西域爆發了一場戰爭。彼時，強盛的匈奴早已分裂，先後有十幾個單于爭奪草原霸權。經過一番混戰後，只有呼韓邪單于和郅支單于依然活躍。

呼韓邪南下臣服漢朝，而郅支遠走西域。好巧不巧的是，郅支單于以為天高皇帝遠，根本沒把漢朝放在眼裡，連前來的漢朝使者都一刀斬殺，甘延壽和陳湯一合計：「辦他。」

從西伯利亞而來的凜冽寒風吹起漫天黃沙，包裹著遠征軍一路向西而去。由胡、漢組成的聯合軍共計四萬人，他們跟隨甘延壽、陳湯越過蔥嶺直抵郅支老巢，一戰定乾坤，完成了「斬首戰術」的完美示範。

男子漢立功於塞外，乃平生之所願也。事後，甘延壽、陳湯給漢元帝上書報捷。未央宮宣室殿，老太監大聲朗誦：「臣延壽、臣湯將義兵、行天誅，賴陛下神靈，陰陽並應，天氣精明，陷陣克敵，斬郅支首及名王以下。宜懸頭槁於蠻夷邸間，以示萬里，明犯強漢者，雖遠必誅。」

這場戰爭徹底改變了國際政治的格局，也即將改變王昭君的命運。看似風馬牛不相及，冥冥中卻自有關聯。

3

61 編按：位於未央宮正殿之北，決定軍國大事的處所，後泛指帝王所居的正室。

西元前三十三年正月，呼韓邪單于準備好年貨，去長安向漢元帝拜年。在甘延壽、陳湯千里奔襲滅掉郅支單于後，呼韓邪單于震驚了。他的實力本就不如郅支，因此更加不是漢朝的對手。於是他決定親自去表忠心：「陛下，賜給我一個妹子吧，美不美不要緊，主要是我想與大漢和親。」當然，他是有要求的：「風裡雨裡，我就跟陛下混了。」

漢朝和親，基本上都是劉氏公主，畢竟嫁過去一個冒牌的「三無」公主不是坑害「消費者」嘛。但當時的漢元帝有點志得意滿，他打算嫁一個宮女了事，即便呼韓邪不滿意，又能怎樣？可是茫茫草原只有套馬的漢子和遍地的牛羊，文明落後，生活不富，哪個美女願意去呢？

當這個消息傳到後宮時，王昭君心動了。她抬頭看著宮牆外的千山暮雪，不由得十分嚮往，既然得不到皇帝寵幸，也沒有小主願意賞識，不如就此離去。

宮牆內是天堂，也是牢籠。既然人生已然走到絕路，為何不跳出舒適圈，另起一段生活？草原上的生活條件雖然差，可是自己不過是一介宮女，和別人搶資源又能搶得過誰呢？再說，廣闊天地有自由、甘甜的空氣，以及可能存在的希望。

虎狼之地和膏腴沃土，往往只在一念間。

4

大部分宮女都寧願在舒適圈中待著，幻想自己將來也會有機會，不敢也不願意重新開始。可是在皇宮混，哪有那麼容易。百分之九十九的宮女都是名利場上的炮灰，每天看著皇帝和小主的幸福生活，默默地做著自己卑微的工作，嬌嫩的花朵在無休止的瑣碎中漸漸枯萎。運氣好的會在年長後放出宮去，運氣不好的只會被埋葬在無人知曉的荒野，逢年過節也沒有人去祭奠。沒人知道她們是誰，更沒人知道她們曾經來過。

王昭君進宮整整五年，沒有見過皇帝一面，沒有一位小主願意提拔她，她就像一株無人在意的野草。

宮女也不是沒有出頭之日。當今皇后王政君也是宮女出身，不過人家年紀輕輕就被送到了太子身邊，迅速生下皇長孫，穩固了地位。王昭君似乎從來沒有這樣的好運氣。她只能看著花園中的花開了又謝，謝了又開，然後回憶著秭歸的山水和無憂無慮的童年。

人生只有幾個關鍵的轉捩點，只要抓住一個，往往就能改變命運。

哎，走吧，走吧。

5

史書記載了千古興亡，卻罕有個人的愛恨情仇。總有人說王昭君在塞外不幸福。是的，她被封為寧胡閼氏，相當於匈奴的皇后，可呼韓邪單于在兩年後就去世了，只給她留下一個兒子。按照匈奴的習俗，她馬上又嫁給了新單于，他們又生了兩個女兒。在中原人看來，這三個孩子既是兄妹，也是叔侄，王昭君被迫嫁給不同的人，她肯定不願意，肯定很痛苦。

但是我覺得，王昭君是幸福的。作為帶來安寧和繁榮的使者，她得到了兩代單于的愛護和尊重，也得到了數萬匈奴牧民的祝福。

兒子長大後，他們可以一起騎馬、打獵，在廣袤的草原上自由奔馳，看那白雲散了又聚，聚了又散。回到大帳中，烤著打到的野兔，給孩子們講述中原的風俗，還有秭歸的山清水秀、魚米豐饒。她還可以教女兒做女紅，當女兒一針一線地做出小衣服，或者把破開口子的皮袍縫好時，王昭君就會露出欣慰的微笑。

後來，孩子們也都很有出息，兒子長大後被哥哥封為右日逐王，女兒也都嫁給了匈奴貴族，不過，王昭君沒能看到兒女成婚的那一刻，三十四歲她就去世了。

夫妻恩愛、兒女雙全、社會尊重，這些她都有了。人生至此，夫復何求。

十四年來的無數個夜晚，王昭君都會想起大雪紛飛的長安，還有她做出決定的那一刻。清冷的宮廷和熱鬧的大帳到底選哪個？這道選擇題不難。

6

草原習俗，去世不修墳墓。

一代又一代天驕在草原留下霸業、傳說，以及彎弓射雕的雄姿，沒有一個人能留下墓地以供後人祭拜。然而草原牧民卻為王昭君修建了衣冠塚，千百年來，英雄豪傑都消散在時光深處，唯有大青山下的青塚無聲佇立，迎接著朝陽。那是一個女人的溫柔與堅毅。

蘇軾在〈屈原廟賦〉中說：「去家千里兮，生無所歸而死無以為墳。」但我更喜歡他那首〈定風波〉：「試問嶺南應不好，卻道，此心安處是吾鄉。」

看了那麼多「假曹植」，我還你一個真的

1

二一〇年，鄴城。一代梟雄曹操，迎風站在銅雀臺上。他犀利的眼神看著滿座的文武百官，心中得意地想：「雖然兩年前在赤壁吃了虧，但北方還是我的，沒事沒事，來日方長。」他號召有文學水準的人每人寫一篇文章，來歌頌這個偉大的時代。

曹操自己都說了：「天下未有孤，不知幾人稱帝幾人稱王。」所以，歌頌曹操就是歌頌時代。大家都在抓耳撓腮，既要讓曹操滿意，又要不露痕跡，愁啊。二十分鐘後，一名十九歲的青年舉起了手：「報告，我寫好了。」曹操抬頭一看，本來就小的眼睛直接眯成了一條縫，他滿意地點點頭：「子建果然繼承了我的才氣，念。」

曹植拿起墨跡未乾的竹簡，清了清嗓子，大聲朗讀起自己的作品〈登臺賦〉：

從明後而嬉遊兮，登層臺以娛情。
見太府之廣開兮，觀聖德之所營。
建高門之嵯峨兮，浮雙闕乎太清。
立中天之華觀兮，連飛閣乎西城。

首先他像拍電影一樣給了銅雀臺一個全景鏡頭，誇了曹操親自督建的工程水準超群。然後筆鋒一轉，又引出了曹操的功業就像銅雀臺的品質一樣優。有多厲害？紮紮實實沒有一點水分，比齊桓公、晉文公都厲害喲。

雲天亙其既立兮，家願得乎雙逞。
揚仁化於宇宙兮，盡肅恭於上京。
惟桓文之為盛兮，豈足方乎聖明？
休矣美矣！惠澤遠揚。

最後曹植使出了絕招，直接把一篇拍馬屁的文章總結、昇華。

同天地之規量兮，齊日月之輝光。
永貴尊而無極兮，等年壽於東皇。
御龍旗以遨遊兮，回鸞駕而周章。
恩化及乎四海兮，嘉物阜而民康。
願斯臺之永固兮，樂終古而未央！

曹操啊，你就像日月一樣光輝，像天地一樣尊貴，將來比千年老龜都要活得長。願你就像這銅雀臺一樣，永遠聳立於天地之間。

曹操撚著短短的鬍子，心裡樂開了花。兒子誇自己倒是其次，他更看重的是曹植流露出來的才華，真的太像自己啦：「曹植將來一定能繼承我的事業。」

2

曹操是天下梟雄，他認定曹植能做自己的接班人是有根據的。曹植從小就是個神童。十歲就能背誦《詩經》、《尚書》、《論語》等儒家經典，連諸子百家也能信手拈來。想想到現在都只會說一句「窈窕淑女，君子好逑」的我，真想撞南牆不回頭。

有一天曹操在家庭聚會上出了道題：「孔孟的理論有什麼區別呀？你們回去好好想想，明天寫篇論文交給我。」

哪用等到明天，當天晚上曹植就拿著竹簡糊了他一臉。曹操越讀越氣憤，不是因為這篇論文不好，而是太好了。這哪是十歲的小學生寫出來的東西，分明是博士畢業論文嘛。曹操把竹簡扔了一地，大喊一聲：「撅起屁股來，看老子打不死你，居然找人代筆來糊弄我。」

一聽老爹這麼說，曹植都氣死了：「男子漢大丈夫，說出口的話就是理論，寫出來的字就是文章。找人代筆這種事，我一輩子都不會做。」曹操將信將疑，心想：「再給你一次機會，下不為例。」

沒過多久，曹植就用實際行動再一次證明了自己。

在那個時代，北方還處於諸侯紛爭的局面，曹操不是在前線打仗，就是在去前線的路上，而這種艱苦的鍛鍊卻是培養兒子的絕佳土壤。曹植就這樣被老爹帶在身邊，東征管承、北伐柳城、南下荊州，還在赤壁跟孫權比過腕力。常年的軍旅生涯讓他胸懷壯志：「父親，長大以後我要像你一樣。」他隨手寫下的五言古詩〈白馬篇〉更是成了膾炙人口的佳作。

北方的小夥伴剛看了開頭，就大呼：「我的天，這說的不就是我嘛！」騎著高頭大馬，在天地之間縱橫馳騁，方為快意人生。

白馬飾金羈，連翩西北馳。
借問誰家子，幽並游俠兒。

軍隊中的將士看了，年老的沉默，年少的流淚。當兵雖然辛苦，但只要能保家衛國，一切犧牲都是值得的。

羽檄從北來，厲馬登高堤。
長驅蹈匈奴，左顧凌鮮卑。
棄身鋒刃端，性命安可懷？
父母且不顧，何言子與妻！

曹植說：「我也是這樣的豪傑，將來一定要為國家做點貢獻，若能戰死沙場，人生無憾。」

名編壯士籍，不得中顧私。
捐軀赴國難，視死忽如歸！

這篇文章更是打動了曹操。他年輕時不就是游俠嘛。因為任性，他跟袁紹一起胡鬧。因為俠義，他造五色棒打死大宦官蹇碩的叔叔。此時的他對曹植深信不疑：「這就是我最好的接班人。」

3

曹植的出色表現為自己的人生鋪開了光芒大道。那些年，曹操只要外出征戰，都會帶著曹植。他要讓曹植增加實戰經驗，也讓大家逐漸認識自己的接班人。

南下跟孫權打仗時，他千叮嚀萬囑咐：「三兒啊，在江南打仗要注意他們的戰船。前幾年在赤壁我就吃了虧，你要多吸取教訓啊。」

西征馬超、張魯時他更是耳提面命：「涼州大馬，天下無敵。怎麼破他的騎兵呢？要用衛青的武鋼車戰術，明天看我怎麼做。」

曹操不僅親自培養自己的三兒子，還慫恿他組建班底。就這樣，丁儀、楊修等當時知名的才子都在曹植的帳下效力。此時的曹植距離他理想中的功名大業彷彿只有一步之遙。

才華和任性是曹操的兩種特質，要駕馭這兩種特質，他還有一件壓箱底的絕招——自律。可惜，曹植沒學到。

二一七年，曹操到外地出差，他讓曹丕、曹植留守大本營。老爹出門在外，難得沒人管，還不得好好開心一下，於是曹植帶著他的夥伴們在寬敞的大別墅裡喝酒、寫詩、吃火鍋、唱歌。明晃晃的牛油蠟燭照映著曹植紅撲撲的小臉：「諸位，只在家裡玩耍多沒勁啊，咱們出去飆車吧。」

大家一聽曹植都這麼說了，那就去唄。繁華的城市中，小生意人做著養家糊口的買賣，正吆喝著旁邊的人來自家攤位上看看。外出散心的妹子邁著輕盈的步伐，悠閒地逛街。

「駕駕駕」，洶湧而來的馬蹄聲踏碎了鄴城的平靜。瘋狂奔來的正是曹植一幫人，他坐著皇帝的同款馬車穿過皇帝出入行走的司馬門，還在閱兵時的禁道上逆行，這已經嚴重違反了漢朝的禮儀。

曹植真的喝多了，他就這樣大搖大擺地衝到鬧市中，把繁華的市場衝撞得七零八落，百姓死傷無數。

身為曹操的兒子，這不是讓父親的臉上無光嗎？還沒成為接班人就這樣肆意妄為，如果繼承了曹操的大位，把這種任性強加到百姓、軍隊的頭上，結果會是什麼樣？

曹操回來後感覺後背涼颼颼的。此刻，他做出了一個艱難的決定。

4

相比曹植的任性妄為，曹丕則顯得平平淡淡。他既不出風頭，也不犯低級錯誤，更何況身邊還有陳群、司馬懿等人輔佐，他終於獲得了階段性的勝利，被曹操立為世子。曹操心想：「就算不立功，也別再給我捅婁子了。」

那邊在大開慶功宴，曹植這邊卻愁雲慘澹：「十幾年的努力，因為這樣一次錯誤就被全盤否定，爹，你是不是太過分了？」

對不起，曹植先生，這個世界就是如此殘酷。

當不了接班人，還談什麼建功立業？建的功越多，將來被曹丕嫉恨的可能性就越大，不如索性飲酒賦詩，當一個富貴閒人。可是畢竟被曹操栽培了這麼多年，即使不再對建功立業有所渴求，但在曹丕眼裡，他仍然是一個威脅。

二二〇年，曹操去世，曹丕繼位稱帝。頭頂的參天大樹一旦離開，就再也沒人能替曹植遮風擋雨。曾經的好朋友丁儀莫名其妙就被曹丕殺了，這是殺雞儆猴吧。曹植在家中不知所措，原以為不再招惹這個哥哥就能安安穩穩過自己的小日子，卻沒想到，他還是如此容不下自己，自己被欺負也就罷了，偏偏還連累了多年的好友，曹植欲哭無淚。

他多麼希望自己像幽并游俠一般，騎馬縱橫馳騁，遇上不公平的事情就拔刀相助。有人要欺負自己的朋友，那得先問問自己手中的寶劍答不答應。

高樹多悲風，海水揚其波。
利劍不在掌，結友何須多？
不見籬間雀，見鷂自投羅。
羅家得雀喜，少年見雀悲。
拔劍捎羅網，黃雀得飛飛。
飛飛摩蒼天，來下謝少年。

一首〈野田黃雀行〉其實就說了一個意思：以夢為馬，我仍是此間少年。然世間最無情的，卻是兄弟間的自相殘殺。

5

曹丕能夠放任漢獻帝遊山玩水，卻偏偏容不下親弟弟曹植。為什麼？因為同樣是曹操的兒子，只有曹植能跟他鬥十幾年，不論曹植有沒有野心，只要活著就礙眼。曹植被迫來回搬家，就是防止他在一個地方待久了，培養出自己的親信班底。河南、河北、山東，搬來搬去，傢俱都被顛簸壞了。

二二二年，曹植被封為甄城王。到洛陽做完述職報告後，他感到心力交瘁，就在馬車上睡著了。山林茂密，流水湍湍，陽光透過窗簾照耀著曹植的眼睛。突然間，他感覺有什麼東西晃了一下，睜眼一看，一位絕世美女正站在山腳的岩石旁。

真的假的？荒郊野外還有絕世美女？他趕緊問駕車的車大：「哎，你看見沒，旁邊有個美女。」車夫莫名其妙：「我沒看見啊，哪兒？不過我聽說洛河的神叫宓妃，您看到的是她嗎？女神到底長啥樣，要不您說說？」反正旅途無聊，曹植就跟車夫聊了起來。

其形也，翩若驚鴻，婉若游龍，榮曜秋菊，華茂春松。髣髴兮若輕雲之蔽月，飄飖兮若流風之迴雪。遠而望之，皎若太陽升朝霞。迫而察之，灼若芙蕖出淥波。

這次聊天，曹植說了很多。這幾年的生活太不順了，他很想找人傾訴一番。平時周圍都是曹丕的耳目，根本不能隨便說話，在這荒郊野外，他實在憋不住了。他跟車夫說了這個美女的樣子，然後又吐槽了一番：「我很喜歡她，可惜不知道她到哪裡去了，好像故意躲著我一樣。唉，也許以後再也遇不到了，還是把她放在心底就好。」

回到家後，曹植就把這番談話整理成一篇文章，名字就叫作〈洛神賦〉。有人說這是他懷念嫂嫂甄宓的相思之作，可惜這只是群眾的意淫罷了。甄城王遇上洛水的宓妃就是懷念嫂嫂甄宓了？人家這明明是抒發理想與現實的嚴肅文學。

洛神，這位絕世美女代表的是曹植心底最陽光、最美好的憧憬，它如輕輕波紋般撫慰著曹植心底最柔軟的地方，可是父親的遠去，哥哥的嫉恨，一次次的打擊讓他艱難地喘息。那片光明也是曹丕親手趕走的，順便還抓了一把霧霾填進去，讓他每天都呼吸困難。理想與憧憬逐漸遠去，曹植不甘心地問：「還能再見面嗎？」回答他的只有曹丕的一聲冷笑：「呵。」

人生太艱難。女神遠去，曹植留戀不捨。這分明就是：「我還年輕，還想建功立業啊，給我個機會吧。」

世間所有的事物都在發生變化，而我卻從未改變。

6

此後的曹植在抑鬱和憧憬中度過了十年。曹丕去世後他曾滿懷希望地寫信給繼位的曹叡：「大侄子，我還是有料的，讓我出來工作吧，都是自家人，不用客氣。」曹叡口頭嘉獎，卻絲毫沒有實際行動，仍然對他嚴加防範，繼續要他搬家。搬家這麼頻繁，裝修工班都煩死了。

二三二年，曹植被封為陳王。他的心太累了。十二年來，來自曹丕父子的不信任、監視、防範如霧霾般包裹著他，太壓抑了。既然世界容不下我，不如就此遠去。那一夜，曹植做了個夢：他變成了一隻大鵬，飛臨銅雀臺上，看了一眼當年那個意氣風發的少年，然後毅然振翅高飛，從此天高雲淡，縱橫四海。

曹植一輩子都是那個長不大的孩子。

五石散：魏晉時代的迷幻藥

1

一八八年，洛陽。曹操騎馬在大街上緩緩而行，微風吹亂了他的鬍子，但他小眼睛中透露的目光，卻如同敦實的身材一般堅定。

來到大將軍府前，他掏出名帖和銅錢遞給門衛，下馬、轉身、進門一氣呵成。連同名帖一起拿出來的是聘任書，上面赫然寫著：「茲委任曹操為典軍校尉……」

彼時漢靈帝在洛陽設立西園八校尉，袁紹和曹操都憑藉家世成為校尉之一，而領導軍隊的卻是太監。雖然太監大權在握，但在社會精英的眼中，他們都是過街老鼠，跟著太監混，肯定沒前途。

於是曹操和袁紹投入了大將軍何進麾下，他們經常在何府聚會，指點江山，激揚文字，彼此結下了深厚的革命情誼，多年後都念念不忘。

一年後，何進被太監所殺，曹操和袁紹也各奔東西，各自走上顛沛流離的人生。

天下大亂，貴族紛紛被亂兵拉下馬。建安年間，曹操已經成為司空，挾天子以令諸侯。

那時何進之子何咸已經去世，為了在亂世求生存，何咸的妻子尹夫人只好帶著兒子何晏來投奔故人，曹操再次見到了何進的兒媳和孫子。「好，來了就是一家人。」

於是曹操納尹夫人為妾，收何晏為養子。不得不說，曹操對何晏真的是好，從小就留在身邊培養，長大後又把女兒金鄉公主嫁給他，肥水不流外人田嘛。說句題外話，金鄉公主的母親杜夫人，就是關二爺看中的秦宜祿之妻，結果曹操一看，自己笑納了。關二爺噴出一口老血。

扯遠了，曹操愛人妻也為了照顧故人之後，這讓何晏有了不一樣的身分和地位，以後的很多事，都和何晏有關。

2

真要說起來，何晏的身世也還算不錯。爺爺是漢朝大將軍，姑奶奶是皇后，如今又有曹操做繼父，所以他心中有點小驕傲也在所難免，再加上人長得帥、智商又高，更是不得了。

何晏一直以文采和風流自詡，穿的衣服、用的器具、學的禮儀也和世子曹丕沒什麼區別。雖然長於曹府，他也叫曹操爸爸，但他畢竟只是養子。曹丕代漢稱帝後，只封給何晏一些閒職。只有頭銜和薪資，沒有任何權力。後來曹叡也不喜歡他，於是何晏在閒職上混了大半輩子。對於胸懷遠大志向的人來說，只有頭銜和薪資是不夠的，如果不能掌握權力實現抱負，那就是淒慘的人生。

何晏等啊等，熬啊熬，他終於撐不住了。他開始嗑藥，他把石鐘乳、石硫磺、白石英、紫石英、赤石脂等原料磨成粉，然後做成湯劑服用，這就是魏晉名士經常用的「五石散」。這麼看來，何晏還真是魏晉風度的開山鼻祖。

據說吃了五石散之後身體燥熱難忍、飄飄欲仙，彷彿登上極樂世界的巔峰，當然，它還有別的作用。在物資貧乏的年代，這可是娛樂行業的新發明。於是五石散很快流行起來，從曹魏後期一直到西晉、東晉，名門貴族都以服用五石散為榮，如果不會玩的話，大家都會笑話你是鄉巴佬。魏晉時代在此時是一個娛樂至死的時代。名士和貴族都放棄了經世濟國的理想，沒有了改天換地的宏偉抱負，也沒有了忠誠信義的道德操守，他們只顧活在當下。而這樣的土壤，造就不出曹操那般的英雄。

魏晉的時代已經病了。何晏的五石散只是一絲火星，它能迅速引領潮流，只是因為迎合了時代的需求。而除了五石散，魏晉年間還冒出一種東西——玄學。

3

那些年的聚會沙龍大抵不出這樣的模式：大家都穿著寬袍大袖，進門坐好就開始嗑藥，等到藥力發作以後，有的人起身仰天長嘯，有的人開始扯淡：「世界是空的，我們都是假象。」、「這麼說來，我們從哪裡來呢？」、「我覺得是先有雞，後有蛋。」、「不對，不對，沒有蛋哪有雞呢？」類似的扯淡沙龍就是清談，而清談的主題就是玄學。

在我們看來，魏晉的人彷彿不可理喻。國家經過百年戰亂，到處都是荒蕪的土地，人民也窮困到極致，而周邊又有群狼環伺，正是勵精圖治的時候，曹魏和西晉的君主大臣應該像漢唐的明君賢臣一樣勤儉節約、朝氣蓬勃、舉賢任能、努力治國理政啊，可上流社會卻依然在嗑藥、清談。要完蛋啊。

西晉開國不久，大臣就開始大肆炫富。王愷為了炫耀自己有錢，就用糖水洗鍋，石崇一看，哎呀，要被比下去了，於是趕緊買了一堆蠟燭當柴燒。這相當於現代土豪用LV名牌包當垃圾袋、開保時捷搬磚一樣。一切都是為了展現優越感。

晉武帝司馬炎生怕王愷輸了，就送給他一株二尺高的珊瑚樹，石崇一看：「你這算什麼東西，看我的。」他把家裡的珊瑚樹全部搬出來。三、四尺的遍地都是，至於二尺的小珊瑚，還上不了檯面。

沒有誰是平白無故就放棄治療的，娛樂至死的背後一定有大時代的原因。魏晉士族也不是自甘墮落，而是歷史的進程走到此時已經是他們從來沒見過的時代。陌生的時代，以前的經驗全部失去意義，他們根本不知道該怎麼做。

4

魏晉的儒學已死。

自漢武帝「獨尊儒術」以來，學子們就恪守儒家規範，對上忠於皇帝和朝廷，對下加強道德修養，他們以忠孝節義為標準，和朝廷保持同步。可是三國出現亂世以後，儒生們發現世界變了，堂堂漢朝皇帝竟然成為別人的傀儡，遍地都是殺人如麻的軍閥……所謂忠義，彷彿成了一個笑話。

這種事在後世很平常，但在三國時期，皇權依然具有很強烈的神聖性，四百年的大漢江山依然無時無刻不在傳遞著訊息：漢朝是天命所歸。於是那幾十年間，儒生的價值觀崩塌了。

而儒學經過幾百年的發展，也走進了死胡同，除了一些理論上的道德激勵，無法在生活中產生實際的作用。也就是說，作為一種主流意識形態，儒學已經窮途末路。

這是一個很大的問題。既然主流意識形態崩潰，那麼社會上就很難形成凝聚人心的共識，每當需要做出重大抉擇之時，大家總是爭吵不休。公說公有理，婆說婆有理。所以三國、魏晉的人總有一種迷茫感，他們知道以前的思想已經走不通了，但又找不出一條新的路子，所以當時的社會思潮是真空的。

曹操想用崇尚法制來重建意識形態，他希望用法家思想來替代僵化的儒學，雖然他付出了很大的努力，但隨著他的去世，一切都以失敗告終，而多年的戰亂又讓人口大幅減少，活下來的人幾乎都有劫後餘生之感，追憶過去又不免兔死狐悲。在這種背景下，玄學就誕生了。它沒有改造社會的雄心壯志，只有坐而論道，奢靡享樂，以及浮誇的精神迷幻。這是介於舊思想和新思想之間的過渡時期。

5

秦漢帝國的制度也即將死去，君權、酷吏、平民的帝國結構徹底解體，門閥士族吸納平民，架空君主，成為當之無愧的無冕之王。帝制時代從未有過如此局面。

門閥士族和戰國諸侯是不一樣的，戰國諸侯是周天子分封的，律法明文規定：這塊地是某某國世襲，土地上的一切都屬於君主，諸侯用得名正言順。門閥士族卻不一樣，他們擁有的一切，名義上都是國家和皇帝的，實際上卻是私人所有，官僚比皇親國戚還厲害，這是第一次。

在這個全新的時代，如何構建國家制度、保障士族利益、重建社會秩序，他們沒有任何經驗可以借鑑。彼時中國的歷史還比較短暫，沒有豐富的歷史經驗讓門閥、士族們參考，他們只能看到周朝和漢朝。周朝綿延八百年，強漢讓列國俯首稱臣。好，就學習你們了。但過去的經驗只適合過去的環境，如果門閥、士族依樣畫葫蘆，就會有畫虎不成反類犬的感覺，總是不對勁，於是我們看到了很多詭異的畫面：司馬家族為了對抗門閥，把家族成員封到了各地做諸侯，他們都有兵馬和地盤，最終釀成八王之亂。朝廷繼承了漢朝的制度，卻始終無法建立起強勢的君權，也沒有穩定、龐大的賦稅。

為什麼？因為權力和賦稅都被門閥、士族攔截了，他們只借用了漢朝的空殼，卻由於自身的屬性，得不到舊制度的精髓。

游俠也找不到賞識自己的主人，「士為知己者死」變成一種幻想，他們只能做司馬師的死士，成為奪權的工具。所有人都很迷茫、亢奮。和死去的儒學一樣，秦漢帝國的制度也死去了，魏晉時代處於「舊力已去，新力未生」的尷尬境地。魏晉時代的奇特，也都源自於此。

6

這是一個徬徨的時代，大家都在做出不同的選擇。

何晏半生不得志，在鬱鬱寡歡中發明了五石散，沉浸在藥物的歡愉中不可自拔，這讓他能在迷茫的人生中短暫脫離現實。

司馬師、司馬昭兄弟是豪門貴公子。年輕時他們也和別人一樣，喜歡混圈子、玩名馬、搞聚會，但經過「浮華案」[62]的打擊後，他們卻走向了另一個極端。司馬師成為鐵腕領袖，為了家族發展，他在民間養了三千死士，其父司馬懿發動政變時他們一夜間呼嘯而來，曾經的好友何晏、夏侯玄統統死於刀下。司馬昭變得陰狠、毒辣，一切以自我為中心，不再顧及道德和輿論，只要威脅司馬氏的，全部格殺勿論。

而竹林七賢則是另一個極端，他們對時代不滿，看不慣司馬氏的利己，卻又找不到新的出路，於是只能逃到山林裡飲酒高歌。但時代不會放過任何人，嵇康被殺而廣陵散絕，劉伶和阮籍飲酒度日，山濤和王戎則選擇屈服於強權，最終都位列高官。

我們曾經都仰慕竹林七賢，可他們就是那個精分[63]時代的縮影。大部分人都在時代浪潮的推動下渾渾噩噩地混日子，只留下「魏晉風度」的美好幻想，而魏晉風度的底色卻是五石散和清談。當大多數人都看不到希望時，他們能做的，也只有娛樂了。

62 魏明帝曹叡時期，一些剛剛步入仕途的貴族子弟雲集於京師洛陽，聚眾交遊、品評人物、清談名理，風靡於上流社會的青年知識群體中。這在朝中當權的建安老臣眼裡，無疑是危害社會穩定而應取締的非法結社活動，當時的罪名叫作「浮華交會」或「浮華朋黨」，因此最終導致了鎮壓這種活動的「浮華案」發生。

63 精神分裂病的簡稱，也常形容一個人的性格百變，多有調侃意味。

陸游的前半生

1

一一七一年的重慶，沒有辛辣的火鍋，只有霧濛濛的潮濕天氣，在約十五坪大的陋室中，陸游倒了一杯酒：「男子漢大丈夫，不能建功立業，要這鐵棒有何用？」沒多久，陸游就趴在桌子上不省人事。睡夢中，他騎駿馬、穿鐵甲，縱橫沙場，打得金兵狼奔豕突[64]，直搗黃龍府[65]。朝廷的褒獎、民間的讚頌都紛湧而來，而他卻不屑一顧地辭官回鄉，深藏功與名。

「相公，醒醒，起來看公文了。」陸游醉眼惺忪地抬起頭，看著妻子的小眼神，擦了下嘴角流出的口水，漫不經心地打開公文。

「朝廷命我駐軍南鄭宣撫川陜，急需懂軍事的人才，不知您是否願意來幫幫我，我們一起打金兵。王炎頓首。」

陸游猛然站起來：「夫人，快，快給我收拾行囊。」不管是水路還是陸路，都太慢了，他一刻都等不及，希望自己有一雙隱形的翅膀，帶他飛過群山。

64 意思是形容成群的壞人亂衝亂撞，到處騷擾。
65 編按：金兵俘虜南宋徽、欽二帝，曾將他們囚禁於此城，岳飛曾告訴部下：「直抵黃龍府，與諸君痛飲耳」，即指此城。

2

半個月後，南鄭。

王炎：「來了，老哥？」陸游：「來了，老弟。」

辦妥入職手續後，他去領了日用品，最後得到了夢寐以求的盔甲。為了穿上這身衣服，陸游用了四十七年。站在軍容鏡前，他看著熟悉而又陌生的自己，不由得笑了。在半生蹉跎中，這是他第一次發自內心的開心，直至多年後都念念不忘：

> 憶從嶓塚涉南沮，笳鼓聲酣醉膽麤。
> 投筆書生古來有，從軍樂事世間無。
> 秋風逐虎花叱撥，夜雪射熊金僕姑。
> 白首功名元未晚，笑人四十歎頭顱。

做開心的事，總是能逆轉時間的流逝。在南鄭前線，陸游上山打虎，雪夜射熊，硬是讓四十七歲的身體爆發出了二十歲的能量。

平時的工作中他也是有名的「拼命三郎」。定軍山、大散關等軍事要塞都曾留下陸游走訪、考察的足跡，最終他為王炎制訂了收復中原的戰略計畫書——〈平戎策〉。當〈平戎策〉上交後，王炎緊緊握著陸游的手：「北伐中原，收復失地，加油。」陸游說：「嗯，直搗黃龍，一定會實現。」他們激動得不知說什麼好。

3

那年十月，正是豐收的時節，陸游卻一夜回到春耕前。「朝廷的官員累死累活，到頭來一場空，這讓我們以後怎麼見人？你說，你說話啊……」陸游無話可說，因為他已經失業了。

朝廷在否決〈平戎策〉後，怕他們還會生事端，於是把王炎調回了朝廷，順便還解散了幕府。從哪裡來就回哪裡去，這裡不開飯了。

這八個月，是陸游一生中唯一親臨前線的機會。少讀詩書，勤學武藝，只為實現「北伐中原」的夢想，最終卻半生蹉跎，一事無成。十幾年後，他依然會時常夢到這裡的一切。

當年萬里覓封侯，匹馬戍梁州。
關河夢斷何處？塵暗舊貂裘。
胡未滅，鬢先秋，淚空流。
此生誰料，心在天山，身老滄洲。

正因為曾經擁有的機會從指間溜走，他的不甘心、不情願，已在心中紮下了根，成了一塊心病。

4

一二一〇年一月二十六日，山陰縣。一座破敗的房子裡，八十六歲的陸游躺在床上奄奄一息，孩子們給他蓋上厚厚的被子，抵禦濕冷的空氣。可是冷空氣一絲絲侵入陸游的骨髓，棉被根本抵擋不住。「如果當年能北伐成功，我此刻應該是躺在東北的火炕上，聽著門外大雪落下的聲音，含笑而終吧。」

陸游為了這個夢想奔波一生，卻依然回到了原點，他早已心力交瘁。孩子們問他：「爸，您還有什麼想說的嗎？」他睜開渾濁的眼睛，仔細思考了幾分鐘，然後念了一首詩：

死去元知萬事空，但悲不見九州同。
王師北定中原日，家祭無忘告乃翁。

我雖然死了，但還有遺願沒有完成，如果你們孝順，就幫我這個忙吧。我知道你們也生活得很艱難，但是拜託了。言畢，辭世。

陸游一輩子的夢想都是收復中原。歡喜是它，悲慘也是它，生為它，死念它，留給兒孫的還是它。在以後的歲月裡，這個夢想成了陸家的祖訓。

5

很多年後，陸游的遺願都沒有實現。每年的清明節，他的兒子、孫子、曾孫、玄孫都是默默地來，默默地走。他們想把真實的世界告訴陸游，但又不知道該如何開口。

金國滅亡後，蒙古又來了。他們騎快馬馳騁天下，攻破無數城池，滅了無數國家，大宋雖然努力抵抗，但北伐依然是夢想。

一二七六年，蒙古大軍逼近臨安，宋恭帝投降。張世傑和陸秀夫帶著宋朝遺孤一路逃亡，福州、泉州、廣東……一二七九年，「崖山海戰」戰敗，宋朝滅亡了。亡國那天，陸秀夫背著八歲的小皇帝趙昺投海自殺，張世傑也犧牲在平章山下，一起投海殉國的，還有十萬軍民。而這十萬人中，有一個人叫陸天騏，他是陸游的玄孫。沒來參戰的陸元廷和陸傳義在聽聞崖山兵敗後也都絕食而亡，他們是陸游的孫子和曾孫。

在殉國的那一刻，他們或許會說：「老爺子，孫子無能，辜負了您的期望，對不起。」此時距陸游去世已近七十年。雖然他們沒能完成祖上的遺願，但他們從來沒有放棄努力，那種精神的傳承也從來沒有斷絕。

6

曾幾何時，我是不相信祭祖和祖訓的，我覺得那都是大而空的形式主義，對現實沒有任何意義。但現在我懂了。祖輩在生前留下的遺願或夢想，一方面是因為自己的執念，另一方面也是為子孫留下一份善意，希望後人能做好人，做正事。隨著時間的流逝，後人在繁忙的生活中多半會忘記這些話，可一旦真正站在祖先面前，再次想起那些話時，感受是完全不同的。你會想像祖先當年的奮鬥，在艱難困苦中創業的掙扎，還有諄諄教誨，以及渴望的眼神。這時你才知道什麼是對，什麼是錯。這是重溫回顧，也是一種善意的精神傳承。

巨額的財富會用完，人脈也會煙消雲散，唯有這一份精神傳承，才是後人最珍貴的遺產。

容閎的愛國夢

1

一八七二年八月十一日，一艘名為「中國號」的蒸汽輪船發出轟鳴，緩緩駛離上海吳淞口，它的目的地是大洋彼岸的美國。在船上有三十名中國兒童，他們的平均年齡只有十二歲，大清將他們送出去，是希望他們能夠學到美國的技藝。後來，他們有了一個共同的名字——「留美幼童」。

三年後，海軍艦長劉步蟾被派到英國學習。站在船頭，他望著萬里大洋許下心願：「此去西洋，深知中國自強之計，捨此無所他求，背負國家之未來，取盡洋人之科學，赴七萬里長途，別祖國父母之邦，奮然無悔。」

這是那一代人出國留學的心聲，而促成這一切的人，叫容閎。他畢業於耶魯大學，見識了新知識的瑰麗，又環遊世界，目睹巴黎、倫敦之繁華，再回頭看尚處蒙昧的大清國，他不禁黯然神傷：「向西方學習吧，這是擺脫落後的唯一出路。」為了這個志願，他奮鬥了一生，至死不悔。

2

一八二八年，容閎生於廣東香山縣。距家門口一百公尺處是一條河，河對岸是葡萄牙人占據的澳門。一河之隔，就是兩個世界。

八歲時，父親把他送去澳門就讀馬禮遜學堂，倒不是因為他們家開明，而是那所西式學堂不收費，還管吃、管住、管穿衣，一年下來能幫家裡省不少錢。誰都沒有想到，父親意外的決定竟然改變了兒子的一生，這隻蝴蝶扇動的翅膀，將在幾十年後掀起滔天巨浪。

一八四六年，馬禮遜學堂的校長布朗生病，需要回美國接受治療。臨行前他問學堂的孩子們：「有誰願意跟我去美國讀書？」孩子們左顧右盼，沒有人說話。思慮良久，容閎站起來告訴布朗校長：「我願意。」

當時的情形遠非我們想像中那樣簡單。十九歲的少年從沒出過遠門，認識的人大部分是村裡老鄉，現在竟然要跟外國人去萬里之外的陌生國度，這需要多麼大的勇氣？如果換作你我，恐怕是不敢的。但容閎和其他兩位同學就有這樣的勇氣，他們跟著布朗校長來到美國，就讀於精英匯聚的孟松學校。人生中的機遇只有幾次，可不敢放棄現有的狹窄格局，沒有視死如歸的勇氣，讓大部分人都倒在了機遇的門口。容閎邁出了第一步，不論成敗，他都有理由自豪。

在美國，讀大學的費用很高。孟松學校的校董答應資助容閎，但是有一個小小的要求：畢業後回中國傳教。此時的容閎已經明白了自己的心願：「我雖然貧窮，但是無論學什麼專業，都要選擇對中國最有益的。」

大格局下的大夢想總是撥動人的心弦。一個婦女協會看到了他的真心，或許是想起了自己的祖國，或許是看到了當年的自己，她們答應資助他讀大學所需的費用。

容閎實在是太聰明了。在耶魯大學，他穿著長袍馬褂、拖著油亮的大辮子走在校園內，這樣的打扮總是免不了被人笑話，但每當公布成績時，容閎都是第一名。美國學生竟然被留學生「打」得一敗塗地，太傷自尊了。

一八五四年，容閎獲得耶魯大學文學學士學位，成為第一位畢業於此的中國留學生。那天，《紐約時報》的評論家布希內爾請他留在美國，豐厚的薪水自然不用提，還有住房、前程等，這是一條鮮花鋪就的道路。但容閎告訴他：「我要做的事，是把西方的學術傳播到中國，讓中國能走上富強的道路。個人榮辱，不算什麼。」

很顯然，布希內爾不看好這項事業。在他看來，不論是北京的咸豐，還是天京的洪秀全，都不是能夠接受西方知識的人物。容閎的這條路，可謂步步殺機，但沒人能攔得住他。

3

他的第一個選擇是太平天國，這對容閎來說一點也不意外，回國後他在香港工作時結識了一名叫洪仁玕的牧師，他有個族兄叫洪秀全。如今，洪仁玕是太平天國的干王。同是基督的信徒，讓他們有了相同的志向，這也讓容閎一廂情願地認為：他們是向西方學習的團隊。

一八六〇年十一月六日，他從上海出發前往天京[66]。剛見到洪仁玕，茶水還沒來得及喝一杯，容閎就從懷中拿出為太平天國擬定的建國方略：

一、按照科學原則組建軍隊
二、創辦軍官學校
三、組織文官政府
四、建立銀行體系和金融制度
五、建立海軍和各種實業

66 太平天國的首都，今南京，是在清朝兩江總督署所在地江寧（今南京）建造的都城。天京喻「天國京師」之意，謂之「金陵小天堂」。

……

每一條下面都有詳細的實施方案。他把美國早已成功的經驗介紹給太平天國，希望他們能走出新的局面，他還保證：「採納予言，願為馬前走卒。」

可是我們知道，太平天國口號喊得震天價響，但要論愚昧和落後，也不遑多讓。洪秀全仔細看了容閎的建議：「呵，不就是想做官嗎，還搞這麼多花樣，來吧，給你個大官做做。至於方案就算了吧。」

君子以義合，小人以利交，既然不是同路人，就不坐一條船，省得彼此耽誤。告辭，留步。

4

容閎的轉機來自三年後，當時他收到一封曾國藩幕僚的邀請函，希望容閎能到安慶見一面，大家聊一聊時局，談一談中外。

既然天國夢斷，那麼見見也無妨。在安慶一見面，曾國藩就幫他看相。他請容閎坐在面前含笑不語好幾分鐘，銳利的眼光從頭掃到腳，然後停留在他的臉上，問：「願不願意在軍隊混呀？」容閎說：「不不不，鄙人不擅於奔跑。」

曾國藩認定這是一個誠實的人，有自知之明而且謙遜，是個人才。此時曾國藩想建立一個軍工廠，主要生產來福槍、大炮等武器，容閎一聽就覺得他太小家子氣了，他馬上向曾國藩建議：「為什麼不創辦一個生產機器設備的工廠呢？有了設備，什麼樣的工廠都能建立起來。」

這可是重工業工廠，關鍵是容閎還有自己的理由：「以中國原料之廉價、人工之豐富，將來自己造機器，肯定比歐美便宜得多。」曾國藩覺得這是一個好主意，馬上讓他帶六萬八千兩銀子直奔美國，購買了一百多種機器設備。

一八六五年，江南機器製造總局成立，容閎憑藉自己的見識，開啟了近代工業的先河。

5

此時的容閎也算功成名就了。在曾國藩、李鴻章身邊做事，頭頂五品官銜，如果是普通人，一輩子混到這個地步也差不多了，可是容閎卻經常夜不能寐。他在耶魯大學吹過的牛還沒有實現，先進的知識還沒有引入中國，同胞依然蒙昧，不知世界的潮流。

何以解憂，唯有留學。好在優秀的靈魂總是不期而遇。一八七一年，曾國藩和李鴻章聯合上奏：「擬選聰穎幼童送赴泰西各國書院學習軍政、船政、步算、製造諸書，約計十餘年，業成而歸。」同治皇帝大筆一揮，准。

容閎被任命為留美學生副監督，而正監督是翰林出身的陳蘭彬，這樣能減少守舊勢力的干擾。多年後容閎依然能記得此時的興奮：「予聞此消息，乃喜而不寐，竟夜開眼如夜鷹，覺此身飄飄然如凌雲步虛，忘其為偃臥床笫間。」

實現多年的心願，在此一舉。

6

在當時，出國留學是很困難的。首先是沒有生源，在「四書五經」為尊的年代，學子們只要沒經歷過科舉，都會被視為不入流，根本不受社會尊重，也沒有任何前途可言。容閎回到「得風氣之先」的老家香山，才在貧苦人家中招到一半學生的名額，另外一半則靠沿海各省的攤派。

一八七二年八月十一日，第一批三十名留美幼童從上海吳淞口出發，啟程赴美留學。以後每年都會派出三十人，共計一百二十名留學生，他們中沒有一個八旗子弟，沒有一個富家公子。

遠赴萬里之外，只為尋求先進的學問，只為尋求報國救民的方法，雖然他們的人數不多，可火種一旦點燃，就是希望。

然後是適應環境。九月十二日，學生們抵達美國三藩市，然後乘坐剛剛貫通北美的火車一路向東，十天後，他們抵達美國東北部的康乃狄克州。容閎擔心城市中的不良風氣會影響學生，於是就想把他們安排到離城市較遠的美國家庭中，恰好美國人也對中國留學生極為熱情。

當康州政府號召居民接納留學生時，他們的申請表遠遠超過了需求。在隨後的幾年間，一、二十名學生分散到五十四戶居民中，這種方式說明學生順利融入了當地社會，他們在寄宿家庭中學習英語、培養美式生活習慣，在長年累月的生活中，還和寄宿家庭積累了深厚的感情。

一九一一年，已擔任清朝外務大臣的梁敦彥，還專門邀請當年寄宿家庭的兩位小姊姊去北京，在他家住了一年，此時距他去美國已過去將近四十年。

最後是教學方式。在康州首府哈特福的出洋肄業局[67]大樓中安放著孔子牌位，學生定期到這裡向皇帝磕頭，然後學習傳統的四書五經，回到學校後再繼續學習美國課程。

與中國傳統的書齋不同，留學生在美國的學習生活特別廣泛，棒球、橄欖球、划艇等劇烈運動都是他們的最愛。詹天佑、梁敦彥、蔡紹基、黃開甲等九人組成「東方人棒球隊」，憑藉一時無二的戰績，經常贏得美國女孩的青睞。還有鍾耀文，在他擔任舵手期間的「耶魯大學賽艇隊」，曾經連續兩年戰勝哈佛大學賽艇隊。學業和運動兼顧，是那一代留學生的本事。

67 編按：當時清朝的留學管理機構。

一八七六年的費城世界博覽會上，美國總統格蘭特專門接見了中國留學生，而中國代表團的李圭也目睹了他們的風采：「見諸童多在會院遊覽，於千萬人中言動自如，無畏怯態。裝束若西人，而外罩短褂，仍近華式，舉止有外洋風派。」

容閎也評價自己的學生：「終日飽吸自由空氣，其平日性靈上所受極重之壓力，一旦排空飛去，言論思想，悉與舊教育不睦，好為種種健身之運動，跳躑馳騁，不復安行矩步。」

7

在容閎的大夢想中，還有重要一環。既然中國人能學習美國的知識，那麼，能不能讓美國人也學習一下中國的傳統文化呢？答案是可以的。

一八七八年，容閎將自己多年的藏書捐贈給耶魯大學，共一二三七卷，基本上都是四書五經、《百家姓》、《三字經》、《山海經》、《三國志》、《李青蓮詩》等古典書籍。一百四十年後，以這批書籍為基礎發展起來的耶魯東亞圖書館，已成為世界漢學研究資料數一數二的圖書館之一。

流水不腐，戶樞不蠹。我們學習外國文化，也不要漠視傳統文化，互相交流才能碰撞出新思想，更新固有觀念。難怪曾國藩說：「容閎所為，就像張騫、玄奘出使絕域一般壯麗。」

一八八一年，容閎奉獻了畢生心血的留學事業終於被叫停。清朝的大佬認為，留學生成了「香蕉人」。他們以美國的習俗為榮，崇尚自由，熱愛科學，反對禮教，甚至不再對中國的皇帝頂禮膜拜。「如此人才豈能為我所用？」

既然是威脅，必然要扼殺之。在朝廷的嚴令之下，截至當年年底，剩餘的九十四名留學生分三批回國。在上船前，詹天佑、梁如浩等人還和奧克蘭棒球隊打了最後一場比賽，勝利後，他們便從此和棒球、美國揮手告別。

沒有比較就沒有傷害。一海之隔的日本留學事業此時卻蒸蒸日上，從一八六八年的九十二人，到一八八一年已有將近四千八百人。五十年後的災難早已在此時埋下了種子，而把日本留學生帶到美國的，恰恰也是帶容閎出國的布朗校長。

不過話說回來，這九十四人的使命就是火種。在幾十年後，唐紹儀出任內閣總理、蔡紹基出任北洋大學校長、詹天佑修鐵路、唐國安做了清華學校校長、梁如浩創辦交通大學……

容閎點亮了黑暗，終究成烈火燎原。一步一步，一點一點，就算此時不如人，只要努力做下去，遲早有一天會成大器。

8

留學叫停，容閎夢斷。一八八七年，他在租住的房子裡有苦難言，再加上妻子在半年前去世，他在書桌上抄寫了一首劉禹錫的〈歲夜詠懷〉：

> 彌年不得意，新歲又如何。
> 念昔同遊者，而今有幾多。
> 以閒為自在，將壽補蹉跎。
> 春色無情故，幽居亦見過。

字裡行間，可見其心緒難平。國家不堪，人生無望，容閎就在人生的低谷裡開始了令人詬病的晚年。

十二年後，他支持康有為、梁啟超主持的「戊戌變法」，甚至把自己在東華門外的房子作為維新派聚會的據點。康、梁和六君子在這裡商議變法的大計，其中無數建議、奏摺、條文都由容閎親筆書寫，可以說，他是「戊戌變法」的幕後靈魂。

在變法失敗的前一夜，譚嗣同去找袁世凱談判，請他出兵劫持慈禧太后，扶持光緒皇帝執政，梁啟超就在容閎家裡等消息。第二天，天崩地裂。譚嗣同等人在菜市口被斬，康有為、梁啟超緊急出逃，容閎拖著七十歲的病體也乘坐馬車出城。珠市口，一隊清軍奉命攔截容閎，清軍首領掀起馬車門簾一看，正是朝廷通緝的要犯，然而，他卻默默地把門簾放下，放馬車順利出城。

別人不知道，容閎卻看清楚了：原來他是自己的學生，第三期留美幼童周壽臣。是非公道，自在人心。

9

容閎從天津坐船逃往香港，然後前往美國。途經澳門時他抬頭看去，岸邊正是自己小時候讀書的馬禮遜學堂。當年的小孩從山上看大海，如今的老人在大海回望山頭。人還是那個人，只不過沾染了歲月的風霜。

在前往美國的船上，他認識了一個香山老鄉，此人化名「中山樵」，現在我們稱他為孫中山。那時的孫中山經常發動一些小型起義，而此時的容閎，在所有路都走不通，已至山窮水盡時，只剩最後一條路。他給孫中山出謀劃策：「與其把精力都耗費在小打小鬧上，不如好好積蓄力量，將來畢其功於一役。」

十三年後，我們都看到了結果。武昌城頭的一聲炮響，大清朝換了顏色。如今我們都在說「見識更廣大的世界」，但更廣大的世界到底是什麼樣子？不是省吃儉用的驢友[68]，不是上車睡覺下車拍照的遊客。而是知曉世界的學問，明白中外之廣博和差異；也是讀萬卷書的洞明，用數千年智慧指導人生；更是胸懷天下的格局，有為大事業服務的勇氣。你眼中廣大的世界是一條漫長的河流，它可能不會給你任何好處，可一旦風雲際會，它將是你躍出龍門的強大助力。

一九一二年四月二十一日，容閎病逝於哈特福的寓所內。他身邊的書桌上放著一張孫中山的近身照和一封邀請他回國任職的親筆信。他的朋友杜吉爾說：「他是一個愛國者，他從頭到腳，每一根纖維都是愛國的。他熱愛中國，他信賴它，確信它有遠大輝煌的前程，配得上它那高貴壯麗的山河和偉大悠久的歷史。」

大仁者，不失其赤子之心。

68 泛指愛好旅遊，經常一起結伴出遊的人，常用作對戶外運動，自助自主旅行愛好者的稱呼，也是旅遊愛好者自稱或尊稱對方的一個名詞，他們更多指的是背包客，就是那種背著背包，帶著帳篷、睡袋，穿越、野營、徒步、騎行的戶外愛好者。

第七章　奇聞異事

讀書人和屠狗輩，盡在劫中

拋棄一切無關緊要的東西，
把時間和精力傾注於真正想要的事物上，
從而讓生命擴展到最寬，
獲得最大的精神自由。

一代武術宗師，「練」出了功夫的最高祕笈

1

《大公報》曾評價孫祿堂先生道：「合形意、八卦、太極三家，一以貫之，純以神行。海內精技術者皆望風傾倒。」

形意、八卦名家張兆東晚年曾對友人說：「以余一生所識，武功能稱神明至聖登峰造極者，獨孫祿堂一人耳。」國術名家李景林則謂：「環顧宇內能集拳術之大成而獨造其極者，唯孫祿堂先生一人。」

我國的傳統武術發展到近現代，逐漸產生了形意、八卦、太極三大內家拳。將形意拳練到登峰造極境界的是創始人李洛能。八卦掌的開山鼻祖董海川達到了煉神還虛的極境。太極拳宗師楊露禪從陳家溝偷師十八年後，能打遍北京，被稱為「楊無敵」。而能將這三門功夫都練到睥睨天下的，唯有孫祿堂一人而已。他練拳的祕訣就是「玩拳」。

2

一八六〇年，孫祿堂生於河北完縣（今順平縣），父親孫國英是正七品文林郎，以慷慨好義聞名鄉里。孫祿堂自幼聰慧絕人，性情沉勇雄毅，史載「生而嶷嶷，超絕常兒」。七歲時，他入私塾讀書習字，同時隨一位吳姓拳師學習少林拳和彈腿。

文武兼修的童子功，為他日後的成就打下了堅實的基礎。後來他因為家貧而輟學，背井離鄉，到保定一家毛筆店裡做學徒。十三歲那年，形意拳師李奎元看中了孫祿堂的資質，就把他帶到自己門下讀書，同時教他形意拳。

一入師門，李奎元就告訴孫祿堂：「要練好形意拳，就必須先練好三體式。」三體式，天地人三才之象也，在拳中有頭手足是也。三體又各分為三節，腰為根節，脊背為中節，頭為梢節；肩為根節，肘為中節，手為梢節；胯為根節，膝為中節，足為梢節。三節中各有三節，此乃合於洛書之九數。

孫祿堂那時候年紀小，尚不明白這些道理，但他知道，做一件事情，就要盡最大的努力去做，不管能不能成功都要盡力。

3

從這時起，孫祿堂每天勤學苦練，不論寒暑從不間斷。每天早晨起來就站樁，一站就是幾個時辰，大冬天出的汗把棉衣都打濕了。李奎元見孫祿堂如此用功，心裡很是高興，能收到這樣的徒弟，真是師傅的福分，於是就將自己的一身絕學傾囊相授。

劈、崩、鑽、炮、橫這五行拳自不必說，五行連環、十二形拳、雜式錘、安身炮等，只要他懂的拳術，全部教給了孫祿堂。在三年時間裡，一個盡心教授，一個拚命去學，孫祿堂武功進步神速。李奎元感歎孫祿堂武學上的資質和天分，出於愛才之心，也怕自己耽誤了徒弟的前程，就把他推薦到自己的恩師郭雲深門下繼續深造。

郭雲深曾經因行俠仗義而入獄，在獄中他練出了半步崩拳的絕技。憑著這一絕技，他打遍黃河南北無對手。郭雲深一見孫祿堂，立刻驚歎他在武學上的天賦，當即收下。一年後，郭雲深感歎：「能得此子，實乃形意拳之幸也。」

郭雲深交遊廣闊，經常去各地拜訪朋友。外出時，經常是郭雲深騎馬奔馳，孫祿堂奔跑在後，一跑就是十幾里，全然不覺疲倦。遇到有泥濘的地方，孫祿堂便縱身一躍貼於馬背上，一手輕扶郭雲深的肩膀，一手托著馬背。到了地方後，郭雲深與朋友交談喝茶，孫祿堂就在旁邊站三體式，練習各種招式。

在郭雲深門下經過八年的苦練，孫祿堂的境界早已到了至虛的「化勁」，與武術界內外各路高手廣泛切磋，他每戰必勝，不但勝而不傷人，還謙遜如儀。他還與師傅郭雲深一起，共同整理了形意拳的三步功夫：明勁、暗勁、化勁；三層道理：煉精化氣、煉氣化神、煉神還虛；三種練法：易骨、易筋、易髓。

郭雲深讚歎說：「此子真能不辱其師。」

4

一八八二年，孫祿堂已經研習了十一年的形意拳，為了徹底領悟拳學原理以及博採眾長，郭雲深就推薦他到白西園處，學習《易經》。

在北京，孫祿堂一邊跟隨白西園學習《易經》，一邊跟隨程庭華學習八卦掌。程庭華是八卦拳宗師董海川最好的弟子，功夫最接近董海川。況且形意拳和八卦掌都以內功為基礎，只是技術上各有特點。形意拳勁力整實，動作簡捷；八卦掌身法靈活，手法多變。於是，孫祿堂早上練形意拳走剛勁，晚上練八卦掌走柔勁，很快在八卦掌上也頗具造詣。

有一天，一位南方的武師北上京城，專訪各派名師較技，所向披靡。後來到了程庭華家時，程庭華的弟子與此人較量，都不是對手。為了避其鋒銳，程庭華數日閉門不出。這時孫祿堂到程庭華那裡的時間還不長，只是學習了幾個月的轉掌，並沒有被程庭華列入徒弟的行列，所以並沒有讓他出手。

但是孫祿堂自願代替程庭華與南方人一戰，在比武中，孫祿堂一出手就將那個南方人擊出窗外。這一手功夫深深地震撼了這個南方人，也震撼住了程庭華，僅僅學了幾個月的轉掌，就能有這種功力，雖然有形意拳的功底在，但要是學了八卦掌，還愁不能發揚光大？於是將八卦掌的理法及招式，全部教給了孫祿堂。

孫祿堂潛心學習了幾個月，感悟到形意拳與八卦掌的道理其實是相通的。功夫，兩個字，一橫一豎。錯的，倒下了。站著的才有資格講話[69]。都是兩個拳頭一個頭，為什麼是你站著，讓別人倒下？孫祿堂的答案就是：練。

怎麼練？玩著練。這個玩不是玩耍的玩，而是玩味的玩。放棄其他的一切舒適與享受，拋棄一切不必要的瑣碎，整個世界空空蕩蕩，只留拳道，是謂「玩拳」。

5

孫祿堂的「玩拳」，是永不知足地學習和「自找苦吃」地磨煉。他學會形意拳和八卦掌後，與人較量，整個黃河南北沒人是他的對手，於是將目光投向了整個中國。

一八八五年，他從北京出發，開始在全國尋求技藝高超的人，向他們學習比試，從中琢磨自己的拳有什麼不足，別人的拳有什麼優點，彼此之間又有什麼異同，藉由這樣反覆地比對交融，他的積累一天比一天深厚。

這次旅程，途經河北、河南、湖北、四川等十一個省，他訪少林、朝武當、上峨眉，一聽聞有技藝

69 編按：電影《一代宗師》中的經典臺詞，出自葉問所說的一段話。

高超的人，就不辭辛苦前往拜訪，有因不服氣而找他比武的人，他都能贏得勝利。

孫祿堂喜歡攀緣絕險奇峰，涉大川幽谷。有次遇見一個雲遊道士，兩人相聊甚歡，於是把各自的技藝互通有無、互相驗證。道士教給孫祿堂一則修心養氣的法門，這個法門要是練好了，能夠自然辟穀，清淨腹藏氣血中的雜物。

孫祿堂把這則法門融入形意八卦之中，最終達到騰身走凌空、慧劍射神光的境地。孫祿堂這一路上遨遊方外，登雲天、造九級、逐虎豹、入莽林，一路行俠，奇事極多，曾多次獨鬥群梟，所向披靡。經過這一番壯遊南北、獨會群雄，孫祿堂的功夫大進，形意八卦也融會貫通，功臻造極之境，行止坐臥、一念一應，無不依乎天道。

孫祿堂的謙虛好學在當時是出了名的，即便他在弱冠之年就達到了「行至坐臥周身各處節能觸之即發、仆人於丈外無時不然的境地」，但他並不滿足，仍能虛心求教，聽從內功深厚的宋世榮[70]的指點，進一步追求「有若無、實若虛」的境地。

向愷然[71]說：「他有兼人的精力，能練兼人的武藝，這一切都是因為好學不倦得來的。」因為這種好學的精神，他才能夠在形意八卦都登峰造極的時候，還能像個小學生一樣伺候生病臥床的太極拳家郝為禎，只是為了他能夠在病好後，教自己太極拳。

人非草木孰能無情，郝為禎被孫祿堂的這份真情以及好學所感動，在病好後把自己的一身太極功夫全部教給了孫祿堂。這時候的孫祿堂，已經五十二歲了。活到老、學到老，孫祿堂是這句箴言的踐行者。直到很多年後，孫祿堂早已成了大宗師，江湖地位獨步一時，他還在不停地刻苦學習。

「因拳理悟透易理，及釋道正傳真諦、經史子集釋典道藏之精華，老宿所不能難也。旁及天文幾何

70 宋世榮（1849—1927），宋氏形意拳宗師。
71 向愷然（1889—1957），近代武俠小說家。

與地理化學博物諸學，為新學家所樂聞焉」。因為好學，他文武兼修，不僅武功獨步天下，文化修養也不遜於名儒。

晚清翰林陳微明、狀元劉春霖都因仰慕孫祿堂的學識而拜於門下，馬一浮、莊思緘、章太炎、胡樸安等大師，都因欽佩孫祿堂的學識而執弟子禮。這種學識，使他日後開闢了以武入道的文化新領域。

6

孫祿堂的「玩拳」，是誨人不倦地教拳。他功夫有成之後，於一八八八年返回保定。這時他的名聲已經傳遍大江南北，嫉妒者有之，不服者有之，想拿他立威者也有之。

一天，孫祿堂正準備上茶館喝茶，剛掀開簾子準備進去，早已埋伏好的二十幾個人突然從門內外衝過來圍攻他，他「感而遂通，若電光擊人，使前後偷襲者皆昏撲於地」。這一次成功避險，使孫祿堂的形象更加高大，眾人「皆疑為天神」，前來學藝者數不勝數。於是他創辦了蒲陽拳社，「每日潛心玩味深化不測之功用，研究易經黃老奇門遁甲等學，並兼教鄉人文武兩道」。

弟子中練拳最刻苦的要數齊公博。齊公博自幼嗜武，曾拜孫祿堂門下學習了一年，但沒有什麼成果，以為內家拳不適合自己，就前往滄州拜名師，學了幾年也沒練出什麼功夫來，又回到了孫祿堂門下，只求能學一技而已。

孫祿堂就教他站三體式，讓他每天只練這個。齊公博一開始很是困惑，因為他曾經學過三體式，也沒發現有什麼新奇之處。孫祿堂知道他的意思，就說：「你知道你愚鈍嗎？」齊公博點點頭。孫祿堂又說：「知道自己笨就好。這個三體式啊，是變化人體氣質的總機關，需要站到胸腹鬆空、手足相通才能體會到妙處。如果到了這一步，勁可由拙換整，身可由滯化靈，心可由塞達能，意可由昧臻明。好好練吧。」

從此齊公博每天就只練三體式，就這麼過了三年，齊公博練得「內氣鼓蕩、衣襟抖擻、意發神揚、如沐神光」。孫祿堂說：「功成了。」開始教他形意拳的各種招式，一年之後，齊公博形意拳的造詣大增，在同門中鮮有敵手。更神奇的是，向來最討厭讀書的齊公博，竟然因為練拳有成而身心通悟了，也能每天與書為伴，氣質與從前已經截然不同了。

民國年間，齊公博到江蘇國術館任教，與孫振川、胡鳳山、馬承志等八人被譽為江蘇館的「八大金剛」，與館內外各派高手切磋時，「使犯者無不一觸即撲」，享有「活電瓶」的美譽，返回北方後，又被聘為河北大學的國術教授。

昔日的愚鈍老農，竟然由武而至大學教授，可見孫祿堂教學之成功，亦可見拳法的教化功能。

7

孫祿堂的「玩拳」，是將拳理運用到處事上的高潔品行。一九二三年的冬日清晨，孫祿堂從外地趕回北京，走到院門口時，看到一片白茫茫的積雪，他就站在門口看著厚厚的積雪，似乎不忍下腳破壞這片銀毯，於是縱身一躍，竟然到了北房的臺階上。

從旁邊屋簷下走過的徒弟看到了這一幕，特意用尺子量了一下，距離是三丈五尺。後來這事就傳開了：孫祿堂縱身一躍能有三丈五尺的距離。於是就有人說，郭雲深當年一躍也在三丈外。孫祿堂聽到這些議論後，當即否定：「我也就是勉強在兩丈外吧。」說完用虎形一躍，然後師兄龔劍堂用尺子一量，果然只有兩丈五尺。

那個徒弟就納悶了，為什麼師傅不跳得遠一些呢？還是另一個徒弟李玉琳看得明白，跟他說：「這是咱們師傅的敬師之德，你們拿郭老祖做比較，師傅當然故意不跳到三丈外了。」

孫祿堂平時只談拳的事，從來不管俗世，自己家裡有多少錢一概不知，要用錢了，只是跟夫人張昭賢要，夫人也向來都聽他的。以至於一九三三年華北水災，孫祿堂欲傾其家資賑濟鄉民時，他的夫人急了，趕緊找來孫祿堂的徒弟——時任中國銀行主任祕書的雷師墨商議。雷師墨說：「師傅年紀大了，又辭去了社會職務，平時總周濟同道，總要留幾個養老錢。」孫夫人覺得有道理，就回家對孫祿堂也說了這番意思。沒想到一輩子沒跟夫人紅過臉的孫祿堂，這回竟然很激動，搬著鋪蓋自己住到廂房去了。

幾天後，孫夫人憋不住了，又去找雷師墨。雷師墨知道自己的師傅從來不管錢，也不知道自己有多少錢。但是他知道孫祿堂在中國銀行存有六萬大洋，於是就對孫夫人說：「師母，您將這六萬大洋分成兩份存單，一萬一份、五萬一份。您將五萬這份收好，將一萬這份交給師傅，什麼話都別說。」

孫夫人回家後，把一萬大洋那份存單往孫祿堂手裡一扔，故意裝著生氣的樣子回到自己房間裡。不久孫祿堂就讓弟子雷師墨把存單上的大洋全部取出，回到家鄉用於賑災。

尊師重道、護澤鄉梓，這種高貴的品行深深地烙印在孫祿堂身上。出身貧寒不要緊，只要有高貴的品行，就是最高貴的貴族。

8

孫祿堂的「玩拳」，是將鄉野匹夫的搏擊，昇華為武道的哲學。

一九〇七年，清政府設立東三省總督，任命徐世昌為總督。徐世昌想：東北大地土匪橫生，世道這麼亂，不如找個武功高手隨行，護衛安全。於是親自登門拜訪孫祿堂，邀請他跟隨自己一起去東北。孫祿堂一向欽佩徐世昌的學問和人品，於是欣然前往。

這份差事斷斷續續竟做了十五年，直到一九二二年徐世昌卸任大總統為止。這十五年裡，孫祿堂想了很多。武術自古以來都是鄉野匹夫搏鬥的工具，難登大雅之堂。看著徐世昌儒雅的風度，孫祿堂想：天下大道相通，拳理跟儒釋道也有很多相同的地方，也是一種文化。

武至極而文。

孫祿堂深入總結、提煉，於一九一五年出版《形意拳學》一書，這是第一部公開出版的形意拳專著。他參儒道兩學，合丹經、易理重構形意法理，建立了形意拳的理論及技術體系，提出「中和為用，和之中智勇生焉」的理論。理論上的研究一旦開始，就像是打開了思維的枷鎖，停不下來。

一九一六年，孫祿堂撰寫並出版了《八卦拳學》一書，這是第一部公開出版的八卦拳專著。在這本書中，孫祿堂提出「一以貫之、純以神行」之道，並發明先天八卦與後天八卦相結合的技術和理論系統，授以「天人合一，神化不測」之功用，創立了八卦拳的理論和技術體系。

一九一九年，他出版《太極拳學》一書，這又是第一部公開出版的太極拳專著。孫祿堂在書中說：「太極拳的本質不過是研求一氣伸縮之道。」

形意拳、八卦拳也是如此。一氣者，即中和真一之氣，由無極而生。故拳法莫不是自虛而始，復還於虛，形意、八卦、太極三拳用法不同，各有側重，但它們的道理是一樣的。

憑著幾十年的勤學苦練和文武兩道的深入研究，孫祿堂終於不用再學拳了，因為他把拳都學完了。他要幹一件大事——創拳。「宗老子自然之道，合易經洗髓兩經之義，用周子太極圖之行，取河洛之理，依先後易之數，融形意、八卦、太極三門拳術真諦，系統創立孫氏太極拳。」

按理說，事業到這一步應該知足了。一個河北農村的貧寒子弟，與大總統呼朋喚友，社會名流都拜入門下磕頭執禮，走到哪兒都有人擁護，銀行存著幾萬大洋，家庭幸福……也該享享清福了吧。

孫祿堂沒有，他還是想著「拳」。因為當時海內外武林名家請教他的人很多，北京的四民武術社、天津的中華武士會也常請他去講課，但是他感慨說：「我雖然擺弄了一輩子拳，但是現在看來，一百個人中也難以遇到一兩個明白拳法真諦的。」

出於教化眾生的情懷，孫祿堂將自己練拳的心得和體悟，編撰而成《拳意述真》並公開出版。他在書中還闡發了拳與道合之理，並論述了透過修拳而煉虛合道的親身體悟，進而揭示出由拳悟道的天梯，從而使武術真正成為中國傳統哲學中的一個重要組成部分。

宋世榮讚歎孫祿堂說：「祿堂仁棣，學於後，空於前，後來居上。獨續先宗絕學。」俠之大者，為國為民。

9

拳術畢竟是拳術，不是仙術。

一九三三年，孫祿堂預言了自己的駕鶴之日。孫夫人大驚失色，趕緊讓女兒帶他去德國醫院做全面的體檢。孫祿堂笑著說：「吾身體無恙，去何醫院。只是到時將有仙佛接引，吾欲一遊爾。」家人怎麼肯，堅持要帶他去做檢查。孫祿堂也沒辦法，只能由小女兒做伴去體檢。

檢查結果很好，德國醫生史蒂夫說：「孫先生的身體無任何不良跡象，比年輕人的身體還要好。」回家後，孫夫人又請名醫孔伯華來家中為他把脈。孔伯華說：「孫先生六脈調和，無一絲微瑕，這麼好的脈象，我還是第一次遇到。」家裡人這才安下心來。

當年秋天，孫祿堂突然返回家鄉，並且不吃不喝，每天只是練拳習字，這種狀態持續了半個多月。到了十二月十六日早上，他對家人說：「仙佛來接引矣。」並說你們快去燒紙，迎接人家。自己面朝東南、背靠西北，端坐在炕上，囑咐家人不要哭，還說：「吾視生死如遊戲耳。」小女兒問他：「父親還有什麼話要說嗎？」孫祿堂只說了一個字：「練。」說完，一笑而逝。

什麼才是真正的宗師？真正的宗師，並不在於才藝、名利、地位，而是一種高度的自我認知和專注力：拋棄其他一切無關緊要的東西，把時間和精力傾注於自己真正想要的人、事、物上，從而讓生命擴展到最寬，獲得最大的精神自由。

正如孫祿堂一樣：只過百分之一的生活。因為只有過百分之一的生活，才會擁有百分之九十九的價值。

未曾讀過馬一浮，不足以談文化

1

學者戴君仁說：「中國歷史上大學者，陽明先生之後，當推馬一浮。」

一八八八年，六歲的馬一浮跟隨父母從成都返回浙江紹興。回家後，父母為了培養孩子，就請了頗有名望的舉人鄭墨田做他的老師。沒想到鄭墨田只教了一年就不幹了。家人以為是馬一浮調皮搗蛋，不肯上進，於是極力挽留。但是鄭墨田堅決辭職，並說出了原因：這孩子我已經教不了了，我會的他都會了。母親不信，於是就想考一考兒子的才學，隨手指著一朵菊花，讓他用「麻字韻」作詩。他俯身採下一朵菊花，張口就來：

我愛陶元亮，東籬採菊花。
枝枝傲霜雪，瓣瓣生雲霞。
本是仙人種，移來高士家。
晨餐秋更潔，不必羨胡麻。

從此，馬一浮神童之名傳遍紹興，父母也不再為他請老師，而是任由他自學。

一八九八年，馬一浮考中了秀才，位列第一名。浙江名流湯壽潛聽說後，十分欣賞他的才華，並主動把女兒湯孝滑嫁給了他。考得功名、迎娶如花美眷，馬一浮在十六歲那年，春風得意。

然而三年之後，他就重重地摔了下來。先是父親重病去世，接著妻子也香消玉殞，馬一浮的人生一片灰暗。雖然和妻子在一起的日子只有三年，但是他的心早已經隨妻子而去，他發誓從一而終，以後不再娶別人。直到八十五歲去世，他沒有再與任何女性有牽連，陪伴在身邊的只有書。

信守誓言，身體力行，真大丈夫也。

2

既然馬一浮是儒學宗師，那肯定是不知世界變化的老古板吧？其實，他是最早出國留學的那批人，不僅精通儒學，對西方文化也瞭若指掌。

在經歷了戊戌變法的失敗和八國聯軍侵華的打擊後，馬一浮深刻地意識到，中國正經歷著巨大的災難。只有努力學習西方的科學和技術，才能強國強種。

一九〇二年，他和謝無量一起來到上海學習，在這裡，廢寢忘食地學習了英文和拉丁文，並且在第二年成為翻譯，跟隨中國代表團去美國參加第十二屆世博會。到達美國後，除了做好世博會的工作，馬一浮一心想著學好西方的學問。

在短短的幾個月裡，他就閱讀了亞里斯多德、史賓塞、黑格爾、達爾文等等歐洲大思想家的作品，還翻譯了《日爾曼之社會主義》、《法國革命史》、《歐洲文學四史》等著作。

有一天他感冒了，還發著燒，渾渾噩噩地走進了一家書店，看到了馬克思的著作《資本論》。拿起來一讀，頓時高興得連生病都忘記了，趕緊把書買回家潛心研讀。他在日記中寫道：「今天下午我得到《資本論》一冊，此書求之半年矣，今始得之，大快大快，勝服仙藥十劑，予病若失矣。」

馬一浮成為第一個把《資本論》介紹到中國的人。那時的美國還是自由民主的象徵。來到美國的馬一浮，心情是雀躍的，但不久後他就發現：本以為是文明的國家，卻專制而野蠻。他在日記中寫道：「美國規定，華商參加世博會，必須每個人繳納五百美金。到了會場，就不能出去一步，而且白種人的上等俱樂部一概不准進入。」這哪裡是參展，簡直是進牢籠。

在聖路易斯大學，學校以「是否應該分割中國」當作演講的題目，讓學生們爭論，舞臺上，中國人也被描繪成無賴。這一切都讓馬一浮憤怒而又無奈。在美國的經歷，在馬一浮的心中留下深深的烙印。這讓他明白，西方的現代文明終究是建立在追求物欲的基礎上，並不關心精神上的修養，內聖外王的精神境界才是中國人應該追求的。

3

李叔同說：「馬先生是生而知之的。假定有一個人，生出來就讀書，每天讀兩本，而且讀了就會背誦，讀到馬先生的年齡，所讀的書還不及馬先生多。」

一九〇五年，在清政府廢除科舉全力改革之時，有所追求的進步青年無不嚮往外國，學習西方文化。而早已歸國的馬一浮，卻脫下西裝領帶，穿起了長衫，在舉國囂然中，獨自走向了西湖邊的文瀾閣，這裡有清朝皇家收藏的《四庫全書》。

在看明白了西方文明後，他獨自走上了一條背對眾生的讀書路。為了研究中國文化，他拋棄了一切。每天早上開館就來，下午閉館也捨不得走，晚上回家還要做讀書筆記。他認為吃飯也浪費時間了，於是就想了個辦法。他帶了個小爐子到文瀾閣，底下點著油燈，爐子上架著小鍋煮豆腐。等到讀完一卷書，這鍋豆腐也就熟了。

一小鍋豆腐就當了午餐。吃完豆腐，繼續讀書。就在這間房裡，他讀完了文瀾閣的三萬六千多冊《四庫全書》，並讀了歷朝諸子文章七千多冊，寫下了《諸子會歸總目並序列》。在離群索居的日子裡，馬一浮博覽群書，這使得他雖居陋室，卻名滿天下。

一九二四年九月，直系軍閥孫傳芳占領浙江。孫傳芳專程到馬一浮家拜訪，馬一浮知道來訪者是孫傳芳，立即表示不見。家人考慮到孫傳芳的權勢，便打圓場說：「是否可以告訴他你不在家？」馬一浮果斷地說：「告訴他，人在家，就是不見。」孫傳芳無奈，只好悻悻而返。

讓孫傳芳吃閉門羹，可以理解，但蔡元培、陳大奇、竺可楨[72]先後向他發出邀請，請他出山任教，他還是一句話就把人家回了：「只聞來學，未聞往教。」他心中想的，還是傳播中國的學問，拒絕三位校長的邀請是因為自己與他們的理念不合。

4

在那個年代，連魯迅都說：「線裝書都是有毒的。」但在馬一浮的眼裡，大家都在爭相學習西方，卻看不清西方科學和思想的缺陷，不能做到「取其精華，去其糟粕」。在這個全盤西化的大時代面前，只有他是一個另類，他用自己的行動來提醒人們，也許還有另一種可能。

況且革命和學問，不能混為一談。文化不應依附於政治，不管世間如何變化，中華民族傳承的命脈是幾千年的文化傳統，如果丟掉自己的文化，中國還能剩下什麼？於是，在當年那麼多向西方求索真理的青年學子中，馬一浮成了最早回歸傳統的一位。

72 竺可楨（1890—1974），中國近代氣象學家、地理學家，一九三六年任浙大校長。

一九三八年，日本人來了。一個年過半百的老頭，帶著十五位弟子和親友長途跋涉，跑到了桐廬。在逃亡的路上，馬一浮仍不忘為下一代傳播文化，始終沒有中斷過講學。

天下雖干戈，吾心仍禮樂。

也許是逃亡的路太艱難，黑暗中看不到一點光亮。馬一浮想起了曾經向他伸出橄欖枝的竺可楨，他寫了一封求援信：「自寇亂以來，家國民族生靈塗炭，予年衰力竭，一路逃難，苦不堪言。」

竺可楨拿到信後，明白了他的意思，主動向他發出邀請，請他以「大師」名義來浙江大學講學。真是世事難料，隱居讀書近三十年的馬一浮，竟然是被日本人趕上了講壇。

在浙大的臨時校址江西泰和的講臺上，馬一浮頭腦清晰、眼露精光，他從天地溯源開始為同學們講述燦爛輝煌的中國文化，並希望同學們在這苦難的日子裡磨煉自己，不受環境的影響，成就健全的人格。他說：「聖賢唯有指歸『自己』一路是真血脈。」真正的學者，在於「敬」和「誠」，如果不能下功夫完善自我修養，那麼學習還有什麼意義呢？

精闢的見解在浙大的課堂上迴盪著，連教授都對他執弟子禮，坐在下面聽講，並把馬一浮的講課稿編成《泰和會語》、《宜山會語》來發行。

5

「當今學校，不如過去的書院。教師為生計而教，學生為謀出路而學。學校等於商號，計時授課，鈴響輒止。」即便在浙大當上了「大師」，他還是沒有認同現代的大學教育，念念不忘的還是他的書院。

在浙大執教一年後，連蔣介石都聽說了這個想開書院的老頭。於是就派孔祥熙撥了一筆款，請馬一浮到四川主持。為了書院能夠獨立開展，他特別強調：「開辦書院，是為了學者能夠自由地研究我國學問，成為真正的儒者。所以這個學院不應該受到教育系統的管理。書院的經費，也應該完全來自社會的饋贈，政府的撥款則屬於社會饋贈的一部分。」他想以這種方式來保證書院的獨立性。國民政府全盤同意，並保證「始終以賓禮相待」。

一九三九年九月，「復性書院」舉行了莊重的開講典禮。以馬一浮為首，全院六十多人全體肅立，向孔子牌位焚香行禮，然後賓主、師生、同學間彼此行禮。在那戰火紛飛的歲月裡，有這麼一群人，為了種族不滅，在奮力地傳播中國的文化。

你可以說他們迂腐，但要看到他們對中國的熱愛，對文明的敬意。他們不只有方法，還有真材實料。馬一浮說：「天下之道，只有變是不變的。」

傳統的文化，也要跟上時代的步伐。他用「六藝」來統攝一切文化，然後分成玄學、義學、禪學、理學、西方哲學等學科。這幾門課在不同程度上包含了古今中外的學問。馬一浮親自講述「群經大義」和「理學」兩門課，其他的講師有梁漱溟和熊十力等人。

馬一浮的主張就是「六藝統攝一切學術」。他認為六藝本來就是人性所具有的，不是別人安排來的，所以詩、書、禮、易、春秋都在六藝之內，西方所說的真、善、美也包含在六藝之中。

如果西方有個聖人出來，他說出來的話、做出來的事，也是六藝之道，只是名稱不同罷了。學問做到最高處，道理總是相通的。

6

馬一浮還是太天真了。在那個連飯都吃不飽的亂世，來讀書的學生不過是想找個避難所而已，可這裡的生活又太清苦，學生接二連三地溜走。董事會也把這裡當成吃閒飯的地方，紛紛介紹親友來此任職，而他們根本不適合這裡，馬一浮一個接一個地拒絕，因此就得罪了不少人。再加上他長期閉門讀書，不會處理人際關係，他和周圍人的隔閡越來越大。更因為思想見解上的分歧，導致熊十力都離開了書院。

除了人，還有錢的問題。原本的設想是靠社會捐款，可是抗戰正到了緊要關頭，哪有人往這上面捐錢？政府的撥款又遲遲不到，書院的師生常常餓得揭不開鍋。馬一浮一次又一次去要錢，形同乞討。這個一輩子清高孤傲的老人，為了書院，臉都不要了。

不要臉也沒用，沒錢就是沒錢。一九四一年五月，馬一浮終於停止授課，遣散了學生。書院雖未關閉，但再也聽不到一點點讀書聲。偌大的中國，連一卷書都不能讀，這不僅僅是馬一浮的悲哀，更是時代的悲哀。

7

復性書院只剩下一個空殼子，但是文脈不能斷，還是得傳下去。怎麼辦？在這樣的亂世，誰還有心思來鑽研學問？書院夢碎，馬一浮只能以另一種形式來傳道了。他把他收藏的書、記在腦子裡的書和自己對書的理解，全部印刷成書。他想讓書籍傳世，供後人閱讀。原本一輩子不題字的馬一浮，為了刻書，居然拉下臉面去賣字了。

他年輕時就書法精純，尤其擅長草書、小篆和隸書，風格凝練、法度嚴謹。書法家沙孟海說：「展玩馬先生遺墨，可以全面瞭解他對歷史碑帖服習之精到，體會之深刻，見解之卓越，鑑別之審諦，今世無第二人。」

如此優秀的筆墨，想求得一字難如登天。現在他把家裡的字拿出去賣，換來的錢沒有一分留存，全部用於刻書。幾年時間，他克服重重困難，刻了《群經統類》、《儒林典要》兩部叢書，以經典注疏和儒學語錄為主，還包括可能因戰火而遺失的冷僻書籍。

馬一浮用一輩子的努力，只想給後代多留下點傳統文化的種子，這樣的情懷就像他寫的一句詩：「已識乾坤大，猶憐草木青。」

百年武林

1

晚清和民國是功夫的黃金年代。

所謂三大內家拳是形意拳、八卦掌、太極拳，其他還有通背拳、八極拳、詠春拳等。各個拳種都有自己的起源和集大成者，他們在晚清民國紛紛走向北上廣，招收徒弟推廣門派。

和歷代開國皇帝一樣，徒子徒孫特別喜歡給祖師爺貼金，類似夢見神仙傳授啦，無意中找到名人留下的祕笈啦。普遍認可的形意拳創始人是姬際可，他是明末清初的反清義軍將領，相傳在兵敗之後躲到破廟裡，意外得到岳飛留下的拳譜。我覺得這個故事的可信度不高，因為姬際可本來就是萬軍中取敵方首級的將領，一桿大槍玩得出神入化，功夫只能來自家傳和軍中磨礪。清朝鎮壓起義之後，他為了保留火種，不得已把槍術演化為拳術，取名心意六合拳，所謂脫槍為拳。後來，姬際可的傳人，又在原有的基礎上演化為形意拳。

八卦掌的開山祖師是董海川，他原本也喜歡武術，練了很多年家傳功夫，經過多位師傅指點之後，他把家傳的武術改造升級，取名為八卦掌。江湖傳言：「董海川遇到異人傳授。」基本上是後人編造的美好童話而已，不能輕易相信。

太極拳原本只在河南地區流傳，屬陳家溝的人功夫最好，慢慢也就成了太極拳的代言人，不過當時不叫太極拳。後來楊露禪慕名而來，苦苦哀求陳家人收為徒弟，經過十八年才把這門功夫學到手。楊露禪學成以後到北京闖蕩，拚命和人比武掙名聲，一旦出手必定見紅，最終換來「楊無敵」的名號，其絕技是「鳥不飛」。所以太極拳以楊露禪為標杆人物，看來武術界也喜歡講故事。

能編出完整故事的門派，就是世人認證有明確來路的門派，徒弟也覺得臉上有光，說出去有面子。由於那時的武者多數沒有文化，大部分門派沒有故事可講，於是就缺乏明確來路，只能以集大成者為祖師爺。而很多門派連集大成者都沒有，地位又會降一級，只好在歷史中跑龍套。大家只在乎門派厲害與否，祖師有沒有名氣，將來能不能掙到飯碗。

不論有沒有故事，武術的來源是一樣的。它們基本上來自於民間武學世家，而民間武學又來自於軍隊搏殺技能。追根溯源，武術的本來面目一點都不花俏，就是簡單的力量、速度、反應和肌肉訓練，唯一目的是技擊。

2

那個年代，練武是一門生意。「生意」二字絕對沒有貶義。清朝的商業氛圍很濃，不僅有遍布東亞的貿易網路，晉商還在全國各大水陸碼頭開設票號[73]。商人的貨物和白銀，經常遭到土匪覬覦。

為了保護家業，鏢局應運而生。鏢局的業務主要分兩部分，一方面為商業行動當保鏢，另一方面也要為土豪看家護院。這些都是刀頭上舔血的工作，要是身上沒有真功夫，平時高強度工作根本撐不住，說不定某天就會猝死。

工作壓力大、競爭激烈才有進步的動力。姬際可的徒孫戴龍邦是開鏢局的，為了壟斷市場，戴家心

73 編按：舊時指山西商人所經營的錢莊，以匯兌為主要業務。

意拳的宗旨是傳男不傳女，傳裡不傳外。相當於某家壟斷市場的公司，擁有幾個核心專利，肯定不會輕易送給別人。

時人也說：「只見戴家拳打人，不見戴家人練拳。」所以那個年代的武術相當於大學裡的專業，學得好可以找工作養家糊口，甚至融資創業，類似現代的電腦和金融。

晚清以來，內有各地土匪橫行，外有洋人打秋風，京城和各地的王公貴族沒有安全感，紛紛請武術宗師保家護院。於是，市場需求進一步刺激武術產業的發展。李洛能不知用什麼辦法，把戴家的核心專利學到了手，改名形意拳後教出八大弟子，投身於火熱的保鏢事業中。八卦掌宗師董海川，也在睿王府中當差。

進入民國以後，還有八極霍殿閣[74]做溥儀的保鏢、李書文做袁世凱的練兵教官，宗師們進入編制，吃著皇糧，前途無量。晚清的武林是一門成規模的產業，既能賺錢也有前程，金錢的魅力吸引無數人加入其中。而占據產業上游的武林宗師，由於有錢有勢，不但受到群眾的追捧，也十分受到尊重。

而且武術產業的傳承是有體系的，武者以師門為組織，宗師招收弟子的門檻也很高，可謂嚴進嚴出。《逝去的武林》中記載：形意宗師唐維祿本是農民，到天津找形意拳名家李存義拜師，但是李存義不收。他就自願給李存義打長工，一直做了九年雜役，才得到李存義的認可。

尚雲祥年輕時求李存義指點，李存義只教了劈、崩拳的基本功，直到十二年後看尚雲祥練得不錯，李存義才正式開始教。其他武者也差不多。成規模的產業、受尊重的人格、嚴格的教學標準，是成就晚清民國武林的三大法寶。

如果還不能理解，不妨把武林帶入現在的網路產業。形意、八卦、太極相當於阿里巴巴、百度、騰

74 編按：霍殿閣，霍氏八極拳創始人。

訊，而八極、通背相當於今日頭條、美團，各門派的武者相當於各大公司的程式設計師。最底層的武者為了升職加薪要努力練拳，中層的師傅以武藝為根基，謀求更高的社會地位，最上層的宗師則和達官顯貴談笑風生。

他們就是當時的行業偶像。

3

晚清處在大時代的轉捩點，人物和行業最終都要服從於國運。

形意拳講究「寧可一思進，莫再一思停」。因為形意拳講究硬打硬進，猶如千軍萬馬衝鋒陷陣，絲毫不容半點猶豫和遲鈍。正是簡潔明瞭的形意拳，在晚清民國大放異彩，如李存義所說：「形意拳只殺敵，不表演。」

八國聯軍侵華，李存義率弟子自備乾糧，趕赴戰場使用冷兵器擊殺落單的洋兵，贏得「單刀李」的美名。

然而殺敵再多，終究也處於弱勢。宗師空有一腔熱血，奈何無用武之地。

董海川的得意弟子是尹福和程廷華。尹福在京城北面教拳，弟子多是王公貴族子弟。程廷華在城南教拳，弟子多是貧民子弟，他在城中開眼鏡店為生，算是當時的高科技生意。

八國聯軍侵華時，程廷華留在北京。面臨三千年未有之大變局，很多武林宗師對時代的改變並不敏感，不知道槍炮的威力。八國聯軍在京城燒殺搶掠，程廷華單人單刀在四合院的房頂上遊走，看到洋兵就跳下去砍死。

刀終究無法和槍相比，一旦數桿洋槍對準房頂的程廷華，功夫再高的宗師也只能飲恨而亡，悲哉壯哉。程廷華的死帶給武林極大衝擊，宗師們不得不進行靈魂拷問：「面對槍炮，功夫到底有什麼用？」古典武林正在歷史進程中走向輝煌，時代列車卻迎頭相撞而來。

隨著晚清貿易和票號的沒落，以及清朝滅亡後王公貴族的逃散，依附於其上的武林產業逐漸崩塌。商業萎靡了，銀子不用護送了，也沒有太多土豪可以保護了，大批鏢局和武者開始轉行。武林的肉體和精神都要面臨轉型。

4

時代並沒有讓武林等太久。

一九一二年，溥儀退位。孫中山號召國人「強國保種，強民自衛」，北方的政治家、教育家和武術家一起成立中華武士會，希望推廣武術鍛鍊國民。

廣州學生葉雲表拜李存義為師，由於年輕幹練又是同盟會員，眾多宗師推舉葉雲表為第一任武士會的會長。再加上兩年前霍元甲創立的精武體操會，民國初年形成南北兩個民間武術團體，各派武者紛紛加入，奔赴各地傳授武術。

教學是武林的第一種轉型方式。當然，不是所有武者都加入武士會或者精武會，這兩個團體只是規模較大，具有代表性而已，但這是一種大方向。保鏢護院的武夫，成為拳館和課堂的老師，不僅可以領薪水，也能和其他同行切磋武技，深度參與社會活動。

一九一六年，天津南開學校聘請韓慕俠為武術教練。

一九二七年，國民政府成立中央國術館，各地也建立起省市級國術館，孫祿堂、楊澄甫、李景林等名家組成強大的教學陣容，武術成為一時風尚。

抗日戰爭爆發後，眾多宗師拋棄門戶之見，拿出自己的看家絕學，簡化成實用的戰場技術之後，全部傳授給軍隊。劈掛和八極名家馬鳳圖針對日軍的近身格鬥術，專門提煉了武術精華，為西北軍編寫了《白刃戰術教程》，具體動作就叫「破鋒八刀」。

尚雲祥受二十九軍軍長宋哲元的邀請，以「形意五行刀」教授士兵，這些士兵在喜峰口之戰中，殺得日軍哭爹喊娘。

5

武林的第二種轉型方式是改變目的。

曾經的武術以殺人為目的，但是時代變了，這一套已經行不通了，殺人是犯法的。

孫祿堂的思考是以技擊和修養為目的。他先跟隨郭雲深練習多年形意拳，又跟隨程廷華學八卦掌，晚年還堅持學習太極拳，真正融三家為一爐。而且孫祿堂的學養很深，談論文化和哲學的時候，連進士出身的文人都佩服得五體投地。

孫祿堂在《拳意述真》中說：「夫人之一生，飲食之不調，氣血之不和，精神之不振，皆陰陽不和之故也。故古人創內家拳術，使人潛心玩味，以思其理，身體力行，以合其道，則能復其本來之性。」

李仲軒口述、徐皓峰編撰的《逝去的武林》也記載：「練成鑽拳以後，人的性格會變得沉穩謙和，皮膚質地也會改善，心思也變得縝密。以前的老拳師不識字，可氣質高雅，就是因為內家拳不但改造人體，還可以改造心智。」

實際情況如何，我們也不知道。不過老輩成功者說有用，那大概是有用的，所以孫祿堂想從這方面著手，把三大內家拳改造成可以技擊，也可以養性的體育運動。技擊的目的沒有變，但是不再謀求殺人，而是內化為追求個人提升。

從一九一五年起，孫祿堂連續出版《形意拳學》、《八卦拳學》、《太極拳學》、《拳意述真》等著作，完善三大內家拳的理論，又提煉了拳理的哲學，讓武術和中國文化融為一體。從此以後，練武和修養不再衝突，很符合時代需求，可以說民國武林的轉型是很成功的。

6

民國武林雖然轉型成功，但也遺留下了一個嚴峻的問題：「武術沒有根本性的產業為依託。」晚清時期，大部分武者可以依託於鏢局等產業謀生，可以看成是自力更生的閉環，不願意從事走鏢也沒關係，他們的功夫足以謀取社會地位。

進入民國以後，這個產業沒有了。不論到學校或軍隊執教，只是看當時的社會風氣和環境，並不是穩定長久的產業。一旦抗戰結束，亡國滅種的危機不復存在，武林作為整體性行業，立刻成為鏡花水月，各地國術館紛紛閉館。

武者失業了。冷兵器時代的精華在工業時代幾乎喪失立身之本。匯款和物流替代走鏢，飛機大炮替代武術，廣播體操替代技擊，所謂武林還能做什麼呢？

曾經的三大法寶，如今一個都沒有了。沒有自力更生的產業，也就沒有受尊重的人格，系統的教學也無人問津，各大門派被時代的變局撕裂成碎片。新社會的人們都知道練武不能當飯吃，誰又有心思苦練十幾年？有這時間做什麼不好？

除此之外，武術的哲學改造後來也被模式化表演的簡化武術替代，留下來的東西都是破碎的。這也是那個年代的宗師困局，明明有一身好功夫，偏偏傳不下去，只能以碎片化的形式傳給不同的人。東一拳西一腳，學的人又能學到什麼呢？這麼看，武林也是一個悲劇的行業。

後來武術的實戰能力急劇下降，因為武學的打法、練法、關節都不在一個人身上，而是散落在無數人身上，你想學也學不到。如果你去拜師學武，很可能也不會，而有機會學一點功夫的人，可能只是勞力的「社畜」，沒心情也沒精力去深入地學習。

師傅能做的無非是傳一點是一點，徒弟能做的無非是學一點是一點，所以現在有些老人家在公園免費教拳，他們無非是把身上的東西傳下去而已。這就是火種。正所謂念念不忘，必有迴響，有燈就有人。

樣式雷，才是隱藏在北京的幕後英雄

1

所謂「樣式雷」，就是清朝兩百多年間，雷氏家族的八代人，他們全部供職於皇家建築設計機構「樣式房」，設計並主持修建了圓明園、頤和園、承德避暑山莊、天壇等一系列皇家建築，至今中國五分之一的世界建築遺產，都出自這個傳奇的家族。

由於品質優、口碑好，被行業內尊稱為「樣式雷」。從元朝開始，雷氏就是江西的大家族，此後四百年一直是耕讀傳家的書香門第。明末農民起義，雷玉成帶著兒子躲到南京，才僥倖活了下來。

人的命運就是這麼神奇，禍福的降臨都是由不可抗拒的外力決定的。舉家遷徙到南京後，由於失去了土地，雷玉成不得不帶著兒子做起了木工藝人。他們勤勤懇懇地工作、小心謹慎地揣摩技術，經過幾十年的積累，康熙年間，雷氏已經成為南京很有名氣的木工藝人。

一六八三年，為了修補紫禁城，朝廷向全國招募能工巧匠。雷玉成的孫子雷發達帶著滿身絕技走上了北漂之路。站在玄武湖邊，雷發達怎麼都不會想到：「生活不僅有詩和遠方，還有裝修和房。」

2

來到北京沒多久，雷發達憑藉高超的技藝，很快從眾多工匠中脫穎而出，成為營造所長班。當時紫禁城有句話：上有魯班，下有長班。大家都拿他跟祖師爺比，可見雷發達的手藝有多麼爐火純青。但真正使「樣式雷」聲名鵲起的，卻是雷發達的兒子雷金玉。

雷發達去世後，雷金玉靠著青出於藍的手藝，接任營造所長班的職務。他覺得這樣還不足以在北京立足，就帶著全家的人口和財產，投靠八旗以求得庇護，自願成為包衣[75]。從此以後，雷金玉憑藉一流的手藝、二流的身分，成為值得皇帝信任的一員。雷氏家族的輝煌，也就此開始。

有一年，康熙重修太和殿，在工程將近結尾時，康熙帶著文武百官前來觀看木料上梁。正在關鍵時刻，大木料卻怎麼也合不上榫，急壞了在場的工匠和官員。這時候雷金玉走出人群，快速爬到房梁上，拿出斧子「啪啪啪」修正了合榫的位置。再一試，「轟」的一聲，大木料安穩地落在梁上。

在緊急關頭，雷金玉靠著高超的技藝，保全了朝廷和皇帝的面子，被康熙「賜內務府七品官，食七品俸」。

能夠長年累月靜心磨煉技藝，將簡單的事情做到極致，為常人所不能為，這就是雷金玉的「工匠精神」。

康熙皇帝在平三藩、定臺灣後，需要進一步與漢族大臣加強溝通，就想修建一座皇家園林，希望能夠以不太嚴肅的身分，與漢族大臣討論詩詞、學問和治國之道。於是，他下令在如今的北京大學西面修建暢春園。為暢春園做設計工作的，就是早已執掌樣式房的雷金玉。

雷金玉實在太厲害了，他的高超技藝在暢春園隨處都能體現：一道門的設計、一道走廊的意義，甚至房間內的空間流通處理，都讓康熙讚不絕口。他在《暢春園記》中還對雷金玉點讚：他很厲害啊，我至今都不能忘記雷金玉。

75 包衣：八旗貴族的家奴。

在中國古代房子的空曠廳堂中，會由碧紗櫥、花罩欄軒、屏風、博古架等隔出大大小小的空間，供生活起居之用。很多人覺得中國古代的空間劃分是呆板的，空間流通是現代從國外建築大師那裡學來的，甚至有人在書上寫道：「數風流人物，還看密斯．凡德羅。」但實際上，在「樣式雷」的圖樣上畫得清清楚楚，空間流通的概念在清朝就用在暢春園、圓明園、頤和園中。這種空間流通處理方式，不僅滿足了功能上的需求，還是一種藝術美的享受。

不自卑、不氣餒，用高超的技藝為自己贏得地位，用絕倫的技術為國家掙得尊嚴，這就是暢春園的「工匠精神」。

3

雍正繼位後，將圓明園視為龍潛之地。為了顯示其特殊地位，雍正命雷金玉為圓明園設計擴建圖樣。圓明園，就此拉開「萬園之園」的序幕。

圓明園最大的特點是平地造園。但是在雷金玉的設計下，玉泉山的水源從西北角被引入到園中，匯合挖掘的地下水形成湖泊，再將挖出的泥土堆積成昆侖山等山脈，形成「天傾西北，地陷東南」的構造，與中國的地勢結構完全吻合。

其中最有名的景致，就是日後乾隆命名的「圓明園四十景」。九州清晏、曲院風荷、長春仙館、武陵春色……亭臺樓閣與山水相連，像是天上的仙境坐落凡間。永遠不拘泥於過往的成例，不斷推陳出新，創新與經驗並舉，就是圓明園的「工匠精神」。

可雷金玉畢竟老了，只為圓明園打下了地基，就撒手人寰。一七二九年十一月，雍正特命內務府賜黃金一百兩，並派沿途的驛站護送雷金玉的靈柩回鄉。

在護送靈柩回鄉的路上，雷金玉的兒子聲沛、聲清、聲洋都一路相隨，回到家族發跡的起點——南京。六夫人張氏抱著剛出生三天的雷聲澂，跪在工部門口聲訴，才為雷聲澂爭取到成年後重新執掌樣式房的資格。

長大成年後，雷聲澂恰好趕上一個機會。一七五〇年，乾隆為慶祝太后第二年的六十大壽，讓「樣式雷」負責清漪園的工程設計。原本的設計方案是在園中心建一座九層寶塔，結果建到第八層的時候，風水先生向乾隆報告：「北京的西北方向不適合建塔啊。」

沒辦法，乾隆只好下令拆掉。拆掉以後，如何讓廢墟重獲新生？「樣式雷」的負責人雷聲澂想出一個辦法：依照武漢黃鶴樓的樣式，重建一座閣樓。這座閣樓，就是現在頤和園的佛香閣。能夠化腐朽為神奇，想常人所不能想而出奇制勝，就是頤和園的「工匠精神」。

4

在大興土木的乾隆初年，「樣式雷」的名氣更加傳揚四方。在雷聲澂之後，繼續扛起「樣式雷」大旗的，是他的三個兒子：雷家璽、雷家瑋、雷家瑞。大清園林最燦爛的明珠，也是由雷氏三兄弟親手鑲嵌的。

「海晏堂」是圓明園內最大的一處歐式景觀，它的名字出自唐朝鄭錫〈日中有王子賦〉：河清海晏，時和歲豐。在海晏堂主建築前的水池旁，獸首人身的十二生肖銅像呈八字形排列，每隔一個時辰，銅像的嘴裡便會噴水，每當正午時分十二生肖同時噴水，十二股水流齊聲鳴響，蔚為壯觀，這在當時被稱為「水力鐘」。這座「海晏堂」，被乾隆賜給了他的異域寵妃——香妃。

雷氏三兄弟還設計了承德避暑山莊的擴建方案。承德避暑山莊最大的特點就在於園林與寺廟的完美結合，成為帝王園林的典範之作。在造園上，它繼承了「以人為美，融入自然」的傳統風格，讓皇帝在園內修身養性、處理政務。在園外卻選取了天下名寺的精華，成為連接漢、滿、蒙、藏思想信仰的樞紐，造就了承德避暑山莊「移縮天地在君懷」的獨特主旨。

海納百川而不妄自尊大，一邊堅守自己的文化，一邊融匯外來的文明。納天下精華為一爐，就是海晏堂和承德避暑山莊的「工匠精神」。

5

「樣式雷」的掌舵人雷家璽在六十一歲時驟然去世，他的兒子雷景修只有二十二歲。雖然雷景修從小就跟隨雷家璽學習技藝，但雷家璽還是覺得兒子不能勝任樣式房的工作，所以就在去世前，把樣式房交給同伴郭九。

雷景修也知道父親的用意，於是更加潛心學習、刻苦揣摩，終於在二十八年後郭九去世時，以高超的技藝重新奪回樣式房的職位。可這時候的大清，早已沒有了「康乾盛世」的繁華盛景，那時是咸豐年間，一八五三年，太平天國攻破了南京，從此大清的國運就江河日下，再也不可能有供匠人展示的宏大舞臺了。

雷景修雖然不能像祖輩一樣，用高超的技藝設計出輝煌的建築，但他做了一件不遜於先輩的偉大事業：將先輩為「三山五園」等偉大建築做的設計圖檔全部收集起來，並且專門買了一座四合院，來存放這些珍貴的資料。

在「樣式雷」的八代傳人中，雷景修的作品最少，但他卻是最偉大的一代。國家的命運有起有伏，這原本是常態，但文化和技藝不應該就此斷絕。只要能夠留下一絲火種，說不定將來就會有大才出世，重整舊山河待後生。

存亡繼絕，為後世保存先輩的輝煌，不使後輩子孫無根可尋，這就是雷景修的「工匠精神」。「樣式雷」留下來各種珍貴的圖檔，僅僅是國家圖書館就收藏了兩萬多張。不僅數量多，範圍也極其廣泛：正立面、側立面、旋轉圖、等高線圖……工程的每個細節，結構的每個尺寸，「樣式雷」的圖檔中全部都有記載。

一直以來沒人能說清楚中國古代的建築是如何完成的。所以很多外國的專家就推測：中國根本不需要設計圖，更不需要施工圖，只要工匠口耳相傳的經驗就行了。「樣式雷」留存下來的圖檔被發現後，徹底推翻了這種說法。事實證明，中國古代的建築水準不輸給任何國家，其工藝的精妙，遠遠超過了歐洲。

二〇〇七年，「樣式雷」建築圖檔經過評選，入選聯合國教科文組織「世界記憶遺產名錄」，成為中國第五個世界記憶遺產專案。我們在為中國的成績驕傲鼓掌的時候，不能忘記為這一切做出巨大貢獻的「樣式雷」傳人：雷景修。

6

在英法聯軍等外國列強的摧殘下，大清的國勢一落千丈，不僅經濟凋敝、政治萎靡，就連首都也被攻占。一八六〇年，圓明園被英法聯軍焚毀，其中的藝術珍品更是被搶劫一空。

時光悠悠而過。一八七三年一個溫暖的午後，坐在紫禁城裡的慈禧太后，回憶起年輕時在圓明園裡度過的甜蜜時光，不禁突發奇想：要不把圓明園重新修建一下吧。對於這項提議，同治一開始是極力反對的，但是招架不住慈禧太后的壓力，只好同意。

重繪圖樣和製作燙樣的重任就這樣壓在雷思起、雷廷昌父子的身上。他們的時間很緊促：繪圖樣、製燙樣的時間只有一個月，施工的時間只有一年。於是在「樣式雷」圖檔中出現了很多「趕緊辦」、「趕緊燙樣」等加急催促的字眼。雷思起、雷廷昌父子只好找出雷景修收藏的圖樣，沒日沒夜地趕工，然後再和親王、官員、風水師一起實地查看，重新畫好圖樣，進呈慈禧御覽。

一個月後，父子二人終於完成任務，交給慈禧的圖樣、燙樣全部通過。畫樣時首先要確定中軸線，叫「萬法不離中」。具體的方法是在一片開闊的土地上，先以羅盤定出方位，確立中軸線的位置。再用野墩子訂在中線的終點處作為標誌。這樣由遠及近，方便考慮全域的謀劃。繼而畫出地盤樣圖，然後再畫出分定格局的細圖，最後還有房屋、門窗、轉角等細節的局部圖。這樣一目了然，看一眼就知道大概是什麼樣子。

但是「樣式雷」除了畫樣，還要製作「燙樣」，也就是模型版的立體物。在畫樣通過之後，「樣式雷」就會按照一比一百的比例，將紙板、木頭等簡易的原材料，用剪子、烙鐵等工具將圖紙上的設計做成建築小模型。

用立體的方式呈現設計方案，給人的感覺會更加直觀，不僅可以做效果展示，還可以做施工參考，十分直觀方便。所有燙樣都可以層層拆卸，打開屋頂，就能看見房梁、柱子的結構，每處結構上面還貼了標籤，尺寸、材料、施工注意事項等無所不包。

所以有的建築專家說：「一家樣式雷，半部古建史。」而流傳至今的「樣式雷」燙樣，大部分都是雷氏父子在為慈禧重建圓明園時做的。將圖上設計變為實地建築之前，以匠心獨具的智慧，先製成品模型並類比施工，有備無患，保障萬無一失，就是雷思起、雷廷昌父子的「工匠精神」。

大清的國勢淪落到如此地步，慈禧太后重修圓明園的美夢當然沒有實現。在那個被列強欺凌的晚清，「樣式雷」能做的只是一些零碎的修繕工作，還有就是為王公大臣設計府邸。雖然雷思起被朝廷賞賜了二品頂戴，雷廷昌被賞賜了三品頂戴，但作為一個工匠世家，他們再也找不回當年的輝煌歲月了。

一九一一年，隨著辛亥革命的一聲槍響，大清朝轟然倒塌，末代「樣式雷」的掌舵人雷獻彩也徹底失了業。當初雷思起、雷廷昌父子吸鴉片，積累的家業被敗掉不少，再加上子孫失業後不思進取，坐吃山空，竟然將祖輩積攢的「樣式雷」圖樣，拿到市場上去叫賣。這可是當年給皇室做的設計圖樣，一拿到市場上，必然會被瘋搶。

幸虧這些圖樣引起了朱啟鈐[76]的注意，他急忙向文化基金會提出購買建議，文化基金會轉而委託北平圖書館進行收購。最終在一九三〇年，雷家以四千五百大洋的價格，將大部分的「樣式雷」圖檔賣給北平圖書館，這些賣出去的圖檔足足裝了十卡車。

一九六四年，又有兩個雷家人將剩下的兩大包圖檔賣給北京市政府，市長官開了一張收據後又請他們吃了一頓肉烙餅。

一個輝煌兩百多年的建築世家「樣式雷」，隨著這一頓肉烙餅，徹底終結了他們的歷史。

---

76 朱啟鈐（1872—1964），北洋政府官員，古建築學家。

讀出歷史的內心戲 2

七大主題解剖中國史千年變局，全景式重建時空，串起事件與人物的立體脈絡

作　　者　溫伯陵
美術設計　高偉哲
封面繪圖　孫海洋
內頁排版　高巧怡
行銷企劃　林瑀、陳慧敏
行銷統籌　駱漢琦
業務發行　邱紹溢
營運顧問　郭其彬
責任編輯　李世翎、吳佳珍
總 編 輯　李亞南
出　　版　漫遊者文化事業股份有限公司
地　　址　台北市松山區復興北路331號4樓
電　　話　(02) 2715-2022
傳　　真　(02) 2715-2021
服務信箱　service@azothbooks.com
網路書店　www.azothbooks.com
臉　　書　www.facebook.com/azothbooks.read
營運統籌　大雁文化事業股份有限公司
地　　址　台北市松山區復興北路333號11樓之4
劃撥帳號　50022001
戶　　名　漫遊者文化事業股份有限公司
初版一刷　2022年4月
定　　價　台幣450元
I S B N　978-986-489-606-6

國家圖書館出版品預行編目 (CIP) 資料

讀出歷史的內心戲2：七大主題解剖中國史千年變局，全景式重建時空，串起事件與人物的立體脈絡／溫伯陵作. — 初版 .—台北市：漫遊者文化事業股份有限公司，2022.4
320 面；17 × 23 公分
ISBN 978-986-489-606-6(平裝)

1. 中國史 2. 通俗史話
610.9　　111003134